ESTADO E CIDADANIA

Reflexões sobre as políticas públicas
no Brasil contemporâneo

organizadoras
ALEJANDRA PASTORINI
ANDREA MORAES ALVES
SILVINA V. GALIZIA

ESTADO E CIDADANIA

Reflexões sobre as políticas públicas no Brasil contemporâneo

Copyright © 2011 Alejandra Pastorini; Andrea Moraes Alves; Silvina V. Galizia

Direitos desta edição reservados à
EDITORA FGV
Rua Jornalista Orlando Dantas, 37
22231-010 | Rio de Janeiro, RJ | Brasil
Tels.: 0800-021-7777 | 21-3799-4427
Fax: 21-3799-4430
editora@fgv.br | pedidoseditora@fgv.br
www.fgv.br/editora

Impresso no Brasil | *Printed in Brazil*

Todos os direitos reservados. A reprodução não autorizada desta publicação, no todo ou em parte, constitui violação do copyright (Lei nº 9.610/98).

Os conceitos emitidos neste livro são de inteira responsabilidade dos autores

1ª edição — 2011

Coordenação editorial e copidesque: Ronald Polito
Revisão: Clarisse Cintra e Marco Antonio Corrêa
Editoração eletrônica: FA Editoração Eletrônica
Capa: Fatima Agra

Ficha catalográfica elaborada pela
Biblioteca Mario Henrique Simonsen

Estado e cidadania: reflexões sobre as políticas públicas no Brasil contemporâneo / Alejandra Pastorini, Andrea Moraes Alves, Silvina V. Galizia (org.). — Rio de Janeiro : Editora FGV, 2012.
    284 p.

Inclui bibliografia.
ISBN: 978-85-225-0962-1

    1. Políticas públicas — Brasil. 2. Brasil — Política social. 3. Intervenção estatal — Brasil. I. Pastorini, Alejandra. II. Alves, Andrea Moraes. III. Galizia, Silvina V. IV. Fundação Getulio Vargas.

CDD — 353

Sumário

Apresentação

O campo das políticas públicas: diversidade de temas
e perspectivas   7
Alejandra Pastorini, Andrea Moraes Alves,
Silvina V. Galizia e Myriam Moraes Lins de Barros

Parte I: Estado contemporâneo e políticas sociais

Capítulo 1 — Capitalismo e políticas sociais: o dilema
da autonomia dos cidadãos e da defesa da universalidade
dos direitos sociais   17
Maria Magdala Vasconcelos de Araújo Silva

Capítulo 2 — O Estado depois do ajuste:
políticas sociais na época da hipocrisia deliberada
Mauro Luis Iasi   45

Capítulo 3 — Estado regulador e políticas públicas
Verônica Cruz   73

Capítulo 4 — Principais características da redefinição
da proteção social no Brasil   103
Alejandra Pastorini e Silvina V. Galizia

Parte II: As políticas públicas como campo de pesquisa e intervenção

Capítulo 5 — Indicador social: uma noção controversa   137
Zuleica Lopes C. de Oliveira

Capítulo 6 — Desacertos e fatalidades na ausência
de uma política de habitação popular no Rio de Janeiro   155
Gabriela Lema Icasuriaga

Capítulo 7 — Discursos sobre segurança pública
e alguns desafios para sua descentralização no Brasil   175
Kátia Sento Sé Mello

Capítulo 8 — Prevenção da violência sexual: avaliando
a atenção primária no Programa de Assistência Integral
à Saúde da Mulher   201
Ludmila Fontenele Cavalcanti

Capítulo 9 — Sexualidade no campo da saúde sexual
e reprodutiva: um estudo sobre os discursos
das revistas femininas   225
Luciana Patrícia Zucco

Capítulo 10 — Da intervenção à pesquisa: a construção
de um objeto de estudo através do "olhar"
antropológico   247
Paula Poncioni

Capítulo 11 — Antropologia, relações raciais
e política de ação afirmativa   261
Patrícia Farias

Apresentação

O campo das políticas públicas: diversidade de temas e perspectivas

Alejandra Pastorini
Andrea Moraes Alves
Silvina V. Galizia
Myriam Moraes Lins de Barros

O tema das políticas públicas no Brasil atravessa diversas áreas de conhecimento; economia, ciências sociais, serviço social são alguns campos que contribuem para o debate acadêmico sobre a questão e fornecem insumos para sua formulação, gestão e monitoramento. Este livro apresenta aos leitores uma coleção de artigos, produzidos por professores e pesquisadores do Departamento de Política Social e Serviço Social Aplicado, da Escola de Serviço Social da Universidade Federal do Rio de Janeiro (UFRJ). Essa coleção é uma amostra da riqueza e complexidade que cercam o tema das políticas públicas no contexto brasileiro. Somos assistentes sociais, cientistas políticos, antropólogos e sociólogos debruçados sobre o vasto e conflituoso campo da questão social no Brasil contemporâneo.

Os níveis de análise e os interesses de pesquisa que movem os autores dos textos aqui apresentados demonstram a diversidade de abordagens possíveis sobre a relação Estado e sociedade no que diz respeito à construção e à regulação dos conflitos sociais. No entanto, um ponto em comum merece ser salientado: o compromisso dos autores em tratar do tema de uma perspectiva atual, apontando para dilemas contemporâneos que marcam as relações sociais no Brasil de hoje.

Identificados, assim, pela temática comum das políticas públicas, os autores realizam a investigação dos processos históricos de ação política presente nas decisões que objetivam intervenções sociais e, ao mesmo tempo, promovem sua inserção no debate público ao definir suas questões e perspectivas de análise.

Os artigos deste livro mostram, também, que a construção de um conhecimento sistematizado depende de pesquisa (Pereira, 2011); de pesquisas conceituais e de práticas sociais e políticas historicamente contextualizadas nas quais as discussões sobre Estado, democracia e cidadania — que, segundo Coutinho (1997:146), são "três expressões para, em última instância, dizer a mesma coisa" — estão presentes direta ou indiretamente. Desta forma, reafirmam o caráter histórico dos conceitos e da realidade estudada.

A primeira parte do livro concentra textos de professores que pesquisam categorias, conceitos e fenômenos fundamentais para explicar e definir as políticas públicas contemporâneas, assim como as diversas conjunturas que determinam suas formas de desenvolvimento.

O texto de Maria Magdala Vasconcelos de Araújo Silva apresenta, num primeiro momento, os conceitos de liberalismo e democracia articulados com a defesa dos direitos sociais. Essas categorias são abordadas no âmbito do Estado, entendido como espaço de expressão de correlações de força que determinam a ampliação ou a restrição dos direitos sociais, constituindo uma cidadania ativa. Num segundo momento, a temática da amplia-

Apresentação

ção dos direitos sociais é apresentada a partir da análise do caso brasileiro, como resultado da luta dos trabalhadores e dos movimentos sociais progressistas em 1988. Essas mobilizações estarão na contramão de reformas conservadoras que implicaram uma "financeirização dos direitos sociais" e uma refilantropização do social como resultado da responsabilização individual e moralizante da questão social.

Mauro Luis Iasi, autor do segundo capítulo, aborda as funções de intervenção do Estado contemporâneo no tratamento da questão social, afirmando que o Estado nunca esteve "de fora" da dinâmica da sociedade, especialmente da economia; que ele está presente como uma unidade dialética de consenso e coerção e que a luta de classes permeia as estruturas do Estado, atendendo às demandas dos trabalhadores, sem alterar, porém, seu caráter. Este tema é tratado através da análise da passagem para o padrão de acumulação capitalista flexível, de suas implicações na administração pública, da reforma do Estado e da questão da governabilidade e da governança.

O assunto trabalhado por Verônica Cruz, a partir do campo da ciência política, é a regulação realizada pelas agências autônomas desde a década de 1990, como questão central de política pública, considerando suas implicações, que ainda são pouco conhecidas. A análise da autora é desenvolvida através da descrição do papel regulador do Estado e das funções das agências reguladoras. Para finalizar, aborda-se o assunto no Brasil a partir da verificação dos princípios previstos no Plano Diretor da Reforma do Estado e da dinâmica real de atuação das agências.

Para finalizar esta parte, apresentamos o texto de Alejandra Pastorini e Silvina V. Galizia: "Principais características da redefinição da proteção social no Brasil". Ele pretende, por um lado, identificar os principais traços que caracterizam o processo de

10 ESTADO E CIDADANIA

reforma da proteção social no Brasil, centrando a atenção nas políticas de seguridade social. Busca desvendar a importância que, nesse contexto, adquirem os programas assistenciais em detrimento das políticas permanentes (como saúde e previdência). Por outro lado, indica algumas das implicações políticas, econômicas e sociais que este processo de reforma tem para os beneficiários das políticas de seguridade social.

A segunda parte reúne artigos que revelam a construção de problemas sociais distintos que atravessam a arena das políticas públicas na sociedade brasileira e mobilizam diferentes atores sociais.

Com o objetivo de estudar a questão da moradia no Rio de Janeiro à luz das categorias de cidade, política urbana e política habitacional, Gabriela Lema Icasuriaga analisa o processo de ocupação dos espaços de moradia. Perante a ausência de políticas públicas que busquem resolver o déficit habitacional e a inadequação das moradias, a ocupação sem planejamento de áreas urbanas surge como única alternativa possível de acesso à moradia pelas populações mais empobrecidas no Brasil. A autora trabalhará essas três categorias (cidade, política urbana e política habitacional) a partir da reconstrução histórica do processo de ocupação do espaço na cidade do Rio de Janeiro desde o século XIX. Tomando como referência as elaborações de Lojkine e sua diferenciação entre política urbana e planificação urbana, é aprofundada a reflexão acerca do conteúdo das políticas urbanas e os impactos que estas geram na cidade do Rio de Janeiro.

Os discursos da segurança pública no processo de implementação das Guardas Municipais de Niterói concentram a atenção de Kátia Sento Sé Mello na busca por desvendar os obstáculos reais colocados à descentralização das políticas públicas, a partir do final dos anos 1990, no Brasil. A "falta de preparo dos guardas

Apresentação

municipais" é identificada como um verdadeiro empecilho para o desenvolvimento das funções da Guarda Municipal, uma vez que a formação profissional (restrita ao treinamento) se concentra na disciplina e na ordem, concebidas como elementos centrais da capacitação. A diferenciação entre segurança pública e segurança nacional passa a ser uma importante contribuição da bibliografia produzida no âmbito das ciências sociais, o que, segundo a autora, denota complexidade e adensamento teórico, colocando a necessidade de aprofundar a compreensão das práticas e discursos da segurança pública, que muitas vezes continuam vinculados a uma concepção tradicional e limitada que atrela a segurança pública à ideia de combate da criminalidade e da violência.

O trabalho de Ludmila Fontenele Cavalcanti apresenta os resultados das pesquisas avaliativas, de abordagem qualitativa, realizadas em três Centros Municipais de Saúde e junto a sete Equipes do Programa de Saúde da Família no Município do Rio de Janeiro. Esse estudo busca analisar a atenção primária no Programa de Atenção Integral à Saúde da Mulher (Paism), voltado para a prevenção da violência sexual. A autora afirma que a violência sexual continua invisível, apesar de os programas de prevenção da violência, no âmbito do Paism, existirem desde 1999, a elaboração do Plano Nacional de Prevenção, Assistência e Combate à Violência Contra as Mulheres ser do ano de 2003 e o Plano Nacional de Políticas para a Mulher existir desde 2004. Os resultados das pesquisas realizadas no município do Rio de Janeiro trazem dados importantes para caracterizar as equipes profissionais das maternidades e do Programa de Saúde da Família (PSF), para conhecer as sistemáticas de atendimento, assim como as percepções dos profissionais de saúde sobre a violência sexual. Conclui que existe uma "consciência precária dos direitos de cidadania" que se expressa na linguagem simplificadora e normativa, assim como no exercício profissional que põe em segundo plano as ações preventivas da violência sexual.

Discutir o significado da noção de indicador social nas tradições alemã, inglesa e francesa, assim como problematizar a importância dos indicadores para a gestão das políticas públicas é a preocupação central do texto de Zuleica Lopes C. de Oliveira. Começando pela trajetória histórica e pelas formas de utilização da informação estatística, desde o século XVIII até a atualidade, a autora aprofunda sua análise sobre as características da produção e do uso das informações estatísticas nas sociedades modernas e, em particular, no Brasil, destacando o importante papel desenvolvido pelo Instituto Brasileiro de Geografia e Estatística (IBGE). A autora, após trabalhar a origem e o significado do indicador social, conclui que, apesar de sua aparente neutralidade, a produção, utilização ou mensuração dos indicadores sociais expressam uma concepção de mundo. Dessa forma, conclui que "o indicador social é um espelho e uma parte integrante do debate social".

O texto de Luciana Patrícia Zucco levanta a questão sobre a existência de uma relação entre o conteúdo de determinadas revistas ditas "para mulheres", que circulam no mercado editorial brasileiro e veiculam imagens sobre o sexo e a condição feminina, com uma perspectiva da sexualidade como uma questão de direito à saúde, tema fundamental da agenda das políticas públicas para mulheres desde os anos 1990. A autora nota a ausência dessa perspectiva e chama a atenção para o importante papel ocupado pelos meios de comunicação na promoção de imagens do feminino, da sexualidade e das relações entre os gêneros.

Os textos de Paula Poncioni e de Patrícia Farias tomam como ponto de partida a contribuição da antropologia para a construção de objetos de pesquisa e de intervenção. Esses textos

Apresentação

indicam as possibilidades de interlocuções entre a antropologia e o serviço social, como já foi debatido por Alves e Lins de Barros (2008), ao apresentarem a confluência dos processos de estranhamento e de desconstrução de estereótipos presentes na prática antropológica e do serviço social. Os objetos de pesquisa e de intervenção se situam no quadro de importantes contradições sociais do Brasil de hoje, quais sejam: a questão do trabalho policial e sua relação com a cidadania e a questão racial. Paula Poncioni argumenta que há uma dinâmica do trabalho policial que se caracteriza fundamentalmente pela negociação de conflitos que extrapolam os marcos jurídicos e que surgem, principalmente, a partir de ações dos segmentos mais pauperizados da sociedade em suas relações cotidianas com a instituição policial e os atores sociais que dela fazem parte. A invisibilidade dessa dinâmica do trabalho policial atravessou as últimas décadas e é central para podermos pensar sobre políticas de segurança pública que caminhem na direção do fortalecimento da democracia, em vez de políticas que se preocupem quase que exclusivamente com os aspectos técnicos e operacionais de combate ao crime. Patrícia Farias nos conduz em seu texto por uma breve história das políticas de ação afirmativa no Brasil. A autora toma alguns aspectos dos debates sobre as políticas de cotas para o acesso de negros e pardos ao ensino universitário e a respeito da demarcação de terras em áreas de quilombos para revelar os principais dilemas que comportam essas políticas: o embate entre universalidade e focalização, a definição de justiça social ("Afinal, para quem são as políticas de ação afirmativa e para quem deveriam ser?") e os conflitos inerentes ao encontro entre os saberes produzidos pela academia e aqueles produzidos pelos movimentos sociais.

A leitura deste livro é especialmente importante para o público universitário que se inicia no debate sobre o campo das

14   Estado e cidadania

políticas públicas no Brasil, para gestores de políticas públicas e outros profissionais interessados em conhecer melhor as expressões da questão social contemporânea. O material aqui reunido revela traços fundamentais dos conflitos sociais do Brasil atual e nos ajuda a pensar sobre os desafios que a sociedade brasileira ainda tem a vencer.

Referências

ALVES, Andrea Moraes; LINS DE BARROS, Myriam Moraes. Interlocuções: antropologia e serviço social. *O Social em Questão*, Serviço social: pesquisa e intervenção, Rio de Janeiro, n. 19, p. 45-55, 2. sem. 2008.

COUTINHO, Carlos Nelson. Notas sobre cidadania e modernidade. *Praia Vermelha*: Estudos de Política e Teoria Social, Rio de Janeiro, v. 1, n. 1, p. 145-165, 1. sem. 1997.

PEREIRA, Potyara Amazoneida. As vicissitudes da pesquisa e da teoria no campo da política social. *Ser Social*: Pesquisa em Serviço Social e Política Social, Brasília, n. 9, p. 77-94, 2001.

Parte I

Estado contemporâneo e políticas sociais

Capítulo 1

Capitalismo e políticas sociais: o dilema da autonomia dos cidadãos e da defesa da universalidade dos direitos sociais

Maria Magdala Vasconcelos de Araújo Silva

Introdução

Este texto está dividido em três subitens. O primeiro apresenta os conceitos de liberalismo e democracia e sua articulação com a defesa dos direitos sociais. O segundo resgata o processo de institucionalização do estado de direito como um espaço contraditório, inerente ao processo de correlação de forças que amplia e/ou restringe os direitos sociais conquistados por intermédio de uma cidadania ativa. O último aborda o ápice dos direitos sociais no Brasil, fruto da luta dos trabalhadores e dos movimentos sociais progressistas, instituídos na Constituição cidadã de 1988. Tais direitos se estabelecerão na contramão do movimento internacional do capital, que desde meados dos anos 1970 apontava para contrarreformas conservadoras, a favor do grande capital financeiro. A contrarreforma em curso viabiliza uma cidadania mercantil, sustentada na responsabilização individual e moralizante da questão social. Desde então, a questão social passa a

18　　　　　　　　　ESTADO E CIDADANIA

ser tratada de forma apolítica em um crescente processo de "financeirização dos direitos sociais" associado a um movimento de refilantropização do social e de responsabilização da "sociedade solidária".

1. Liberalismo e democracia: a luta pela posse da riqueza socialmente produzida

O sistema capitalista gestou uma razão míope, insana, cega, que levou a ciência e a filosofia a perderem seu caráter ético e ontológico, tornando-se justificadoras desta sociedade, ao mesmo tempo que propiciou o fetiche no processo de conhecimento da realidade social, promovendo a decadência social, política e econômica e, sobretudo, do pensar e do agir humano.

Em realidade, a admissão da razão instrumental ocorre por ser a que é mais adequada aos interesses do capitalismo, ao *laissez-faire*, à lógica do mercado e à economia, pois ela é gestada na produção da vida material dos homens embasada no agir interesseiro, no agir utilitarista e instrumental. A razão dialética, ao contrário, propiciou à classe operária e aos demais movimentos sociais progressistas entender as contradições existentes no surgimento da nova sociedade moderna, o que fez com que o capital, urgentemente, dominasse, subsumisse a razão crítica, limitando seu acesso e manipulando-a no sentido de fazê-la servir, única e exclusivamente, aos interesses do individualismo possessivo (Macpherson, 1978) da acumulação capitalista.

No individualismo possessivo "(...) o indivíduo é livre na medida em que é proprietário de sua pessoa e de suas capacidades (...) e a liberdade existe como exercício da posse" (Macpherson, 1979:15). Portanto, "(...) a sociedade é uma série de

CAPITALISMO E POLÍTICAS SOCIAIS

19

relações entre proprietários (...) que inseridos numa (...) sociedade de mercado gera[m] diferenciação de classes". (Macpherson, 1979:281).

Assim compreendida, é lógica a relação estabelecida entre o individualismo possessivo e a razão instrumental. A razão instrumental serve ao *laissez-faire*, ou seja, à lógica do mercado e à economia, pois ela é gestada na vida material dos homens, na produção. Ela desenvolve científica e tecnologicamente os meios de produção, colocando limites à luta da classe operária e dos demais segmentos progressistas organizados da sociedade, principais opositores dos interesses do individualismo possessivo.

A razão, portanto, não poderia continuar no papel de propiciar o conhecimento crítico e guiar a práxis do homem em busca de sua autodeterminação, autonomia e emancipação humana. Permitir aos homens o acesso à razão crítica pelo ato de pensar/refletir/agir/transformar criticamente a realidade seria pôr em risco a viabilização dos ideais do direito à propriedade privada. Neste sentido, o pensamento burguês abandonou seu viés progressista, perdendo o ponto de vista da totalidade e da historicidade social.[1]

Neste processo histórico, as bandeiras fundamentais do advento do novo mundo: direitos, igualdade, universalidade e liberdade materializaram-se no projeto da modernidade, de forma hegemônica, através dos estados liberais clássicos, em constante tensão com os estados democráticos e socialistas.

Se, por um lado, o capitalismo, em sua fase progressista, promoveu uma "dada liberdade" quando elevou todos à condi-

---

[1] Entretanto, a negação do exercício do componente crítico da razão não ocorre sem resistências. O advento do movimento socialista constatou a lógica da razão miserável, propondo-se "(...) a compreensão do real como totalidade submetida a leis e a afirmação da historicidade dos processos objetivos" (Coutinho, 1972:12).

20 ESTADO E CIDADANIA

ção de cidadãos livres, desaparecendo, portanto, os servos da gleba, por outro, ao introduzir uma nova relação condicionada às leis do livre mercado, fez com que a propagada liberdade fosse aprisionada às amarras da razão cega, que inviabilizou a liberdade na medida em que a condicionou ao cidadão consumidor, além de exercer o controle por intermédio de códigos morais/burocráticos,[2] que estabelecem as regras nas esferas pública ou privada.

Ao mesmo tempo, a dinâmica da concepção liberal demonstrou que a prática democrática atua como um empecilho à sua consolidação. Isso ocorre porque, do ponto de vista de seus pressupostos filosóficos, o Estado liberal se fundamenta no jusnaturalismo, que se põe acima de toda verificação empírica e do processo histórico. A concepção liberal inverte o curso da história. Enquanto o processo histórico demonstra uma constante luta do homem em busca de conquistar/adquirir seus direitos e formas igualitárias e de liberdade para se viver em sociedade, o liberalismo propaga que o homem já nasceu livre com seus di-

---

[2] A burocracia weberiana é fecunda na explicitação desse processo. Nela, o controle forma/legal da ação humana se efetiva através da racionalização/padronização da ação humana, na busca da previsibilidade do comportamento humano, orientado por um conjunto de normas e valores preestabelecidos, na busca do consenso e da cooperação dos grupos sociais. O controle se efetiva através da legitimidade das normas preestabelecidas que têm o papel de "(...) bloquear o contato criador do homem com a realidade, substituindo a apropriação humana do objeto por uma manipulação vazia de 'dados', segundo esquemas formais preestabelecidos (...). A burocratização, assim, aparece como um momento da alienação, na medida em que fetichiza determinados elementos da ação humana, transformando-os em 'regras' formais pseudo-objetivas. E sua generalização serve diretamente à perpetuação do capitalismo, pois reproduz incessantemente a espontaneidade da economia de mercado, desligando-se da totalidade (do conteúdo social, das possibilidades de renovação, da finalidade humana do todo social) e submetendo todas as contradições reais a uma homogeneização formalista" (Coutinho, 1972:28).

CAPITALISMO E POLÍTICAS SOCIAIS

reitos adquiridos, devendo apenas haver um Estado liberal que garanta esses direitos naturais.

Baseada nesses princípios, a efetivação dos direitos no Estado liberal limita-se à constitucionalização dos diretos naturais, ou seja, à transformação desses direitos em leis jurídicas, ou nos chamados direitos positivos, os quais devem ser respeitados e invioláveis.

Assim, o objetivo primordial do Estado liberal é garantir o direito à liberdade individual e à propriedade privada dos cidadãos pelos mecanismos constitucionais do estado de direito. Porém, essa liberdade, representada nas entranhas do Estado absoluto, é, como vimos anteriormente, aprisionada na medida em que é formalmente normatizada. A liberdade é substituída por instrumentos de regulamentação e controle que terminaram por perpetuar a desigualdade de classe. Desta forma, o controle instituído sobre a liberdade feriu um princípio básico da igualdade como condição essencial à liberdade.

Ao inviabilizar a igualdade, a liberdade e a universalidade, a concepção liberal, herdeira do direito romano, se estabeleceu como uma norma protetora do direito positivo concedido a indivíduos de uma sociedade, conservando as diferenças de classe. Não é que o liberalismo tenha suprimido a participação política dos cidadãos; ela, propositadamente, não é privilegiada. O cidadão é, então, concebido como aquele que age sobre os imperativos e a proteção da lei. Seus direitos constitucionais podem ser reivindicados através do magistrado. Cabe ao estado de direito garantir a seguridade física, a propriedade privada, mantendo a ordem social. Esse mecanismo institucional terminou por criar o Estado absolutista que, por sua vez, introduziu limites à liberdade através dos muros hierárquicos da burocracia.

Em realidade, a cidadania liberal ofereceu ao cidadão a proteção da lei garantida pelo estado de direito, a ideia do Estado protetor que não requer o exercício participativo do cidadão.

A democracia, ao contrário, deve ser entendida como "(...) sinônimo de soberania popular. Ou seja: podemos defini-la como a presença efetiva das condições sociais e institucionais que possibilitam ao conjunto dos cidadãos a participação ativa na formação do governo e, em consequência, no controle da vida social" (Coutinho, 1997:145). Nos marcos democráticos, a cidadania deve ser apreendida enquanto direitos históricos que emergem, gradualmente, das lutas que o homem trava por sua própria emancipação e das transformações de vida que essas lutas produzem (Bobbio, 1992). Ou como afirma Coutinho (1997:146): "É a capacidade conquistada por alguns indivíduos, ou por todos os indivíduos, de se apropriarem dos bens socialmente criados, de atualizarem todas as potencialidades de realização humana abertas pela vida social em cada contexto historicamente determinado".

A prática democrática da cidadania republicana parte do pressuposto que ser cidadão é participar ativamente da vida cívica. O princípio de autonomia é individual e coletivo, de autolegislação enquanto governo. O respeito às normas estabelecidas ocorre em virtude de o cidadão ter tomado parte na definição das regras institucionais. Constitui-se esta uma cidadania ativa, de participação na definição de direitos e no cumprimento de deveres enquanto ênfase na virtude. Nesta o cidadão torna-se sujeito ativo na definição do estado de direito. É uma concepção ativa de cidadania enquanto prática participante baseada no viés ético-político. Portanto, é cidadão aquele que participa e está engajado na elaboração da lei. O cidadão é um ativista e é, portanto, guiado por uma ação livre e moral de compromisso ético, político, de

Capitalismo e políticas sociais

dever moral. A autolegislação, enquanto governo, tornou-se um governo do povo e não de uns poucos.

Entretanto, no que se refere ao seu conceito valorativo, ela se tornou palco de grandes indagações. O que mudou com referência ao seu conceito antigo foi o surgimento de outra forma de exercê-la que não seja a democracia direta. Entrou em cena a democracia representativa, através da qual o povo elege seus representantes e lhes delega autonomia para governá-los, ou seja, para tomar as decisões em seu nome.

Ao defender-se esta forma de exercer a democracia representativa como a mais adequada ao mundo moderno, pensou-se que os representantes eleitos por sufrágio universal não tenderiam a priorizar os interesses corporativos e que teriam como objetivo primordial de seu exercício político os interesses da nação. Entretanto, também, o terreno da democracia representativa viu-se dominado pela tendência corporativa, constantemente denunciada pela correlação de forças progressistas da sociedade, que busca resgatar o princípio democrático de uma cidadania ativa que defenda os interesses do conjunto dos cidadãos e não de corporações e/ou *lobbies* de interesse privados.

Neste universo, a evocação da democracia participativa constitui-se em um caminho efetivo da soberania popular ao colocar a possibilidade de avançar no processo de reapropriação, de forma coletiva, dos bens criados pelo modo de produção capitalista, colocando limites à perversidade imposta pelo grande capital de, ao gestar uma produção coletiva, impor a aquisição dos produtos criados pelos homens segundo as regras do mercado. A democracia ativa, portanto, se contrapõe ao consumo individual, próprio do individualismo possessivo, onde cada um consome de acordo com o poder aquisitivo da classe a que pertence, resgatando a máxima socialista de "a cada um de acordo com a sua necessidade".

24 ESTADO E CIDADANIA

Ao longo da história, a relação estabelecida entre cidadania e democracia ativa (direta ou participativa) gestou a implantação de uma estrutura democrática e cidadã no interior do Estado moderno — com ampla inclusão social dos interesses dos vários segmentos que compõem a sociedade por intermédio da conquista dos direitos civis, políticos e sociais (Marshall, 1967).[3]

Portanto, se a democracia busca a soberania popular, o liberalismo a rejeita. O Estado liberal considera o processo democrático eleitoral apenas um instrumento para legitimar o direito de livre expressão que o indivíduo possui de escolher seus representantes, e para o próprio liberalismo influenciar esta opção, realizando seus pressupostos liberais. O estado democrático de direito, ao contrário, em meio à correlação de forças das classes sociais, é capaz de absorver os interesses das classes trabalhadoras e dos demais setores organizados e progressistas da sociedade. Nesta medida, democracia e liberalismo possuem formas diferenciadas de conceber os direitos sociais.

Neste sentido, os movimentos e alinhamentos políticos entre liberais e democratas são diferenciados. Os primeiros con-

---

[3] Para Marshall (1967), a cidadania é constituída por três momentos: a conquista dos direitos civis, dos direitos políticos e dos direitos sociais. "O **Elemento Civil** é composto dos direitos necessários à liberdade individual — liberdade de ir e vir, liberdade de imprensa, pensamento e fé, o direito à propriedade, concluir contratos válidos e o direito a justiça. (...) as instituições mais intimamente associadas com os direitos civis são os tribunais de justiça. Por **Elemento Político** se deve entender o direito de participar no exercício do poder político como membro de um organismo investido de autoridade política ou como eleitor dos membros de tal organismo. As instituições correspondentes são o Parlamento e o Conselho do governo local. O **Elemento Social** se refere a tudo que vai desde o direito ao mínimo de bem-estar econômico e segurança ao direito de participar, por completo, na herança social e levar a vida de um ser civilizado de acordo com o padrão que prevalece na sociedade. As instituições mais intimamente ligadas com ele são: o sistema educacional e os serviços sociais" (Marshall, 1967:63-64).

Capitalismo e políticas sociais

cebem a crescente e inadequada invasão do Estado, na área das políticas sociais, como um processo advindo da democratização, da continuidade das oligarquias políticas e de desigualdades sociais, caracterizando-se pela crítica econômica às sociedades autocráticas. Em contrapartida, os democratas entendem que esta invasão do Estado é consequência da lentidão com que se processa a democratização em virtude de obstáculos a ela impostos, cujo desenvolvimento de sua doutrina relaciona-se à crítica político-institucional.

O liberalismo, como vimos anteriormente, está centrado na concepção individualista. A igualdade proclamada é a ditada nos termos da lei: todos têm direitos iguais perante a lei. Em oposição, o igualitarismo democrático, que propõe a igualdade comunitária em supremacia à individual. Liberalismo e democracia são antagônicos: o primeiro situa a igualdade no âmbito individual, já a segunda dispõe os interesses na esfera comunitária, no interesse geral da nação, numa perspectiva também de equalização econômica.

E se, num primeiro momento, as possíveis alianças estabelecidas entre liberalismo (representado pelos interesses do capital) e democracia ativa ou participativa (expressão da luta perpetrada pelos trabalhadores e demais setores progressistas organizados da sociedade na defesa dos interesses coletivos) conformaram o estado de bem-estar social na defesa de um "capitalismo humanizado" (sobretudo nos países de capitalismo organizado, como os do norte da Europa), isso só foi possível mediante as lutas políticas dos trabalhadores que, desde 1848, denunciavam a exploração da classe trabalhadora e pressionavam politicamente pelo fim da exploração e por melhores condições de produção e reprodução social.

Os crescentes processos de organização política sindical e partidária dos trabalhadores e dos setores progressistas organizados da sociedade encontraram na recessão de 1929 (primeira grande crise sistêmica do capital) a explicitação da inviabilidade do modelo econômico em curso. As contradições inerentes àquela forma socioeconômica de organização da sociedade contribuíram para a conformação de um novo pacto político, o *New Deal*, estabelecido no interior da arena política do Estado a partir de 1930. Este acordo incluía, além do reconhecimento político do protagonismo dos trabalhadores, o estabelecimento de políticas sociais que se propuseram igualitárias e universais, associadas ao pleno emprego. Tais políticas, denominadas *welfare state*, se desenvolverão nos anos dourados (1930-60) do "capitalismo humanizado", que defendia o princípio da "produção em massa — consumo em massa", que consolidou o acordo fordista no pós-Segunda Guerra Mundial.

Contudo, críticas foram efetuadas a esta proposta nos países altamente desenvolvidos. Para muitos, a fórmula encontrada para equalizar as desigualdades inerentes a uma cidadania, que se circunscreva a uma igualdade formal, contida no advento do estado de bem-estar social, levou a um afastamento do "universalismo da lei" na medida em que se contemplou, no acordo estabelecido para a efetivação do estado de bem-estar social, direitos corporativos de classe, grupos e/ou de minorias éticas, sexuais etc., levando alguns autores a denunciarem a "poluição legal".

Neste contexto, a formalidade colocada pela manipulação da razão instrumental fez com que o estado de bem-estar social, na América Latina, ao contrário dos modelos conquistados na Europa, crescesse quase exclusivamente por meio de intervenções estatais populistas, paternalistas, clientelistas e focais, que mal alcançam os mais pobres, ferindo, portanto, a cidadania univer-

Capitalismo e políticas sociais

27

sal. Os indicadores de exclusão, de desigualdade, de pobreza e de doenças apontam que são ínfimos os investimentos efetuados na área social, o que tem contribuído diretamente para o crescimento alarmante da exploração e exclusão social nesses países, num nítido processo de *apartheid* e/ou barbárie social.

A contrarreforma, caracterizada pelo desmonte do sistema de proteção social, tem início a partir de meados da década de 1970 na Europa em virtude de mais uma crise sistêmica do capital desde a primeira grande depressão generalizada, no marco de 1929, que envolveu todos os países capitalistas. A luta pelos ganhos de produtividade fez com que o grande capital diminuísse em escala progressiva a manutenção dos fundos sociais públicos afetando, sobremaneira, o financiamento destinado às políticas sociais em curso, rompendo, dessa forma, com o pacto fordista. Essa investida, denominada neoliberalismo, atingiu a estrutura de organização do movimento sindical, que passou a receber forte repressão política através da violência, coerção, perseguição política etc. Exemplos marcantes desse processo ocorreram nos anos 1980 com as contrarreformas viabilizadas pelos governos de Tatcher na Inglaterra (1979), Reagan nos EUA (1980), Khol na Alemanha (1982), Schlutter na Dinamarca (1983), tendo sido desencadeadas para todos os quadrantes do mundo.

Entre as consequências desta investida, denominada neoliberal, está o surgimento de um novo paradigma de produção, denominado de acumulação flexível (toyotismo). Os impactos do novo modelo ocasionaram: quebra da cultura política do movimento sindical; evasão, mobilidade e fechamento das unidades produtivas; introdução de novas tecnologias com a desterritorialização da produção; volatilidade do capital através do emprego dos meios informáticos; financeirização da economia e do social (apropriação por parte do capital financeiro de parcelas signifi-

28 ESTADO E CIDADANIA

cativas dos recursos oriundos dos fundos públicos, destinados às políticas sociais); precarização e flexibilização dos contratos de trabalho (parciais e terceirizados); desemprego e recessão, entre outras consequências.

Certamente, os anos 1990 trouxeram a vitória do neoliberalismo, apontando empecilhos à realização do ideal progressista e de emancipação política proposto pela defesa dos direitos sociais universais e igualitários. Isso ocorreu em virtude de a razão iluminista ter sido aprisionada pelos interesses de uma razão miserável e manipuladora, própria da ordem burguesa, que terminou por gerar uma contradição inconciliável entre liberdade, universalidade, igualdade de direitos e Estado nos marcos do neoliberalismo.

2. Liberalismo e democracia: a luta pela efetivação dos direitos sociais

Como vimos no item anterior, o liberalismo promoveu a miséria da razão,[4] na medida em que esta correspondia aos seus anseios de um individualismo possessivo (Macpherson, 1978) que só a manipulação da razão instrumental reproduziria. Já a democracia viu-se na encruzilhada por não ter conseguido utilizar a razão de forma crítica/dialética, surpreendendo-se, também ela, presa às amarras do controle burocrático que, através de normas preestabelecidas, enquadrava os cidadãos, negando-lhes a realização da igualdade e universalidade dos direitos sociais.

---

[4] Como explica Coutinho (1972:4), por "(...) 'miséria da razão' queremos significar o radical empobrecimento agnóstico das categorias racionais, reduzidas a simples regras formais, intelectivas que operam na práxis manipulatória (...)".

CAPITALISMO E POLÍTICAS SOCIAIS

29

Entretanto, se, por um lado, o advento do Estado moderno trouxe consigo as problemáticas hegelianas de acusação do contratualismo moderno, como um pacto no interior do Estado que representava os interesses da burguesia, por outro lado, trouxe também a explicitação da luta política partidária e sindical na busca de fazer imperar, também, no interior do Estado, os interesses dos trabalhadores e dos demais setores organizados e progressistas da sociedade. A expressão da luta de classes no interior do Estado tem sido discutida por vários autores, entre eles destacam-se Coutinho (1997), Bobbio (1992) e O'Donnell (1998). Para Losurdo, o "(...) contratualismo hodierno (...) pôs-se como órgão de mediação entre as várias classes, entre os diversos e contrapostos sujeitos sociais" (Losurdo, 1998:104), que se confrontam dialeticamente na luta pela conquista/efetivação de direitos. Nesse sentido, pode-se, então, considerar o universo político que define os direitos, no Estado moderno, não como representante exclusivo da burguesia, mas um

> "(...) Estado capitalista [que] é obrigado a se abrir também para a representação e a satisfação, ainda que sempre parciais, incompletas — dos interesses de outros segmentos sociais. Ele já não é mais uma simples arma nas mãos da classe dominante; sem deixar de representar prioritariamente os interesses da classe burguesa, o Estado converte-se ao mesmo tempo, ele próprio, numa arena privilegiada da luta de classes" (Coutinho, 1997:163).

O Estado conforma-se em normas que regulam os direitos e cuja aquisição está imbuída da noção de obrigação e, portanto, de deveres.

Pode-se considerar que a lei é, assim como o Estado do qual ela faz parte, "(...) uma condensação dinâmica de relações de poder, não apenas uma técnica racionalizada para ordenar as relações sociais" (O'Donnell, 1998:54). Em meio a essas correlações de forças, o "(...) indivíduo tem, em face do Estado, não só direitos privados, mas também direitos públicos. O Estado de direito é o Estado dos Cidadãos" (Bobbio, 1992:61).

As ações políticas dos cidadãos contribuem para a formação de grupos que influenciam o poder e, portanto, a determinação de direitos. Entretanto, não podemos esquecer que essas influências não têm sido suficientes para impedir a hegemonia da manipulação da razão instrumental e miserável, mas propiciam conquistas significativas, no processo de constituição da cidadania, ainda que não universal, como a conquista dos direitos civis, políticos e sociais, pois a cidadania se encontra aprisionada à desigualdade econômica de classe.

Certamente, não podemos limitar nossa crítica aos jusnaturalistas, liberais que legitimaram apenas os interesses da burguesia, quando da defesa dos direitos naturais. Ou seja, o homem tem direitos naturais que impedem sua participação enquanto ator político na história. Ele nasce com eles. Essa concepção despolitizou o caráter contraditório e de luta política na aquisição dos direitos. Para o jusnaturalismo, os direitos liberais são o direito à propriedade, à vida, à liberdade, bem como o direito de o proprietário apropriar-se dos bens produzidos pelos trabalhadores. É, portanto, uma lógica que perpetua as desigualdades de classe.

Todavia, não podemos desconsiderar que o direito ao trabalho é essencial à sobrevivência e à emancipação da humanidade, bem como a aquisição dos direitos civis, políticos e sociais representa um primeiro passo no processo de transição e/ou construção de uma sociedade justa e igualitária.

CAPITALISMO E POLÍTICAS SOCIAIS

3. A conquista dos direitos sociais no Brasil

Os anos 1980 no Brasil devem ser conhecidos como os da vitória de uma razão dialética, crítica, propositiva. Naqueles anos, a Constituinte foi a expressão da luta política de diversos atores políticos e sociais (partidos políticos, sindicatos, movimentos sociais) que se colocaram na arena política brasileira para defender os interesses do conjunto dos cidadãos brasileiros, uma verdadeira expressão do exercício de uma cidadania ativa e participativa. O processo constituinte tornou-se, então, a expressão máxima da correlação de forças progressistas, expressa em uma cidadania ativa que marcha no sentido de ampliar a democracia na efetivação dos direitos sociais no âmago do estado de direito. Naquele marco histórico, a luta travada no cerne do processo constituinte desaguou na construção de um sistema de proteção social denominado de seguridade social, constituído por um conjunto integrado de ações e direitos nas áreas da saúde, previdência e assistência social.[5]

Esses direitos sociais não constam dos direitos naturais; sua existência é fruto da luta organizada de vários atores políticos/sociais, organizados em partidos políticos, sindicatos, entidades de classe, movimentos sociais, que os defendiam como elemento constitutivo da ordem democrática. Portanto, a conquista da seguridade brasileira ocorreu por intermédio do exercício político

---

[5] Apesar dos esforços empreendidos no processo da constituinte de 1988, que desaguou na Constituição Cidadã de 1988, o tripé da seguridade social ainda apresenta limites, na medida em que a previdência continuou com uma concepção de seguro, a assistência, como proteção aos miseráveis sociais, e a saúde, a única que institui a universalização do acesso, encontra-se em sua implementação aprisionada, em face de uma universalização excludente, tendo em vista a hegemonia, hoje, da medicina de grupo.

da cidadania ativa por parte dos cidadãos brasileiros, organizados nas esferas democráticas do estado de direito.

Neste contexto, a correlação de forças presente na constituinte garantiu a inclusão, no texto da Constituição Federal, da supremacia do Estado quanto à viabilização/operacionalização de políticas sociais como direitos de cidadania, norteadas pela gratuidade, universalização do atendimento, descentralização de poder com a consequente valorização do ator municipal, democratização do acesso aos serviços sociais, integralidade das ações e de todas as perspectivas de equidade, e provimento das necessidades sociais fundamentais.

A Constituição de 1988 rompe com a relação autoritária, centralizadora e clientelística própria da cultura política brasileira de até então e aponta para a construção do pacto federativo e do fortalecimento da autonomia dos brasileiros por intermédio de uma participação ativa, republicana, mediante o exercício do controle social. O controle social nas diversas esferas dos direitos sociais abre espaço para o controle da sociedade civil sobre o Estado no sentido de, no cerne da correlação de forças, fazer avançar na arena política do Estado os interesses dos trabalhadores e dos setores organizados e progressistas.

Entretanto, o ideal republicano, a conquista de políticas sociais de forma igualitária e universal por parte dos cidadãos brasileiros na Carta Constitucional de 1988, ocorreu na contramaré dos anos dourados. O Brasil instituiu direitos sociais amplos como os da saúde numa conjuntura adversa. Enquanto a maioria dos países desenvolvidos o fez nos anos dourados do capitalismo, aqui esta conquista formal se deu em pleno declínio do *welfare state* no plano internacional e na ascensão do projeto neoliberal, que explicitou o excesso dos gastos públicos na área social como um dos motivos da intitulada crise fiscal/financeira

CAPITALISMO E POLÍTICAS SOCIAIS

33

do Estado. Neste sentido, os anos 1990 mostrariam que tais princípios seriam solapados pelo projeto neoliberal em curso, que enaltece o mercado, propondo a mercantilização do atendimento às necessidades sociais, com destaque para o processo de financeirização de parte significativa dos recursos públicos destinados às políticas sociais. A opção política dos governos brasileiros desde então seguiu na direção do desmonte das conquistas sociais da Constituinte Cidadã que sequer chegarão a ser implementadas.

A era Collor é enigmática neste sentido. O governo Collor de Mello inicia as bases deste processo sustentado na retórica da reforma administrativa do Estado, bem como do estado mínimo, baseado em uma política neoliberal, de cunho privatizante e "desregulamentadora". Esse ideário neoliberal é explicitado, nesse governo, por intermédio de políticas sociais, de cunho seletivo e focalizado, acrescidas da proposta de abertura, privatização e internacionalização da economia. Se o governo Collor não conseguiu dar curso ao propósito almejado, tendo em vista o *impeachment* sofrido pelo presidente em 1993, o governo de FHC o fez. Este último governo implementa o projeto neoliberal comandado pelo "Consenso de Washington", que impõe um reajuste ao Estado brasileiro, caracterizado pelas reformas estruturais privatizantes aplicadas ao conjunto das políticas sociais brasileiras. Desde então, o avanço da agenda neoliberal tem dificultado e inviabilizado a realização de tais propósitos, reafirmando que os direitos no capitalismo (econômicos, sociais, políticos e culturais) seriam até capazes de reduzir desigualdades, mas não foram, até aqui, capazes de acabar com a estrutura de classes e, portanto, com o motor de produção e reprodução da exploração, da pobreza e das desigualdades sociais.

A partir deste marco histórico, o neoliberalismo implementa "o desmonte das políticas sociais públicas e dos serviços a elas

34 ESTADO E CIDADANIA

inerentes, destituindo a responsabilidade do Estado na preservação do direito à vida de amplos segmentos sociais, transferida à eventual solidariedade dos cidadãos, isto é, às sobras de seu tempo e de sua renda" (Iamamoto, 2002:65). Ademais, a gestão das políticas sociais é apresentada sob a tutela da seletividade e da focalização e contraria o que se propôs a Constituição de 1988. Nesse contexto, a agenda neoliberal prossegue no sentido de minar as propostas de caráter universal, redireciona os benefícios sociais de forma seletiva e focalizada para as camadas desassistidas, perpetuando a máxima de atender os que são os mais miseráveis entre os enormemente miseráveis, num claro propósito de administrar e/ou diminuir a miséria, sem acabar com a pobreza estrutural.

Na particularidade do caso brasileiro, a adoção do ideário neoliberal pelo governo de Fernando Henrique Cardoso tratou de promover uma reforma no Estado com o objetivo de desmontar a Constituição Cidadã de 1988 e suprimir os direitos sociais, trabalhistas, previdenciários, relativos à saúde, entre outros, duramente conquistados ao longo das últimas décadas. O reforço dessa concepção contribuiu para acentuar a divisão, pauperização e exclusão da classe operária do mercado formal, jogando nas ruas das cidades milhões de brasileiros sem qualquer forma de proteção social. Esse fenômeno acentua-se, sobretudo, se somado às inovações advindas da reestruturação produtiva como a introdução da automação seletiva, do salário confiança para trabalhadores solidários ao capital, da terceirização e demais meios de precarização, flexibilização das relações sociais de produção e enxugamento de postos de trabalho, aumentando o número de desempregados.

Por sua vez, os governos do presidente Luiz Inácio Lula da Silva (2003-06; 2007-10) vêm dando prosseguimento à políti-

CAPITALISMO E POLÍTICAS SOCIAIS

35

ca neoliberal implementada nos governos de FHC, viabilizando a reforma da seguridade social, cujo ápice aconteceu em 2003, com a conclusão da reforma da previdência, que privilegiou os interesses do setor financeiro e trouxe perdas significativas para os direitos adquiridos pelos trabalhadores brasileiros. Além da reforma da previdência, a reforma universitária, viabilizada a partir de 2006 por intermédio do Programa de Apoio a Planos de Reestruturação e Expansão das Universidades Federais (Reuni), aprovada à força na maioria das universidades brasileiras, trouxe consequências desastrosas para a consolidação dos direitos sociais relativos à educação, no contexto das universidades públicas, entre outras que trazem, também, consequências desastrosas para a consolidação dos direitos sociais no Brasil.

Embora recentemente os índices oficiais sobre o governo Lula propaguem uma pretensa redistribuição de renda, inclusive apontando relevante mobilidade social, as expressões da questão social adentram o cotidiano dos brasileiros materializadas no abandono das crianças que nos interpelam a cada sinal de trânsito, desnutridas, fora da escola e sem a menor proteção social, insistindo em nos lembrar que existem e constituem a infância desassistida; nos jovens sem perspectivas, aliciados pelo narcotráfico, muitos envolvidos com dependência química; no exercício da sexualidade sem prevenção, contribuindo para os altos índices de contaminação por intermédio das DSTs/HIV e gravidez indesejada na adolescência; nos velhos abandonados em hospitais com corredores já abarrotados de gente sem leitos suficientes, e tantas outras visões perturbadoras de uma razão cega.

Portanto, nas esquinas de nossas cidades moram contingentes populacionais miseráveis aptos ao trabalho, porém, desempregados, famílias, idosos, homens, mulheres, jovens e crianças em sua quarta geração nas ruas denunciam a "anomia social".

Por elas, também transitam, despreocupadamente, cidadãos quase coniventes com o desrespeito aos direitos humanos e sociais, que deveriam ser, no plano imediato, garantidos pelas políticas sociais públicas e, num plano mediato, por uma política eficaz de emprego e renda.

A consolidação do projeto neoliberal, neste século, é materializada pelo "desmonte das políticas sociais públicas e dos serviços a elas inerentes, destituindo a responsabilidade do Estado na preservação do direito à vida de amplos segmentos sociais, transferida à eventual solidariedade dos cidadãos, isto é, às sobras de seu tempo e de sua renda" (Iamamoto, 2002:65). Ademais, a gestão das políticas sociais é apresentada sob a tutela da seletividade e da focalização e contraria o que propôs a Constituição de 1988. Nesse contexto, a agenda neoliberal prossegue no sentido de minar as propostas de caráter universal. Os benefícios sociais são direcionados de forma seletiva e focalizada para as camadas desassistidas, atendendo apenas os mais miseráveis entre os enormemente miseráveis.

Em realidade, o Estado brasileiro não tem assumido a contento sua responsabilidade na promoção de direitos sociais, optando por intervenções focais, emergenciais, destinadas principalmente a grupos de risco. Ainda que essas intervenções sejam necessárias nesse contexto de carências agudas, o Estado tem como dever primordial implementar políticas extensivas, universais e emancipatórias que garantam níveis civilizados de bem-estar social.

As reformas em curso transformam o povo brasileiro de "cidadãos de direito" em "cidadãos consumidores" (Iamamoto, 1999), na medida em que (des)responsabilizam o Estado do dever de garantir, enquanto direito social de cidadania, o usufruto de um conjunto de políticas sociais públicas de qualidade. Essa opção política impõe aos cidadãos a via do mercado como alter-

CAPITALISMO E POLÍTICAS SOCIAIS

nativa para suprirem suas necessidades; mas, nem todos podem participar do mercado, tendo em vista que a regra de inserção nessa esfera econômica é o poder aquisitivo de cada um. Ademais, a concepção de direito social de cidadania vem sendo, sucessivamente, substituída pelo discurso da solidariedade social com particular atenção à parceria junto ao terceiro setor, em especial às ONGs e ao projeto da parceria público-privada (PPP), aprovado pelo Congresso brasileiro em 2004. Os processos de privatização dos serviços públicos tiveram início desde 1998, com a criação das organizações sociais; em 1999, as Oscips e o Decreto nº 3.048/1999 da Reforma da Previdência; em 2000, a criação da Agência Nacional de Saúde; e, em 2007, com as Fundações Estatais de Direito Privado (a exemplo do que vem ocorrendo nos hospitais universitários). Nesse processo, cabe ao Estado, apenas, o papel de regulador social, na medida em que se cria uma esfera pública não estatal, que, ao ser financiada parcial ou totalmente pelo Estado, exerce funções públicas, obedecendo as leis do mercado.

Tais transformações na esfera das políticas sociais no Brasil levaram Sposati, Falcão e Freury (1989) a conceber a assistência como "formas de realização de direitos sociais e, consequentemente, da cidadania própria de um Estado de bem-estar ocupacional, fundado na meritocracia, que dissolve as relações de direito em concessões" destinadas aos estratos sociais que estão inseridos no mercado de trabalho: a carteira profissional torna-se passaporte para a cidadania; o que levou Santos (1987) a conceber a categoria cidadania regulada. A inserção no mercado formal de trabalho é a garantia de reconhecimento e legitimidade em face do capital. Sposati, Falcão e Fleury (1989), por sua vez, concebem o Estado assistencial, típico do caso brasileiro, como tendo por paradigma o trato compensatório da pobreza. Um trato que subalterniza e

38   ESTADO E CIDADANIA

banaliza as condições de pobreza de parte significativa da população. O Estado assistencial, ao contrário do Estado providência, fundado num pacto entre capital x trabalho, é fruto de alianças conjunturais que mantêm patamares assistenciais compensatórios em nível de baixos gastos com políticas sociais públicas de corte focal e emergencial. Essa opção compele a sociedade civil e o próprio pauperizado a cooperarem na produção dos serviços sociais e a gestarem a denominada sociedade providência, em substituição ao Estado providência. O Estado assistencial torna-se, então, uma expressão secundária do Estado nação. Fleury, por seu turno, conceitua-a como cidadania invertida, baseando-se no pressuposto de que no Brasil não é o Estado nação o pilar fundamental do mecanismo de seguridade social, mas sim a sociedade providência: "É a rede de solidariedade social da sociedade civil a protagonista principal na atenção aos despossuídos e destituídos" (Sposati, Falcão e Fleury, 1989:3); Iamamoto (2002), por sua vez, chama a atenção para a mercantilização dos serviços sociais, na medida em que o mercado é visto como o centro regulador da vida social. Recentemente, Granemann (2007) chama a atenção para a continuidade do processo de precarização e focalização das políticas sociais, agora, sob a égide da financeirização de partes significativas dos recursos dos fundos públicos destinados a políticas sociais, gerando o que a autora intitula de "cidadania financeirizada", ou seja, a financeirização da vida social ao operarem com transferência de dinheiro por meio de instituições bancárias financeiras que garantem a reprodução do capital portador de juros, a exemplo dos vários cartões de crédito social — os denominados acionistas da miséria.

Mediante o quadro acima exposto, pode-se inferir que, em realidade, o Estado brasileiro tem sido incapaz de responder por sua responsabilidade social na promoção de direitos sociais, o que

CAPITALISMO E POLÍTICAS SOCIAIS

39

fere frontalmente a autonomia e os direitos dos cidadãos brasileiros legalmente reconhecidos na Constituição de 1988. Ao contrário, distribui privilégios e políticas assistenciais tênues, inconsistentes e ineficientes quanto à garantia de níveis civilizados de bem-estar social. Nos últimos decênios aprofundou-se a concentração de riquezas, a proliferação da pobreza e da marginalidade, e a incapacidade do Estado em combater os índices gravíssimos de não civilização.

Em outras palavras, tal política presta-se, em maior grau, aos imperativos capitalistas e de mercado do que à defesa de princípios de universalidade, de justiça e de equidade social, como proposto pela Constituição de 1988, para o conjunto dos cidadãos brasileiros. Todavia, tal "desvirtuamento", visível nas políticas públicas, é algo que as singulariza; antes, ele diz respeito à natureza do Estado burguês que, no trato da "questão social", quase sempre opera de modo moralizador e tende a individualizar os problemas sociais, como se sua solução pertencesse à esfera de iniciativa de cada um. Nesse processo não se relacionam as causas estruturais de sua indigência social aos mecanismos excludentes do capital. Assim, para o capital, tais questões são abordadas pelo viés do "controle social" para institucionalização dos conflitos sociais; para as lutas e pressões travadas pelos trabalhadores e os vários segmentos das classes populares, as políticas sociais representam a possibilidade de institucionalização de seus interesses (Netto, 1992).

Neste caso, o cidadão, trabalhador brasileiro, inserido no mercado formal ou informal ou mesmo nas fileiras do desemprego estrutural, é responsabilizado por sua situação de desemprego, de desqualificação profissional no mercado de trabalho, de pobreza e de indigência social.

Enfrentar a conjuntura adversa, na qual se encontra inserida a luta pela manutenção e implementação dos direitos so-

40 ESTADO E CIDADANIA

ciais conquistados na Constituição cidadã de 1988, exige assumir uma cidadania ativa nos espaços democráticos da sociedade e do estado de direito. No que se refere aos direitos sociais, ocupar as instâncias específicas do controle social sobre as políticas sociais. Nesse sentido, há que se resgatar o caráter democrático do controle social estabelecido nos marcos constitucionais. Os cidadãos de uma democracia republicana assumem a luta política pelo controle social não como controle do Estado sobre a sociedade civil, tendo em vista amortecer as lutas de classe, mas como mecanismo legítimo de democratização dos processos decisórios com vistas à construção da cidadania que se exerce de encontro ao atendimento às demandas sociais e aos interesses das classes subalternas. Esta concepção se sustenta numa moderna compreensão da relação Estado-sociedade, em que a esta cabe estabelecer práticas de gestão, cobrança, vigilância e controle sobre o Estado, sobre os recursos advindos do fundo público e sua aplicabilidade (Bravo, 2002; Correia, 2003; Raichelis, 2000; Valla, 1993). Neste contexto, o fortalecimento do controle social através da atuação dos conselhos setoriais de forma articulada e intersetorial é uma estratégia para a superação da fragmentação do enfrentamento do desmonte dos direitos sociais.

Conclusões

Mediante o quadro exposto, pode-se afirmar que o tempo presente, com relação aos direitos sociais, não é apenas o de ampliálos, mas, sobretudo, o de defendê-los. Sua proteção exige apostar na radicalização da luta pela efetivação dos direitos democráticos na medida em que sabemos que estes ferem o ideário liberal que,

Capitalismo e políticas sociais

41

através da manipulação da razão instrumental, os aprisionou, refuncionalizando-os para a ordem vigente.

Assim, faz-se necessário resgatar a legalidade na conquista pela efetivação dos direitos sociais, ainda que estes, num primeiro momento, não sejam universais, por estarem aprisionados à lógica da sociedade capitalista. Apostar no avanço do processo de radicalização institucional é acreditar que este possa não só consolidar o estado de direito democrático, num primeiro momento, bem como tornar-se um caminho na construção de uma futura sociedade efetivamente justa e igualitária.

É importante acreditar na força ontológica da luta de classes, promover uma nova natureza na história, em que os princípios da aquisição igualitária de direitos, de justiça de igualdade e de liberdade prevaleçam, num processo de institucionalização no qual a igualdade seja uma condição e não um objeto a ser atingido. Este é, portanto, o primeiro passo na construção do projeto de emancipação humana a ser realizado. Sua conquista deve considerar o terreno da soberania popular, possível de efetivar-se na realização do Estado democrático moderno, como um espaço contraditório de lutas de classe e interesses adversos que podem, e devem, intermediar a construção de uma sociedade em que os direitos, a liberdade e a igualdade se efetuem como condições básicas e imprescindíveis à realização do ideal de emancipação humana.

Finalmente, a razão instrumental a serviço do desenvolvimento científico e tecnológico sinaliza o que deve ser feito; porém, a decisão a ser seguida remete à luta política/ideológica no cerne dos interesses de classes. Como diz Saramago (1995), se a manipulação da razão no projeto iluminista gestou uma situação que não é guardiã da vida, muitas vezes usada em seu potencial

42   ESTADO E CIDADANIA

destruidor, ela também pode, por decisão política de uma nova correlação de forças no cerne da luta de classe, tornar-se emancipadora, pois "a vitória da razão só pode ser a vitória de homens que portam a razão".

Referências

BOBBIO, Norberto. *A era dos direitos* (primeira parte). Rio de Janeiro: Campus, 1992.

BRAVO, Maria Inês Souza. Gestão democrática na saúde: o potencial dos conselhos. In: _____; PEREIRA, Potyara Amazoneida (Org.). *Política social e democracia*. São Paulo: Cortez; Rio de Janeiro: Uerj, 2002. p. 43-65.

BRAVO, Maria Inês Souza; SOUZA, Rodriane de Oliveira. Conselhos de saúde e serviço social: luta política e trabalho profissional. *Ser Social*, Brasília, n. 10, p. 15-27, 2002.

CORREIA, Maria Valéria Costa. *Que controle social?*: os conselhos de saúde como instrumento. Rio de Janeiro: Fiocruz, 2003.

COUTINHO, Carlos Nelson. O problema da razão na filosofia burguesa. In: _____. *O estruturalismo e a miséria da razão*. Rio de Janeiro: Paz na Terra, 1972. p. 10-59.

_____. Notas sobre cidadania e modernidade. *Praia Vermelha*: Estudos de Política e Teoria Social, Rio de Janeiro, v. 1, n. 1, p. 145-165, 1. sem. 1997.

GRANEMANN, Sara. Políticas sociais e financeirização dos direitos sociais. *Em Pauta*: Revista da Faculdade de Serviço Social da Universidade do Estado do Rio de Janeiro, Rio de Janeiro, n. 20, p. 57-68, 2007.

IAMAMOTO, M.V. *O serviço social na contemporaneidade*: trabalho e formação profissional. São Paulo: Cortez, 1999.

Capitalismo e políticas sociais

_____. *Renovação e conservadorismo no serviço social*. São Paulo: Cortez, 1992.

_____. Projeto Profissional, espaços ocupacionais e trabalho do (a) assistente social na atualidade. In: *Atribuições privativas do(a) assistente social*. Brasília, DF: CFESS, 2002. p. 13-50.

LOSURDO, D. Contratualismo e Estado moderno. In. _____. *Hegel, Marx e a tradição liberal*. Liberdade e igualdade. Estado. São Paulo: Unesp, 1998. p. 85-111.

MACPHERSON. C.B. *A democracia liberal*: origens e evolução. Rio de Janeiro: Zahar, 1978.

_____. *A teoria política do individualismo possessivo*: de Hobbes a Locke. Rio de Janeiro: Paz e Terra, 1979.

MARSHALL, T.H. *Cidadania, classe social e status*. Rio de Janeiro: Zahar, 1967.

NETTO, José Paulo. *Capitalismo monopolista e serviço social*. São Paulo: Cortez. 1992.

O'DONNELL, Guillermo. Poliarquias e a (in)efetividade da lei na América latina. *Novos Estudos Cebrap*, São Paulo, n. 51, p. 37-60, jul. 1998.

RAICHELIS, Raquel. Desafios da gestão democrática das políticas sociais. In: *Capacitação em serviço social e política social*: módulo 3. Brasília: UnB, Centro de Educação Aberta, Continuada a Distância, 2000.

SANTOS, Wanderley Guilherme dos. *Cidadania e justiça*: a política social na ordem brasileira. Rio de Janeiro: Campus, 1987.

SARAMAGO, José. *Ensaios sobre a cegueira*: romance. São Paulo: Companhia das Letras, 1995.

SPOSATI, Aldaíza; FALCÃO, Maria do Carmo; FLEURY, Sonia Maria. *Os direitos dos (desassistidos) sociais*. São Paulo: Cortez, 1989.

VALLA, Víctor V. (Org.). *Participação popular e os serviços de saúde*: o controle social como exercício da cidadania. Rio de Janeiro: Pares, 1993.

Capítulo 2

O Estado depois do ajuste: políticas sociais na época da hipocrisia deliberada

Mauro Luis Iasi

> Como pode não ser um embusteiro aquele que
> Ensina aos famintos outras coisas
> Que não a maneira de abolir a fome?
> Bertold Brecht

O que nos chama a atenção ao analisar o papel do Estado e sua relação com a forma que assumiram as políticas sociais depois do chamado "ajuste estrutural" é o fato de que, ao que parece, mesmo a forma ideológica de apresentar a meta da igualdade, pelo menos como um valor a ser perseguido, é substituída pela fria constatação da inevitabilidade da pobreza e da miséria, levando a um caminho que nos obriga a tratar o fenômeno apenas em suas manifestações mais agudas, portanto, de forma focalizada e fragmentada. Configura-se uma situação que pode bem expressar aquilo que Marx e Engels (2007:283) chamaram de "hipocrisia proposital", ou que Zizeck denominou de "consciência cínica".

46 ESTADO E CIDADANIA

Um breve olhar sobre a história do planejamento no Brasil (Ianni, 1991) revela uma permanente afirmação no sentido de buscar a "diminuição das desigualdades sociais". Quando da chamada Nova República, o então presidente Sarney, em seu programa, chegou mesmo a declarar como objetivo a "erradicação da miséria". Mais modestamente, o atual governo Lula se propõe "combater" a miséria e, quem sabe, o pragmatismo reinante nos leve, um dia, a estabelecer como meta "conviver" com a miséria.

A persistência das desigualdades sociais e de seus efeitos mais agudos no fenômeno da miserabilidade demonstra que, no mínimo, algo está errado. A busca pela diminuição das desigualdades se explica pelo valor liberal da igualdade, entendida como igualdade formal dos indivíduos perante a lei, e não igualdade de fato diante da riqueza e da propriedade. Mesmo assumindo a impossibilidade e, mais que isso, o caráter indesejado de uma igualdade real e efetiva entre os seres humanos, os liberais esperam produzir um estado de coisas no qual a desigualdade de fato não inviabilize a igualdade formal.

Rousseau afirmava que é impossível em nosso feliz mundo que a sociedade não se divida entre ricos e pobres, mas seria necessário garantir que ninguém fosse rico a ponto de poder comprar outra pessoa e ninguém pobre a ponto de ser coagido a se vender. Sem interferir diretamente na concorrência privada dos indivíduos pela riqueza e pela propriedade, o que configuraria privilégios, o poder público deveria garantir as chamadas condições externas à disputa.

Ainda que em sua origem o pensamento liberal não tenha proposto uma ação do Estado no sentido de garantir estas condições iguais de disputa (Behring e Boschetti, 2008; Pereira, 2008), pelo contrário, sempre se insurgiu contra ações que, esperando combater a pobreza, segundo o juízo liberal, de fato agravavam

O ESTADO DEPOIS DO AJUSTE

suas causas porque desestimulavam os mecanismos "naturais" da economia e impediam o crescimento,[1] o desenvolvimento da sociedade capitalista e a passagem ao monopólio levaram à aceitação de um papel mais ativo do Estado, além de sua função na garantia da ordem jurídica e da propriedade (Netto, 2006).

Seja por sua própria dinâmica sociometabólica que exige o Estado no processo total da produção e reprodução da acumulação capitalista, seja pela conflituosidade de classes que tal sociometabolismo enseja, o Estado do capital monopolista, em sua busca no sentido de "propiciar o conjunto de condições necessárias à acumulação e à valorização do capital monopolista" (Netto, 2006:26), é levado a buscar formas novas de legitimação[2] que levam ao desenvolvimento das "políticas sociais".

---

[1] "A condenação malthusiana a qualquer ajuda ao pobre era tão forte e genérica que até a esmola em dinheiro, concedida pelos ricos, era rechaçada, não só por motivos morais, mas também econômicos. Em seu entendimento, se um pobre recebesse dinheiro sem esforço, ele deixaria de trabalhar; e, ao assim proceder, continuaria pobre, impingindo à sociedade déficit de produção" (Pereira, 2008:72). Na cultura popular brasileira, Luiz Gonzaga resume este princípio cantando: "quem dá uma esmola a um homem que é são, ou lhe mata de vergonha, ou vicia o cidadão".

[2] Dizemos "novas" formas de legitimação, uma vez que o tema nunca foi estranho à teoria política clássica, como podemos ver nos estudos de Hobbes e de Locke, apenas para citar alguns. Ocorre que o princípio segundo o qual a legitimidade do poder público se resume ao fato de que exerce o poder por consentimento voluntário dos indivíduos e na garantia de seus direitos naturais, não é suficiente diante da luta de classes e da correlação de forças que se estabelecia nas condições de emergência do capital monopolista. Como afirma Netto, "o que se quer destacar, nesta linha argumentativa, é que o capitalismo monopolista, pelas suas dinâmicas e contradições, cria condições tais que o Estado por ele capturado, ao buscar legitimação política através do jogo democrático, é permeável a demandas das classes subalternas, que podem fazer incidir nele seus interesses e suas reivindicações imediatos. E que este processo é todo tencionado, não só pelas exigências da ordem monopólica, mas pelos conflitos que esta faz dimanar em toda ordem societária" (Netto, 2006:29).

Tal desenvolvimento na forma do Estado e sua relação com as manifestações da chamada "questão social" podem levar à impressão aparente de um ciclo de etapas nas quais se alterna a ausência ou presença do Estado, de forma que no chamado período da acumulação primitiva de capitais (Marx, s,d,), período em que se gestam as condições para o desenvolvimento das relações que constituem o capital ao se separar o produtor direto de seus meios de produção, o Estado e a predominância da força se configuram com instrumentos indispensáveis. Já no desenvolvimento do período concorrencial prevalece o afastamento do Estado para suas funções restritas de garantia da propriedade e das condições jurídicas da disputa entre os agentes econômicos privados; situação revertida pelas condições monopólicas descritas, que passam a evocar a presença estatal na gestão das condições gerais que garantam a acumulação ampliada de capitais, incluindo as condições políticas diante das demandas e lutas dos trabalhadores. Por fim, o ciclo chamado "neoliberal", no qual o Estado teria novamente se retirado com todos os conhecidos efeitos sobre a gestão e o desenvolvimento das políticas públicas e sociais.

Discordando de tal aproximação, partiremos de três pressupostos para enfrentar a questão: 1. O Estado é um elemento essencial ao sociometabolismo do capital (Mészáros, 2002), de maneira que, em nenhum dos momentos descritos, tivemos uma situação na qual o Estado se colocou de "fora", inclusive no que se refere à dinâmica econômica; 2. A concepção do Estado como unidade entre coerção e "consentimento", que nasce com Maquiavel e ganha consistência com Gramsci, deve ser entendida não como uma polaridade dicotômica de maneira que ora se apresenta a coerção e, quando esta não se apresenta, temos o "consentimento", mas como uma unidade dialética, de forma que há elementos de consentimento na coerção e de coerção no

O Estado depois do ajuste **49**

consentimento; e 3. As dinâmicas da luta de classes, outro elemento permanente e incontornável da ordem capitalista, incidem na forma do Estado, mas não em seu caráter, de modo que a "permeabilidade" do Estado às demandas da classe trabalhadora constitui um meio político de legitimação que, embora possa pontualmente atender à exigências dos trabalhadores, encontra seus limites nas fronteiras de uma ordem de relações sociais, formas de produção e de apropriação que, em nenhum momento, são postas em disputa.

1. O Estado diante do "ajuste estrutural"

O período de estruturação do capital monopolista e seu desenvolvimento na forma imperialista configura novas condições que passam a exigir novas respostas, entre elas a mudança no perfil da atuação do Estado no interior do sociometabolismo do capital. O capital é uma relação social, portanto, tanto a natureza das contradições como as medidas encontradas para enfrentá-las são sempre político-econômicas ou econômico-políticas. Os entraves colocados diante da acumulação pela transformação da livre concorrência em monopólio, neste sentido, demandam respostas que vão desde a reorganização do espaço do trabalho e das formas de gestão, saltos tecnológicos, novas estruturas de circulação e realização, até novos meios de enfrentamento da luta de classe, estruturas de legitimação e formas políticas de controle e busca de manipulação e consentimento.

O resultado deste quadro é, no ponto específico que nos interessa, uma mudança de perfil na ação do Estado que parece estar ligado ao próprio surgimento das políticas sociais. A forma de realização dessas mudanças, no entanto, assumiu diferentes

50　　　　　　　　ESTADO E CIDADANIA

materializações. O essencial é a necessidade de o Estado assumir funções econômicas diretas, desde as mais visíveis, como no caso da sustentação de uma infraestrutura para o desenvolvimento do capital monopólico (siderúrgicas, mineradoras, portos, vias de transporte, produção e distribuição de energia, estruturas de armazenamento etc.), até as menos visíveis, como a administração das contratendências para enfrentar a queda da taxa de lucro (intensificação da exploração do trabalho, redução de salários, formação de uma superpopulação relativa, barateamento dos elementos do capital constante, intensificação da disputa por mercados, autonomização da esfera bancária e formação do capital portador de juros) (Marx, s.d.: v. 3, p. 267-276) e, posteriormente, a exportação de capital e a consequente partilha e repartilha do mundo entre os monopólios e, portanto, a guerra (Lenin, 1987). Ao lado dessas funções econômicas diretas, que, como já vimos, nunca podem ser consideradas "puramente" econômicas, se apresentam medidas mais especificamente políticas, que, apesar da multiplicidade das formas e caminhos concretos que oferecem as mediações necessárias, têm por eixo a necessidade de evitar a irrupção da revolução socialista (no caso extremo) ou mesmo que as ações da classe trabalhadora possam, potencialmente, colocar em risco os elementos fundamentais do processo de acumulação. Ao lado deste eixo fundamental se inscrevem medidas de controle e gestão da reprodução da força de trabalho, como políticas de assistência e previdência.

Assim, estas tarefas essenciais assumiram várias formas que vão desde o New Deal norte-americano, passando pelo *welfare state* social-democrata na Europa até as ditaduras na América Latina. Isto significa dizer que não há, em hipótese alguma, uma relação direta entre esta nova funcionalidade do estado burguês e o chamado estado do bem-estar social.

O Estado depois do ajuste

Assim, se a maior presença do Estado em funções direta ou indiretamente econômicas, no âmbito da reprodução da força de trabalho ou no campo da mediação política da luta de classes, marca este período histórico, mas a forma impressa em cada formação social concreta parece ser muito distinta em cada caso. A crise do capital nas décadas de 1970 e 1980 encontra o padrão de acumulação em um ponto de saturação, de superacumulação e superprodução, o que acaba por produzir um movimento duplo: por um lado, a necessidade de encontrar formas de manter a acumulação de capitais em uma situação onde a expansão extensiva parecia encontrar limites, conduzindo a caminhos intensivos que constituirão a reestruturação produtiva do capital (Mészáros, 2002:249); por outro, o peso das atribuições do Estado como sujeito principal das contratendências relacionadas à crise cíclica do capital e à queda da taxa de lucros, seu novo papel de gestor das condições de reprodução da força de trabalho e administrador de uma crescente superpopulação relativa, aliado a seu velho papel de garantia da ordem e da propriedade, função que nunca abandonou, produzem um esgotamento do Estado. Este é o cenário no qual se apresentará o "ajuste estrutural" com saída e meio para um "novo" padrão de desenvolvimento.

No caso das formações sociais como o Brasil, na ponta do sistema imperialista como áreas de influência e destinatário da exportação de capitais, esta crise se agrava pelo papel de área de reprodução ampliada da acumulação que se dirige ao centro, não sendo, portanto, de se estranhar que a crise se inicie por aqui, como demonstram as crises do México, do Brasil e da Argentina.

O chamado "ajuste estrutural" não pode, desta forma, ser limitado às medidas tecnoadministrativas visando uma maior "eficiência" na gestão pública, uma vez que todas as medidas tomadas constituem uma totalidade que inclui os elementos da re-

52　　　　　　　　　　　　　　Estado e cidadania

estruturação do capital, a alteração nas formas de gestão pública e na arena política da luta de classes, incluindo neste campo uma forte ofensiva ideológica. Na verdade, o termo "ajuste estrutural" se apresenta como uma verdadeira contradição em termos, uma vez que ajuste dá uma ideia de uma simples correção de rumos de algo que essencialmente vinha dando certo, enquanto o termo "estrutural" remete para a ideia de que seriam necessárias mudanças profundas na reorientação proposta, sem considerar que, no conjunto, as mudanças sugeridas têm por fundamento passar longe de alterações estruturais profundas no que tange a relações de produção, formas de propriedade e acumulação privada.

Vendo, portanto, o fenômeno como uma unidade inseparavelmente econômica, política e ideológica, podemos notar que as iniciativas no âmbito da chamada reestruturação produtiva foram simultaneamente acompanhadas de ações que alteram a forma de gestão pública e sua relação com a sociedade, assim como impõem um novo padrão de comportamento do Estado diante da luta de classes.

2. A crise do padrão fordista, a acumulação flexível e a gestão pública

O fordismo foi uma resposta do capital diante das necessidades da acumulação nas condições do capital monopolista, que se inicia pela reorganização da produção com inovações, como a linha de montagem, até novas formas de gestão, como a separação entre comando e execução proposta por Taylor. No entanto, exige e de certa forma cria uma forma de representação que era adequada às condições de convivência com uma grande classe trabalhadora concentrada em grandes plantas industriais e, consequentemen-

O Estado depois do ajuste

te, em determinados espaços geográficos e políticos, as grandes cidades e centros industriais. Daí a ligação estreita entre a formação do "operário-massa" fordista e o desenvolvimento da representação sindical por categorias.

O grande inimigo do fordismo são a antiga organização da classe trabalhadora e sua experiência histórica gestada durante o século XIX. Por um lado, a linha de montagem e a profilática separação entre a gestão e execução, as rígidas formas de controle de tempos e ritmos, o princípio da relação entre operário e máquina quebram o antigo saber operário e fragmentam a classe no próprio espaço da produção. Por outro lado, são necessárias instâncias de representação que permitam ao capital promover acordos pontuais com os trabalhadores, como os relativos a salários, jornada, benefícios etc., que não ocorram no bojo de processos de luta e enfrentamento que mobilizem potencialmente os trabalhadores como classe; daí a funcionalidade de um sindicalismo corporativista dividido em categorias, quando não por fábricas.

Ocorre que o padrão fordista exige em igual medida um novo papel do Estado, que bem se insere em tudo o que foi descrito sobre suas funções no interior da ordem monopólica, seja na gestão direta ou indireta de bens e serviços necessários à reprodução da força de trabalho, e que não interessa ao capital arcar com os custos, notadamente aqueles ligados à gestão de uma crescente superpopulação relativa que tem por função apenas pressionar a magnitude do valor da força de trabalho daqueles que estão na ativa, como do exército industrial de reserva, seja no papel de medidor legal da negociação entre capital e trabalho, capaz de estender o negociado ou o imposto na forma de ordenamento legal.

No entanto, a relação do fordismo-taylorismo com a forma assumida pelo Estado neste período vai além desta relação

54 ESTADO E CIDADANIA

funcional aos interesses do capital. A própria máquina administrativa do Estado assume cada vez mais o padrão fordista como molde de sua própria ação, levando à definitiva identificação do Estado moderno com a organização racional burocrática nos termos definidos por Weber (1966, 1979, 2004). Não apenas pela separação entre os meios de gestão e os funcionários, mas na organização do trabalho, nas formas de controle e disciplina, na rotinização e na impessoalização do serviço público.

A crise do padrão fordista, que tem por base o próprio movimento contraditório do capital em seu processo de valorização e superacumulação, propicia que o enfrentamento de classe no momento da crise ocorra em um patamar qualitativamente diferenciado. Agora, o capital havia de se confrontar com sua própria criação, um operariado concentrado em grande cidades e polos industriais, em enormes plantas produtivas e mesmo além delas. Como afirma Antunes (1999:41), o fordismo, paradoxalmente,

> possibilitou a emergência, em escala ampliada, de um novo proletariado, cuja sociabilidade industrial, marcada pela massificação, ofereceu as bases para a construção de uma nova identidade e de uma nova forma de consciência de classe. Se o operário-massa foi a base social para o "compromisso" social-democrático anterior, ele foi também seu principal elemento de transbordamento, ruptura e confrontação, da qual foram forte expressão os movimentos pelo controle social da produção ocorridos no final dos anos 60.

O grande desafio do capital passa a ser transitar de uma forma de acumulação fordista para uma forma flexível, que predominará como resposta adequada às novas condições da exploração do trabalho, ao mesmo tempo que desarticula a capacidade de reação e resistência deste operário-massa por ele mesmo cria-

O Estado depois do ajuste

do. De certa maneira, a reestruturação produtiva e a implantação de novas formas de gestão, associadas à chamada acumulação flexível, contribuirão tanto para propiciar saídas intensivas à acumulação diante do estrangulamento ou limitação das clássicas saídas extensivas (ocupação de áreas não capitalizadas, exportação de capitais, autonomização do capital portador de juros etc.), como para produzir um efeito sobre a classe trabalhadora alterando seu perfil e produzindo uma profunda fragmentação e dispersão espacial e política dos trabalhadores.

Em síntese, as características desta chamada acumulação flexível são: 1) produção vinculada à demanda; 2) trabalho em equipe, grupo, célula de produção etc.; 3) polivalência e multifuncionalidade do trabalhador, rompendo o paradigma fordista da relação homem-máquina; 4) *just-in-time* como maneira de ordenar o fluxo da produção de acordo com a demanda, eliminando ou diminuindo os estoques internos; 5) sistemas de reposição interna na produção de retroalimentação de acordo com a necessidade, como kanban e outros; 6) desconcentração da produção através de terceirizações, condomínios produtivos e outras formas, conhecida como "teoria do foco" ou "horizontalização da produção" (Antunes, 1999:41); 7) Círculos de Controle de Qualidade (CCQ) que impõem a sobreposição do trabalho ao controle de qualidade, subordinando o saber operário ao capital e potencializando-o como fator de produtividade e controle; 8) e, finalmente, política de emprego e compromisso com estabilidade, restritas às empresas mestres (não se estendem às terceirizadas, muito menos à periferia das áreas de exportação de capitais), mas que constituem a base do compromisso do sindicato por empresa, fragmentando a representação sindical (Antunes, 1999:54-55).

Tal reestruturação produtiva (com destaque para a informatização, a automação etc.), combinada com novas formas de

56 ESTADO E CIDADANIA

gestão, das quais o toyotismo se destaca como paradigma, produziu efeitos que vão muito além dos impactos no padrão de acumulação, mas que incidiram sobre a própria constituição da classe trabalhadora, produziram efeitos na correlação de forças políticas na luta de classes, alteraram a forma de gestão pública e de funcionamento do Estado, e, por fim, foram a base para uma sólida ofensiva ideológica contra os trabalhadores e a alternativa de uma sociabilidade além do capital.

3. A mudança do padrão de acumulação e a gestão pública

Não há nenhuma coincidência no fato de que o processo de reestruturação produtiva se combine com a insistente demanda dos setores conservadores pela chamada "reforma do Estado". No conjunto de uma série de mudanças que se sintetizam no que se convencionou denominar "neoliberalismo" (Anderson, 1998), a "reforma do Estado" parece ocupar um papel central, e costuma ser vista como uma relação causal direta das alterações sofridas no âmbito das políticas sociais.

Em um primeiro momento, os reformadores apontam claramente para uma transição em direção a uma forma de gerencialismo no qual a população atendida se converte em "cliente" de um serviço e o próprio Estado em nada mais que uma "empresa" que o presta; portanto, sujeita a todas as regras de organização da produção e do trabalho que no momento atingiam a estrutura produtiva. Também conhecido como "gerencialismo puro" (Bento, 2003:89), esta forma se caracteriza por propor: 1) um aumento dos controles financeiros; 2) desenvolvimento de sistemas de informação; 3) racionalização orçamentária, incluindo processos de avaliação de custos e controle de gastos;

O Estado depois do ajuste

4) uma política de eficiência, entendida não em relação aos resultados atingidos no sentido de enfrentamento de problemas diagnosticados, mas de ótima utilização de recursos existentes na gestão de processos; 5) administração voltada a objetivos e metas organizacionais associadas à gestão de desempenho, acompanhamento e controle (mais uma vez, gestão de processos e não de resultados); 6) delegação de autoridade (*empowerment*) com "autonomia" administrativa, o que leva à; 7) atribuição de responsabilidades para os agentes delegados quando da má gestão de programas (Bento, 2003:89).

Como vemos, parece haver uma indisfarçável relação entre o padrão da acumulação flexível no universo produtivo e os parâmetros pelos quais se espera ordenar o trabalho no setor público. Isto é, no entanto, mais do que uma mera "influência" de modelos administrativos ou propostas de gestão, mas uma necessária adequação do Estado e da sua máquina administrativa às novas demandas de um padrão de acumulação monopólico no quadro da crise do final do século XX.

Não poderíamos afirmar que o padrão do gerencialismo puro supera, no sentido restrito da palavra, a organização racional burocrática em suas formas mais marcantes, da mesma forma que o fordismo é, de certo modo, potencializado em alguns de seus aspectos que permanecem na forma que o substitui. No caso da gestão pública, este aspecto transparece, segundo os críticos da forma pura, ainda em uma excessiva "padronização" dos serviços, na persistente hierarquização dos processos, na cultura da "impessoalidade" e do "formalismo", levando a certa defensiva diante do usuário do serviço (Bento, 2003:91).

No diagnóstico dos críticos do gerencialismo puro, o fundamento da persistência da racionalidade burocrática se devia a um desvio de origem: o pretenso universalismo do serviço. Cobram-se, então, ações que buscam a plena passagem para uma forma "flexível", ou seja, uma diversificação de opções que levem a ações descentralizadas, supostamente mais adequadas às necessidades concretas vividas pelo público atingido pelos serviços, numa espécie de produção *on demand* (sob demanda), ou um processo que no âmbito produtivo se identifica como *downsing* (a já citada horizontalização). Essa perspectiva fica conhecida como uma administração pública "voltada ao mercado" (também chamada de consumerista), entendida como uma eficiente alocação de recursos de acordo com demandas, e não uma cega universalização de serviços e bens entendidos como direitos.

Isto nos leva, ainda segundo Bento (2003:91), a uma forma de administração marcada pelas seguintes características: 1) administração voltada ao mercado ou "quase-mercados"; 2) alteração da gestão fundada no controle hierárquico para um tipo mais adequado à situação de mercado que é a forma "contrato"; 3) redução das instâncias de hierarquia e controle (horizontalização), flexibilizando processos de gestão e avaliação; 4) descentralização administrativa e desconcentração de instâncias; 5) uma separação entre o planejamento e a operacionalização das ações,[3] cuja unidade caracteriza a antiga forma de gestão, uma vez que era o poder público o responsável pela execução das políticas

---

[3] Como vemos, este é um aspecto que, de fato, potencializa um elemento da forma fordista-taylorista e de sua expressão na administração burocrática, mais especificamente a separação do planejamento e da operacionalização. Podemos afirmar que, mesmo na esfera produtiva, a delegação de aspectos do controle de qualidade, a polivalência e a incorporação dos trabalhadores no trabalho em equipe, no estabelecimento de metas, não implica que o planejamento e as definições estratégicas do capital fossem transferidos para a força de trabalho. No caso da administração pública, esta separação é a mediação que permite o descompromisso do Estado com a execução das "políticas", restringido sua ação ao planejamento e à iniciativa de ações a serem executadas pela "sociedade civil".

O ESTADO DEPOIS DO AJUSTE

presentes no planejamento; 6) parcerias entre o setor estatal e o setor privado; 7) avaliação por *feedback* do usuário e políticas de "qualidade total", que, como se imagina, não dizem respeito à eficiência dos meios, no sentido de enfrentamento de problemas, mas de eficácia na utilização dos recursos e "percepção" de atendimento por parte dos usuários.[4]

4. Reforma do Estado e luta de classes

Ainda que esta concepção da administração pública tenha caracterizado o ciclo neoliberal e esteja diretamente associada ao processo de desmonte do Estado e à precarização das políticas sociais, não podemos concebê-la como causa do desmonte ou da verdadeira "contrarreforma" do Estado. Nenhuma concepção administrativa tem este poder. Esta aproximação desloca o problema para o terreno das ideias e da vontade política, abrindo o perigoso caminho para, uma vez feito o diagnóstico, acreditar que as pessoas certas com as concepções corretas seriam capazes de dotar o Estado de uma eficiência no sentido de gerir políticas sociais adequadas.

Trate-se o fenômeno da reforma do Estado como um debate de "ideias" entre neoliberais e desenvolvimentistas, ou responsá-

---

[4] No caso do setor produtivo, a qualidade total é um instrumento para evitar o "retrabalho", mas, no caso do setor público, a lógica é outra, transformando as políticas de suposta "qualidade total" em ferramenta de controle de funcionários e de penalização dos usuários, ou seja, o funcionário que tem de atender o público em menos tempo para evitar as filas, ou o médico da previdência que tem de cumprir a meta da "alta programada", independentemente das condições de saúde do trabalhador, acabam responsabilizados pela "qualidade" do serviço, e não a alocação de verbas para este fim disputar prioridade com o pagamento de juros, por exemplo.

60 ESTADO E CIDADANIA

veis e irresponsáveis, ou neoliberais de mercado e liberais sociais com escrúpulos sociais e uma "consciência" que os leva ao compromisso com os mais pobres. Só é possível compreender esse fenômeno se o entendermos como parte da ofensiva ideológica empreendida e que é parte inseparável do fenômeno cujos outros aspectos constituem a reforma do Estado e o processo de reestruturação produtiva do capital.

Marx e Engels (2007:48) afirmam que a "teoria, a filosofia, a moral, puras" só podem aparecer como forças reais (representando algo de real, sem que representem realmente algo) independentes e que podem ser combatidas e revertidas pelo simples trabalho da "consciência sobre a consciência" porque "separamos as ideias da classe dominante da própria classe dominante e as tornamos autônomas". Na verdade, nos defrontamos com um aspecto essencial do próprio fenômeno ideológico: apresentar o particular como se fosse universal, ou seja, uma particular visão de mundo como se não fosse a expressão das relações que constituem uma classe a classe dominante, mas a expressão de uma universalidade que expressa os interesses de toda a sociedade. Seguem os autores de *A ideologia alemã*:

> Realmente, toda nova classe que toma o lugar de outra que dominava anteriormente é obrigada, para atingir seus fins, a apresentar seu interesse como interesse comum de todos os membros da sociedade, quer dizer, expresso de forma ideal: é obrigada a dar às suas ideias a forma da universalidade, a apresentá-las como as únicas racionais, universalmente válidas (Marx e Engels, 2007:48).

No caso de nosso tema específico, o trabalho da ideologia tem que obrigatoriamente mascarar sua identidade particular com a burguesia, uma vez que procura opor uma "forma" de

O Estado depois do ajuste   **61**

administração à outra, que considera burocrática e ineficiente, obscurecendo o fato de que essa forma anacrônica a ser superada foi também anunciada pela mesma burguesia como forma de salvação da humanidade pela dinâmica do produtivismo industrial, apresentado como único vetor possível do desenvolvimento e caminho único para "modernizar" a sociedade e resultando na diminuição das desigualdades sociais. Quebrado o vínculo que ligas as ideias da classe dominante a esta classe, podemos apresentar a questão como um mero debate de alternativas teóricas sobre as formas de administrar o Estado.

Recuperar o vínculo entre as ideias e a classe de onde partem, no nosso caso, significa afirmar que tanto o fordismo respondeu às necessidades de salvar o padrão de acumulação no início do século XX como as chamadas formas flexíveis são a resposta do capital monopolista e, portanto, de sua personificação — a burguesia monopolista — diante das novas circunstâncias criadas pela crise do capital ao final do século XX.

Entretanto, a ideológica apresentação da reforma do Estado como mero debate de concepções nos desarma no sentido de compreender algo ainda mais fundamental. A mera atribuição dos princípios que orientaram a reforma do Estado ao chamado neoliberalismo, sem que compreendamos as determinações mais profundas que, neste caso, se encontram na alteração dos padrões de acumulação do capital nas condições da crise do capital monopolista-imperialista, pode nos levar a propor alternativas que no reino das representações pareçam ser inovações e rupturas, mas que servem perfeitamente às necessidades de adequar o discurso ideológico à dinâmica real da luta de classes, encontrando uma nova forma de mascarar o mesmo conteúdo.

Um pequeno exemplo. A maneira de apresentar o fenômeno como uma alternância de ciclos nos quais o Estado ora se apresenta como indutor do desenvolvimento e na gestão das condições de reprodução, ora se ausenta permitindo o "livre" funcionamento do mercado pode nos levar a uma severa crítica ao neoliberalismo, mas corre-se o risco de fazer coro com uma necessária "volta" do Estado (que, de fato, nunca saiu), aceitando e naturalizando ideologicamente suas funções como inevitáveis para a sociabilidade. Mais que isso, aceitando, por via de consequência, a tese de que as políticas distributivistas, sejam elas associadas ou não às formas de estado de bem-estar social, podem operar via este Estado, que tem por base a perpetuação das relações de exploração que estão na raiz do fenômeno das desigualdades, que assim se perpetuam.

Entretanto, ao tratarmos da reforma do Estado, ou da contrarreforma operada nos anos 1990, parece-me que um risco ainda maior se apresenta. A não vinculação das ideias e das classes que as suportam permite que a própria luta de classes seja impactada pelo efeito de volta da ideologia. O ajuste estrutural iniciou-se, no caso do Brasil, em um momento da luta de classes em que, por uma série de razões, nos encontrávamos em uma correlação de forças não totalmente desfavorável aos trabalhadores, um momento de ascenso das lutas operárias e sindicais no contexto de crise da ditadura militar que transitou para um processo de democratização.

Essa caracterização não é estranha à afirmação antes anunciada, segundo a qual a crise do padrão fordista tem de enfrentar o próprio operário-massa que esse padrão criou. Mas, no caso da formação social brasileira, a forma de expressão desse momento do ser do capital e de suas manifestações quanto ao papel do Estado assumiu aqui a forma de uma ditadura empresarial-militar, de maneira que a crise do modelo econômico coincide com a crise de sua forma política autoritária.

O Estado depois do ajuste

O resultado imediato de tal configuração conjuntural foram a entrada em cena da classe trabalhadora e a constituição de sujeitos coletivos, desde o movimento sindical até uma dinamização de movimentos sociais no campo dos trabalhadores, passando por expressões político-partidárias das quais o PT é o exemplo mais significativo.

Isso implica que o ajuste estrutural teria de enfrentar uma resistência de um campo popular que pressionava exatamente no sentido inverso, ou seja, de garantia de direitos, da universalização de acesso a bens e serviços e de participação política, o que será caracterizado por alguns autores — por exemplo, Mello (1994, apud Ugá, 1997:90) — como uma "explosão de demandas". Ao mesmo tempo, as próprias classes dominantes e seus diferentes segmentos, de certa forma, resistiam ao simples desmonte do Estado, ainda que por motivos muito diferentes, no caso, pela defesa de seus privilégios e da perpetuação de uma situação na qual setores inteiros das camadas dominantes fizeram do fisiologismo estatal um poderoso recurso de poder para equilibrar sua delicada relação com os setores monopolistas.

O cenário concreto da luta de classes e os interesses em jogo, não apenas das classes fundamentais, mas de segmentos que nem sempre atuam de forma homogênea, impuseram uma forma peculiar na condução do ajuste.

As primeiras tentativas de imposição da agenda do ajuste "estrutural" esbarraram nestas resistências, o que fez os verdadeiros atores do processo a repensar os caminhos escolhidos. Ainda que mantendo a fé no ajuste e a condenação a qualquer alternativa, imediatamente identificada como "irresponsáveis", "populistas", "insustentáveis" (Ugá, 1997:92), passa a ficar claro que o mero controle do governo através de um presidente convencido da necessidade dos ajustes (no caso, inicialmente Collor, depois

64   Estado e cidadania

Itamar e FHC) e de meios governamentais e legislativos capazes
de implantar as medidas necessárias para realizá-lo, que poderíamos chamar de condições de governabilidade, tornava necessária
a neutralização das resistências, tanto dos setores das camadas
dominantes como dos trabalhadores.

É neste sentido que o Banco Mundial, a partir de 1991, passa a propor um "processo social de construção de consensos internos que sustentem as reformas" (Jarquín, apud Ugá, 1997:93).
Diniz (1997:187) descreve desta maneira essa necessidade:

> O que se procura é alcançar um equilíbrio entre a viabilidade eco-
> nômica do programa de ajuste e sua exequibilidade política. Tal
> equilíbrio não se obtém espontaneamente, senão que resulta de
> uma estratégia deliberada de busca do consentimento ativo dos
> grupos sociais estratégicos, trabalhadores e empresários, que for-
> mam uma das partes do tripé constituído pelo governo, partidos e
> organizações de cúpula representantes do capital e do trabalho.

O esforço de construção de "consensos" e a "estratégia deliberada" de busca de consentimento com as "organizações de
cúpula" do capital e do trabalho levam àquilo que os próprios
relatórios do Banco Mundial identificam como "governabilidade". Portanto, mais que um discurso ideológico, estamos diante
de um efeito prático que exige um pacto social que quebre a
resistência dos trabalhadores e a autonomia e a independência
conquistada ou potencial, que marcaram os anos 1980.

O presidente FHC opera a primeira parte do plano de
governabilidade para o ajuste "necessário", uma vez que logra
neutralizar as resistências dos setores fisiológicos e do grande
monopólio financeiro através de uma solução de compromisso
quanto ao ritmo das mudanças e de mecanismos de compen-

O Estado depois do ajuste

sação. Politicamente, este processo se expressa na aliança entre PSDB e PFL e marca os dois mandatos de FHC com todos os efeitos por nós conhecidos.

No entanto, restavam os trabalhadores, que se viam ameaçados pela ofensiva do capital nos locais de trabalho pela reestruturação e pelo desmonte do Estado, com todos os efeitos previstos para as políticas públicas. Ocorre que o efeito combinado de todo o processo dos anos 1990, incluindo aí o auge da reestruturação e seus efeitos, inclusive o desemprego, combinou-se com um cenário externo marcado pelo desmonte da URSS, acompanhado por um recrudescimento da ofensiva política contra qualquer alternativa além da ordem do capital, levando a um momento de clara defensiva dos trabalhadores. O efeito dessa defensiva foi uma nítida inflexão das organizações criadas pelos trabalhadores neste ciclo (sindicais, partidárias e nos próprios movimentos sociais) no sentido de um perfil político mais ao centro e aberto à possibilidade de acomodação nos limites da ordem.

Estava dado o cenário no qual as organizações dos trabalhadores podiam distanciar-se de seus representados e em seu nome selar pactos que permitiriam as condições de governabilidade necessárias à implantação plena dos ajustes.

A diferença na correlação de forças e a inflexão política, primeiro ao centro e depois à direita, das direções políticas das organizações dos trabalhadores, notadamente verificadas na CUT (Tumolo, 2002) e no PT (Iasi, 2006), esclarecem alguns aparentes paradoxos.

No contexto da constituição promulgada em 1988, os trabalhadores logram incluir no debate da previdência o princípio pelo qual o fundo previdenciário deveria ser composto não apenas pela contribuição dos trabalhadores, que necessariamente oscila nos períodos de desemprego ou de variações da atividade econômica, devendo ser agregados recursos oriundos do capital, tais como a Contribuição Social sobre o Lucro Líquido (CSLL), além da Cofins e da então CPMF. No entanto, o principal argumento para a necessidade de uma reforma da previdência vem exatamente da afirmação de seu déficit (em 2006, anunciado como sendo da ordem de 42 bilhões). Segundo Gentil (2007:30), todavia,

> se computada a totalidade das fontes de recursos que cabem à Previdência, conforme disposto na Carta Magna, e deduzida a despesa total inclusive com pessoal, custeio, dívida do setor e gastos não previdenciários, o resultado apurado será um superávit de R$ 921 milhões em 2005 e de R$ 1,2 bilhão em 2006.

Ora, nossa questão é a seguinte: por qual motivo os trabalhadores, que insistiram em 1988 que o fundo previdenciário incluísse a CSLL, Cofins e CPMF, aceitam a afirmação da existência de um déficit que só se expressa quando não incluímos estes fatores no cálculo, transformando um superávit de R$ 1,2 bilhão em um déficit de R$ 42 bilhões e justificando uma reforma que, sobre todos os aspectos, penaliza os trabalhadores em nome do ajuste das contas do Estado? E mais, reforma esta levada a cabo exatamente por aqueles que no final dos anos 1980 representavam a liderança política da classe trabalhadora e que agora, no governo, impõem o ajuste estrutural.

Evidente que há pequenas e grandes traições, mas o desvio político ou moral de uma direção não pode explicar o fenômeno que faz com que a classe trabalhadora tenha aceitado, ou consentido indiretamente, ainda que com resistências louváveis, os termos do pacto de governança necessário ao "ajuste estrutural". A questão é mais complexa.

O ESTADO DEPOIS DO AJUSTE

O processo geral de defensiva e a inflexão política das direções criaram as condições para o pacto, mas seria necessário mais que isso. Os efeitos do ajuste estrutural, da contrarreforma do Estado, são profundamente impactantes nas políticas sociais e, por via de consequência, na qualidade de vida dos trabalhadores, assim como o novo padrão de acumulação monopólica aprofunda as desigualdades sociais. Esses elementos poderiam ter inviabilizado o processo de ampliação de esferas de consenso e de aceitação das reformas, cenário que boa parte daqueles que resistiram ao desmonte esperavam e que, na prática, não se deu.[5] Isso nos leva a considerar outros fatores.

5. O Estado depois do ajuste e a nova roupagem da velha alternativa conservadora

Quando Diniz (1997) procura entender a dinâmica da reforma do Estado e suas dificuldades, naquele momento referindo-se ao governo Collor, intui que a característica da reforma ter de ser imposta pelo alto, ou o que Ugá (1997:86) denomina de "paradoxo ortodoxo", uma vez que "é o próprio vilão a ser abatido (isto é, o Estado) o agente fundamental da implantação das políticas propostas", leva a um problema de "legitimidade" das reformas. No entanto, antes de ir aos elementos descritos nas categorias de governança e governabilidade, Diniz procura afirmar que tal

---

[5] Isso não significa que não houve resistências e, em muitos casos, lutas consideráveis; no entanto, o que aqui quer se salientar é que não se produziu uma resistência a ponto de produzir uma nova fusão de classe que reconquistasse sua autonomia e independência, permitindo a configuração de uma hegemonia passiva na qual as camadas dirigentes e burocráticas dos trabalhadores podiam contar, se não com o apoio ativo, com a apatia de boa parte dos trabalhadores atingidos pelas reformas.

imposição das reformas só poderia se dar pelo alto e, portanto, exigiria que

> a grande transformação fosse conduzida com base no poder pessoal do presidente, que lhe emprestaria legitimidade. A ênfase deslocou-se para aspectos carismáticos da figura do presidente, que vinha investindo fortemente na construção da imagem de guia providencial, agraciado pelo dom da infalibilidade e da onipotência (Diniz, 1997:189).

Parece-nos que estamos diante de um clássico caso de escolha do ator errado para o papel. Collor não reunia as condições de encarnar o personagem descrito por Diniz, o poder presidencial não empresta a ninguém esta legitimidade, ela é um processo muito mais complexo, que não pode ser criado artificialmente por um monopólio de comunicação, como foi o caso. Mas a autora, ainda que sem o saber, acerta em um elemento essencial: o processo de imposição do ajuste teria, mesmo com as condições pactuadas de governabilidade estabelecidas pelos acordos de cúpula com as organizações burocráticas dos trabalhadores e deles distanciadas, de recriar uma espécie de bonapartismo, ou, nos termos da política brasileira, o bom e velho populismo conservador.

O capital teria de pagar um preço muito alto pelo consentimento da classe propriamente dita, um preço que não estava disposto e que, creio, não tinha como pagar nas condições do ajuste no Brasil. Nas condições aqui presentes não se cogita a possibilidade de um pacto social democrata ou qualquer aproximação mais clara com um estado de bem-estar social. Seria necessário neutralizar a classe através do controle de suas instituições, mas, ainda mais que isso, mobilizá-la passivamente através dos conhecidos mecanismos de autonomização da lide-

O ESTADO DEPOIS DO AJUSTE

rança para que respaldasse passivamente uma política contrária a seus reais interesses.

Há, no entanto, limites na capacidade de manipulação da liderança bonapartista e/ou populista. A identificação com o líder carismático não é suficiente, é necessário que o discurso ideológico seja capaz de produzir seu efeito desejado, isto é, apresentar, nos termos do discurso, que pareça ser o da mudança da substância conservadora dos interesses particulares da burguesia.

E isto se deu. Não somente no acerto argumentativo do discurso, mas na forma de uma ação que se apresenta como alternativa à proposta neoliberal para executar essencialmente as mesmas exigências do capital monopolista.

No âmbito da (contra) reforma do Estado, ao lado do gerencialismo puro e dos chamados "consumeristas", aqueles que mais incisivamente aprofundam os paradigmas de uma gestão dita flexível da administração pública, e aparentemente de forma crítica em relação a essas aproximações, desenvolve-se um discurso que, sem superar nenhum dos elementos descritos da proposta voltada ao mercado e as práticas da qualidade total, com destaque para as parcerias público-privadas, a horizontalização, o *empowerment*, a avaliação por desempenho, a administração de processos, a restrita noção de eficiência, embrulha ideologicamente esses princípios, apresentando-os como uma valorização da "cidadania" e um fortalecimento da "participação" de uma suposta "sociedade civil organizada".

Prepara-se o argumento segundo o qual ninguém quer o antigo paradigma do Estado centralizador,[6] forma-se, segundo

---

[6] Outro aspecto ideológico que não cabe aqui desenvolver é a identificação do antigo paradigma do Estado centralizador com a proposta socialista, transformando a crise do capital em elemento para tentar deslegitimar a alternativa anticapitalista.

70 ESTADO E CIDADANIA

Diniz (1997:176), uma espécie de consenso negativo "em torno da rejeição do antigo formato estatista-concentrador", da mesma forma que nossas consciências socialmente responsáveis não aceitam o primado puro e simples do mercado. A solução, anunciada pela própria construção da equação, é a velha e medíocre (no sentido aristotélico do termo) política do meio-termo. Trata-se de combinar com responsabilidade as virtudes do mercado e da gestão pública (Rico e Raichelis, 1999). Na prática, potencializam-se os elementos descritos de privatização, parcerias, fragmentação e focalização, no entanto, apresentados agora como virtuosas formas de tornar o Estado mais próximo da "sociedade civil" e daqueles que de modo participativo conduzem ações para solucionar seus problemas, no que são ajudados pelo poder público, como parceiros.

No interior deste prisma, a reforma do Estado passa a ser vista como parte de um processo "consensual" inseparavelmente ligado à consolidação da democracia.[7] Ainda segundo Diniz (1997:176), seria necessário superar dois tipos de dicotomia que impediriam as análises atuais: "de um lado cabe refutar a polaridade Estado-mercado, que comporta em seus dois extremos visões idealizadas acerca do reforço ou da atenuação do intervencionismo estatal".

Prepara-se, a nosso ver, e de certa maneira tal discurso já representa uma reflexão daquilo que de fato significou o governo Lula no âmbito da contrarreforma do Estado, uma aparente saída, que se desvencilha do universo neoliberal para costurar o consentimento dos trabalhadores, para uma maneira de conduzir

---

[7] "Desta forma, o objetivo de reformar o Estado é parte intrínseca de um processo mais amplo de fortalecimento das condições de governabilidade democrática" (Diniz, 1997:176).

O Estado depois do ajuste

as políticas sociais totalmente adequadas à forma de reprodução do capital monopolista em sua forma atual. Um pacto sem benefícios, uma focalização e uma fragmentação que ameaçam a própria noção de direitos sociais e de políticas públicas, apresentada como um aprofundamento da democracia, do compartilhar das responsabilidades, da gestão e da avaliação que leva, no limite, à culpabilização da própria sociedade pelo seu estado de desassistência.

Referências

ANDERSON, P. Balanço do neoliberalismo. In: SADER, E.; GENTILI, P. (Org.). *Pós-neoliberalismo, as políticas sociais e o Estado democrático*. São Paulo: Paz e Terra, 1998. p. 9-37.

ANTUNES, R. *Os sentidos do trabalho*: ensaios sobre afirmação e negação do trabalho. São Paulo: Boitempo, 1999.

BEHRING, E.R.; BOSCHETTI, Ivanete. *Política social*: fundamentos e história. São Paulo: Cortez, 2008.

BENTO, L.V. *Governança e governabilidade na reforma do Estado*: entre a eficiência e democratização. Barueri, SP: Manole, 2003.

DINIZ, E. *Crise, reforma do Estado e governabilidade*. Rio de Janeiro: FGV, 1997.

GENTIL, D.L. A política fiscal e a falsa crise do sistema de seguridade social no Brasil. In: SICSÚ, João (Org.). *Arrecadação (de ondem vem?) e gastos públicos (para onde vão?)*. São Paulo: Boitempo, 2007.

IANNI, O. *Estado e planejamento econômico no Brasil*. Rio de Janeiro: Civilização Brasileira, 1991.

IASI, M.L. *As metamorfoses da consciência de classe*: o PT entre a negação e o consentimento. São Paulo: Expressão Popular, 2006.

LENIN, V.I. *O Imperialismo:* fase superior do capitalismo. São Paulo: Global, 1987.

MARX, K. *O capital:* livros I e III. Rio de Janeiro: Civilização Brasileira, s.d.

_____; ENGELS, F. *A ideologia alemã.* São Paulo: Boitempo, 2007.

MELLO, M.A. *Governabilidade no Brasil, caminhos percorridos e a percorrer.* Rio de Janeiro: Iuperj, 1994.

MÉSZÁROS, I. *Para além do capital.* São Paulo: Boitempo, 2002.

NETTO, J. P. *Capitalismo monopolista e serviço social.* São Paulo: Cortez, 2006.

PEREIRA, P.A.P. *Política social:* temas e questões. São Paulo: Cortez/CNPq, 2008.

RICO, E.M.; RAICHELIS, R. *Gestão social:* uma questão em debate. São Paulo: Educ, 1999.

TUMOLO, P.S. *Da contestação à conformação:* a formação sindical da CUT e a reestruturação capitalista. Campinas, SP: Ed. Unicamp, 2002.

UGÁ, M.A.D. Ajuste estrutural, governabilidade e democracia. In: GERSHMANN, S.; VIANNA, M.L.W. (Org.). *A miragem da pós-modernidade:* democracia e políticas sociais no contexto da globalização. Rio de Janeiro: Fiocruz, 1997. p. 81-100.

WEBER, M. *Os fundamentos da organização burocrática:* uma construção do tipo ideal. Sociologia da burocracia. Rio de Janeiro: Zahar, 1966.

_____. *Ensaios de sociologia.* Rio de Janeiro: Zahar, 1979.

_____. *Economia e sociedade.* Brasília: UnB, 1999. v. 1.

_____. *Economia e sociedade.* Brasília: UnB, 2004.

Capítulo 3

Estado regulador e políticas públicas

Verônica Cruz

Introdução

Ao longo dos anos 1990, o Brasil, juntamente com outros países latino-americanos, passou por reformas liberalizantes nas quais suas instituições, submetidas a mudanças institucionais profundas, adaptaram-se ao que na época fora indicado como mais adequado para o Estado, que, a partir daquele momento, se concentraria na tarefa de regular, antes que de prover bens e serviços à sociedade. É válido esclarecer que regular significa fiscalizar, controlar, supervisionar por meio de normas, regras e leis as chamadas regulações.

Em termos mais amplos, as regulações podem ser assumidas como escolhas políticas que definem os comportamentos dos agentes sociais. Não existe uma única nem melhor definição sobre o que seja política pública. Para autores como Easton (1968), "as políticas públicas compreendem o conjunto das decisões e ações relativas à alocação imperativa de valores". Já autores como Dye (2008) sustentam que política pública "é o que o governo escolhe fazer ou não fazer". Aqui cabe introduzir um pouco da

74 ESTADO E CIDADANIA

perspectiva francesa de análise, que considera a política pública uma *action publique*, ou "ação" pública ou do Estado, na medida em que ela expressa um movimento do Estado de dar conta de uma situação ou de um problema, reconhecendo a centralidade do seu papel (Jobert e Muller, 1987).

Contudo, se a autoridade pública desempenha um papel central, estamos longe de afirmar que o Estado age só. As políticas recebem intervenções de vários agentes, que com sua própria lógica e prioridades agem com autonomia, e suas intervenções se refletem no curso das coisas e das escolhas.

Com base nesses pressupostos, este capítulo analisa as características institucionais daquele que na última década ficou conhecido como Estado regulador. A partir das reformas dos anos 1990, que levaram a privatizações, desregulamentações, quebra de monopólio e outras mudanças em direção ao mercado, ficou estabelecido que o papel do Estado seria limitado, ao se transferir para agentes econômicos atribuições e prerrogativas típicas do poder público até então. Este processo de "adequação" deu-se em um contexto fortemente ideologizado, marcado por disputas políticas acirradas, mas que, ao mesmo tempo, ficou marcado pelo que mais tarde seria conhecido como um período de hegemonia do pensamento único: o neoliberalismo.

É no âmbito da Reforma do Estado do governo Fernando Henrique Cardoso (1995-2002) que o Estado brasileiro passa de provedor a regulador, especialmente a partir da criação das agências reguladoras autônomas. Essa nova face da regulação no Brasil transforma inteiramente a relação entre sociedade e Estado, na medida em que desloca o poder de formulação e implementação de políticas públicas da burocracia centralizada, especialmente do Parlamento, para núcleos autônomos e especializados do Poder Executivo. Por outro lado, a reforma regulatória favoreceu

ESTADO REGULADOR E POLÍTICAS PÚBLICAS

também a incorporação de novos atores à arena política; além dos políticos e burocratas, há também os agentes econômicos, as organizações da sociedade civil, as organizações de defesa dos consumidores e usuários de serviços públicos e ainda os conselhos. A criação das agências reguladoras é também responsável por novos padrões de interação que se estabeleceram entre os agentes públicos e privados por meio da introdução de novos mecanismos de controle público e social.

O objetivo deste capítulo é analisar o conjunto de ideias, conceitos, teorias e valores que fomentaram as transformações pelas quais o Estado passou na última década do século XX. Afinal, ao passar de provedor a regulador, o Estado assumiu novos compromissos sociais e novas características destinadas a melhor capacitá-lo a promover o interesse público e fazer avançar o bem-estar social.

A relevância deste estudo se deve em primeiro lugar à proliferação de agências autônomas como modelo organizacional na burocracia brasileira. É notável a difusão desse modelo organizacional entre os diferentes níveis federativos, havendo atualmente agências municipais, estaduais e federais, mesmo sem que haja um consenso em torno de sua eficiência administrativa. Por fim, por atuarem em setores específicos de infraestrutura e da área social, as decisões tomadas no âmbito das agências reguladoras são de grande importância macrossocial e produzem grande impacto na vida do cidadão comum.

1. Origens do Estado regulador

A atividade regulatória sempre esteve entre as atribuições do Estado e, em geral, ocorre de dois modos: diretamente, por meio do provimento de bens e serviços públicos pelo próprio Estado, via empresas estatais que atuam em setores de monopólios naturais ou não; ou a partir de sua própria estrutura tradicional, como ministérios ou órgãos a eles subordinados. Até o início dos anos 1990 predominou a primeira opção na Europa e na América Latina.

Historicamente, a propriedade pública das empresas provedoras de bens e serviços públicos essenciais havia sido o principal modo de regulação econômica. A propriedade do Estado era tida como importante não apenas porque eliminava a ineficiência dos monopólios privados, mas também assim se estimulava o desenvolvimento econômico em favor de regiões ou grupos particulares, desfazendo assimetrias, protegendo consumidores, garantindo a segurança nacional e o interesse público. No entanto, entre as várias justificativas apresentadas, se destaca mesmo a afirmação central na qual a propriedade pública poderia aumentar a habilidade do governo para regular a economia e proteger o interesse público.

Ao analisar a atividade regulatória na Europa, Majone (1996) aponta que essa questão tornou-se problemática quando a experiência subsequente à nacionalização das empresas no pós-guerra demonstrou que a propriedade pública e o controle público não poderiam ser assumidos como a mesma coisa. Após a Segunda Guerra Mundial, a insatisfação com o desempenho das empresas nacionalizadas em vários países europeus provou que o principal objetivo para o qual elas haviam sido criadas — regulação da economia voltada para o interesse público — estava quase esquecido.

É neste contexto que a teoria da escolha pública (*public choice theory*) adquire força. Trata-se de uma formulação teórica crítica à teoria econômica do bem-estar (*welfare economics*) e que sustenta o pressuposto de que as "falhas de governo" interferem

ESTADO REGULADOR E POLÍTICAS PÚBLICAS

na produção e na distribuição justa do bem-estar. De acordo com essa perspectiva, o Estado e sua burocracia são responsáveis pela ineficiência e ineficácia no desempenho de sua principal função — a de prover bens públicos —, graças ao comportamento corrompido e voltado para obtenção contínua de benefícios e vantagens privadas (*rent seeking*). Em linhas gerais, essa abordagem julga o Estado um predador, desconsiderando suas contribuições e capacidades.

Outro arcabouço teórico na mesma linha também adquire notoriedade. Trata-se de uma abordagem da administração denominada nova gestão pública (*new public management*), que incorpora a introdução de novos conceitos como o de "cidadão consumidor" e "boa governança", voltados para a defesa da necessidade de democratização das decisões públicas. Essa teoria incorpora uma presunção da necessidade do predomínio da razão sobre a política, fundamentada na superioridade da especialização técnica e em detrimento da representação de interesses. Essa abordagem defende a adoção de mecanismos típicos da gestão privada na administração pública.

Os manuais de economia identificam como falhas de governo alguns problemas recorrentes que caracterizam as restrições da atuação do governo na economia como:

▶ *Rent-seeking*: ocorre quando grupos de interesse se envolvem com a política visando obter vantagens sobre os demais grupos. Para autores como Heber e Fischer (2000), nesse caso, mesmo que regulação em defesa do interesse público fosse possível na teoria, na prática, os interesses particulares se sobrepõem ao interesses públicos.

▶ Captura: ocorre quando os organismos regulatórios se encontram muito próximos dos regulados, favorecendo o aumento dos riscos de interferência de interesses particulares nas decisões públicas, consequentemente, afetando a independência e a qualidade da regulação. Isso ocorre muitas vezes devido à assimetria de informação entre o governo e a firma, o que faz com que o regulador se aproxime do regulado, visando obter informação, e identifique seus reais objetivos.

Autores como Mcgowan e Seabright (1995) notam que há outras formas de se desviar os objetivos da burocracia do interesse público. A captura também pode ocorrer quando o governo propriamente faz com que a agência assuma posições que reforçam sua política para determinado setor.[1] Além disso, existe ainda a captura burocrática, que ocorre quando os objetivos da agência passam a refletir os interesses de seu *staff*.

▶ Falhas institucionais: esse tipo de falha ocorre quando o governo intervém em decisões sobre a alocação de recursos, de modo a atingir objetivos de equidade e distribuição de renda. Para autores como Shultze, essa seria uma falha, porque os objetivos do governo poderiam ser mais bem atendidos a partir de uma política de impostos ou transferência monetária e não pela intervenção direta em preços ou equivalente (Shultze, apud Heber e Ficher, 2000).

▶ Patronagem: caracteriza-se precisamente pela distribuição de cargos e é um dos recursos do clientelismo. A atividade regulatória tende a ser complexa e muito específica. Um quadro de pessoal qualificado para efetuar serviços em regulação seria então um pré-requisito. Todavia, no lugar de preencher os

---

[1] Para este estudo, a afirmação sobre a possibilidade de o governo capturar uma de suas agências soa como incoerência, uma vez que é papel da agência executar as políticas formuladas pelos governos nas democracias.

ESTADO REGULADOR E POLÍTICAS PÚBLICAS

cargos disponíveis por meio de um recrutamento de pessoal qualificado, os governos tendem muitas vezes a ver a criação das novas organizações como uma oportunidade para trocar apoio ou pagar favores políticos, comprometendo por vezes o quadro de pessoal das agências.

Essas interpretações quanto ao governo compõem os argumentos que permitiram o revigoramento da doutrina do *laissez-faire* na forma do neoliberalismo diante de um setor público submetido a diversos problemas político-administrativos. Nesse ambiente, onde a avaliação do setor público era desprestigiada, o ideário do livre mercado logo conquistou espaço.

A obra de Levy e Spiller (1996), em certa medida, se insere nesse prisma, embora esteja implícito em uma análise que a maior ameaça ao bom desempenho do mercado tem origem mesmo na ação discricionária do poder público. O trabalho desses autores figurou como um destacado estudo na economia política, sendo considerado amplamente demonstrativo do poder das novas instituições para solucionar os conflitos regulatórios no ambiente pós-privatizações.

Eles analisam o problema da regulação dos serviços públicos por meio das lentes da economia neoinstitucional. O argumento central é que a credibilidade e a efetividade da estrutura regulatória, bem como sua habilidade para encorajar investimentos e apoiar a eficiência na produção e uso dos serviços, variam com as instituições políticas e sociais de cada país, o contexto, portanto. O desempenho pode ser satisfatório dentro de uma ampla variedade de procedimentos administrativos, desde que três mecanismos sejam adotados: restrições substantivas sobre as ações discricionárias do regulador, restrições formais e informais sobre mudanças do sistema regulatório e instituições para reforçar essas restrições.

80 Estado e cidadania

Segundo os autores, as instituições de um país influenciam tanto a confiança dos investidores quanto o desempenho dos serviços públicos. No entanto, para que tenham a habilidade de restringir a ação administrativa discricionária, as instituições políticas e sociais devem ter um efeito independente sob cada tipo de regulação e um equilíbrio adequado entre o comprometimento com um sistema regulatório particular e a flexibilidade para responder às mudanças tecnológicas. É com base nesse paradoxo, entre o comprometimento com um sistema regulatório e a flexibilidade em face das novas tecnologias, que os autores desenvolvem toda sua argumentação sem, no entanto, o reconhecer como tal.

Além disso, para eles, o compromisso com o sistema regulatório deve ser cultivado sempre, mesmo quando o ambiente parece o mais problemático possível, pois sem o comprometimento de longo prazo não há como manter os investimentos. Porém, ao mesmo tempo, os autores parecem considerar, em último caso, as peculiaridades institucionais de cada país e reconhecem que alcançar um nível de comprometimento pode requerer um regime de inflexibilidade regulatória em alguns casos, e, em outros, só mesmo a propriedade pública dos serviços é possível.

O principal achado desses autores, no entanto, refere-se ao entendimento de que tanto os incentivos quanto a estrutura de governança são determinados pelas instituições internas de cada país. A estrutura e a organização dos poderes Legislativo, Executivo e Judiciário, os costumes e outras normas informais amplamente aceitas, as características da competição de interesses na sociedade e a capacidade administrativa de cada país compõem um conjunto de critérios que, segundo os autores, determina e influencia as opções regulatórias em cada país.

Estado regulador e políticas públicas

O que Levy e Spiller parecem ignorar, no entanto, é que em busca da credibilidade para atrair investimentos, muitas escolhas e decisões de elevado custo social são assumidas pelos governos. Os autores trabalham essencialmente dentro da lógica de mercado e não absorvem aspectos relativos à promoção da equidade, distribuição de renda, ampliação da cidadania ou outros aspectos relativos à democratização das políticas nos setores em que os serviços são ofertados pelo mercado. A necessidade de oferecer salvaguardas ao mercado, a todo tempo, reduz o papel das instituições políticas a meras retificadoras de acordos comerciais e sobrepuja inteiramente a política à economia.

Os autores, possivelmente, pelo viés economicista da análise, não vinculam em nenhum momento as instituições regulatórias com as instituições democráticas. Tratam do Poder Legislativo e do Poder Judiciário apenas em seus aspectos liberais, ou seja, legais ou normativos, voltados para a eficiência econômica, e não no que tange à preservação dos direitos enquanto cidadania, deixando de lado a representação de interesses, ou outros princípios mais ligados ao equilíbrio democrático.

Todos esses fatores contribuíram, de uma forma ou de outra, para que posteriormente fossem adotados sem muitas precauções os modelos de origem anglo-americana, nos quais o Estado deveria delegar a gestão de serviços públicos e coletivos às empresas privadas, com a condição de instituir agências administrativas independentes. Para esses atores, apenas a partir da adoção dessas novas estruturas de governança um país poderia se inserir no círculo de países dotados de um sistema regulatório moderno. A instauração de um aparato regulatório capaz de prevalecer sobre os vícios detectados anteriormente na administração pública ganhou corpo, e assim as agências se multiplicaram.

82　　　　　　　　　ESTADO E CIDADANIA

Com uma afiada construção retórica fundamentada no ideal de sociedade capitalista moderna, o Brasil se viu em meio a reformas afinadas com as propostas de desregulamentação. As pressões de organismos internacionais como o Banco Mundial (Bird), o Fundo Monetário Internacional (FMI) e a Organização de Cooperação para o Desenvolvimento Econômico (OCDE) também foram essenciais para a consolidação e difusão da crença na qual os esforços como a privatização, associados a outros fatores, levariam ao desenvolvimento. O instrumental utilizado por esses atores internacionais também variou amplamente, indo de restrições a incentivos àqueles países que se adequassem ou não aos padrões econômicos indicados, sendo comum, por exemplo, a utilização da exigência de reformas em direção ao mercado como condição para a concessão de empréstimos.

Aos pressupostos da teoria da escolha pública, à difusão dos governos neoliberais, às pressões internacionais, à globalização das economias mundiais somam-se a consciência crescente quanto ao esgotamento da capacidade fiscal do Estado e as decorrentes dificuldades em prover políticas públicas de qualidade, devido aos baixos níveis de crescimento que vinham sendo experimentados pela maioria dos países. Esses fatores agregados explicam a abertura na América Latina dos anos 1990 para a consolidação do argumento no qual se baseia a moderna teoria da regulação.

2. Principais conceitos por trás das agências reguladoras

A delegação de poderes para as agências reguladoras, assim como a necessidade de elevar o grau de comprometimento do poder público com a manutenção de decisões, leis e normas que afe-

ESTADO REGULADOR E POLÍTICAS PÚBLICAS **83**

tam diretamente os agentes do mercado são os fatores-chave que motivaram a criação dessas instituições. Do mesmo modo, esses são também os fatores que concentram as maiores críticas entre os críticos desse modelo regulatório. Nesse item serão apresentados os argumentos de um e de outro a fim de esclarecer o real significado tanto da delegação quanto do comprometimento para o ambiente regulatório.

Autores como Majone (1997) explicam que não é sem razão que as décadas de 1980 e 1990 são caracterizadas como décadas de "abertura de mercado". Para ele, o fracasso da regulação através da propriedade estatal explica toda a mudança para um modo alternativo de controle, no qual serviços e setores inteiros, considerados importantes para o interesse público, são deixados em mãos privadas, mas sujeitos às regras desenvolvidas e aplicadas por agências especializadas. Para Majone, a propriedade e o controle público não podem ser assumidos como similares. O problema do controle efetivo sobre as empresas nacionalizadas provou que os principais objetivos para os quais elas foram criadas eram frequentemente esquecidos. Embora essa tenha sido uma discussão interessante nos anos 1960 nos EUA sobre as chamadas "falhas de governo", Majone (1996) acredita que só nos anos 1990 essa discussão chegou a outros países.

De forma similar às justificativas de Majone para a transição para o Estado regulador, e de Levy e Spiller para as mudanças institucionais observadas ultimamente, Gilardi (2003), ao elaborar um roteiro de avaliação das agências reguladoras, enumera mais detalhadamente alguns argumentos que, segundo ele, explicam a lógica por trás da criação das agências reguladoras. Os argumentos são diferenciados como positivos ou normativos, os primeiros tendo por objetivo explicar os padrões observados para

84 ESTADO E CIDADANIA

o estabelecimento das agências; já os normativos se caracterizam como prescrições. São eles:

▶ Especialização técnica (*expertise*): as agências reguladoras estão mais próximas dos setores regulados do que outros núcleos burocráticos e desse modo podem mais facilmente obter informações relevantes. Sua estrutura organizacional mais flexível também constitui um ambiente de trabalho mais atraente para especialistas, tornando-os, desse modo, mais dispostos a trabalhar em agências do que em núcleos burocráticos tradicionais.

▶ Flexibilidade: agências reguladoras autônomas mostram-se mais capazes de flexibilizar suas decisões adotando ajustes regulatórios.[2]

▶ Compromisso com credibilidade: as agências reguladoras são insuladas das influências políticas e das pressões eleitorais rotineiras. Seus dirigentes, tendo mandatos mais longos, têm também a possibilidade de trabalhar com perspectivas de longo prazo, ao contrário dos políticos. Desse modo, as agências adquirem credibilidade junto ao mercado e às comissões governamentais voltadas para a busca de uma regulação justa. Isso ocorre mesmo na presença de conflitos de interesses quando, por exemplo, o Estado acumula os papéis de acionista e regulador. Evidentemente, como também notam Levi e Spiller, a credibilidade é importante para atrair investimentos.

▶ Estabilidade: as agências reguladoras favorecem um estável e previsível ambiente regulatório. Por estar contida no desenho

---

[2] Gilardi (2003) afirma que este é um argumento normativo, o fato de que empiricamente algumas agências possam ser inflexíveis não elimina seu mérito, a menos que se prove que as agências têm se mostrado sistematicamente associadas à falta de credibilidade.

das agências, a estabilidade faz com que o mercado não tema uma mudança inesperada das regras. A estabilidade se diferencia do compromisso com a credibilidade uma vez que este último é francamente assumido em favor do investidor, enquanto a primeira apenas cria uma ambiente amigável ao investidor, assegurando-lhe que os mecanismos regulatórios não sofrerão mudanças súbitas.

▶ Eficácia e eficiência: como resultado dos fatores citados anteriormente, as agências reguladoras conduzem a um melhor resultado regulatório, que pode ser traduzido em melhor desempenho dos mercados. Esta é uma ampla reivindicação e objeto de diversas interpretações teóricas.

▶ Participação pública e transparência: o processo decisório das agências reguladoras é mais aberto e transparente que outros núcleos burocráticos e, assim, é mais sensível ao interesses sociais difusos, como os dos consumidores. Isso é realizado, em parte, devido ao fato de que sendo insuladas, as agências são menos facilmente capturadas por fortes interesses particulares, como os das indústrias reguladas. Isso contribui para uma melhor regulação. Abertura e transparência no processo decisório não são apenas meio, mas um fim em si mesmo e estão relacionadas ao *accountability*.

▶ Custos da tomada de decisão: a delegação para as agências reguladoras reduz os custos da tomada de decisão, como pode ser observado na presença de desacordos sobre determinadas políticas, nas quais maiorias são mais facilmente formadas para "deixar alguém mais decidir", especialmente se as perdas e ganhos não são muito claros.

▶ Transferência de responsabilidades: as agências reguladoras permitem aos políticos evitar responsabilidades quando ocorrem falhas ou quando decisões impopulares são tomadas. Esse comportamento não é adotado pelo custo ou pela busca de um acordo, mas pelo desejo de transferir responsabilidade nos casos em que os problemas tendem a atingir maiores proporções e os custos políticos podem pesar mais que os benefícios.

▶ Incertezas políticas: as instituições são menos facilmente mutáveis que as políticas, e as agências reguladoras constituem um meio de os políticos fixarem políticas que irão perdurar além de seus mandatos. Quando uma política é implementada, os decisores sabem que no futuro ela pode ser alterada ou suprimida por um partido ou coalizão vencedora da eleição subsequente. Para prevenir isto, as políticas são insuladas dos políticos. Políticos no poder se dispõem a perder algum controle, mas previnem que governos futuros revoguem suas escolhas políticas.[3]

Corroborando a interpretação de que os atores políticos adotam estrategicamente a delegação de poderes para agências independentes, Thatcher (2004) afirma que, seguramente, os políticos o fazem porque veem na delegação inúmeras vantagens, como as já citadas: transferência de responsabilidade, evitar medidas impopulares, insular políticas, evitar oportunismos, assegurar credibilidade e leis de longo prazo. Assim, as agên-

---

[3] Gilardi esclarece que a delegação é um mecanismo frequentemente utilizado por governos conservadores quando percebem que suas oportunidades eleitorais futuras são fracas. Para ele, coalizões declinantes tendem mais a conceder delegações extensivas. Um exemplo de delegação de poderes às agências reguladoras é apresentado por Vogel (apud Gilardi, 2004), quando este afirma que a administração de Margareth Thatcher favoreceu agências reguladoras, delegando-lhes poder a fim de preservá-las da captura pelo Partido Trabalhista. Gilardi cita ainda outros autores, como Figueiredo, que demonstra com um modelo formal que grupos eleitorais fracos se esforçam para preservar suas políticas insulando-as enquanto estão no poder.

ESTADO REGULADOR E POLÍTICAS PÚBLICAS **87**

cias, na verdade, atuam de forma complementar aos governos e não como concorrentes. Se concorrentes fossem os políticos, cuja preocupação principal é concentrar poder, não lhes delegaria nada. Segundo esse autor, por meio de redes informais com as agências, os governos podem criar estratégias e implementar políticas sobre as quais há acordo.[4]

Gilardi (2004), ao observar as razões que motivaram a criação das agências reguladoras, nota agora por outro prisma sua criação e difusão. Ele classifica as motivações básicas por trás da criação das agências a partir das três ramificações do neoinstitucionalismo: a escolha racional, o institucionalismo sociológico e o histórico. Nessa mesma análise, Gilardi (2004) revela os pontos fortes de fracos de cada abordagem teórica no que tange ao fornecimento de explicações sobre a criação difusa das agências independentes. Segundo esse autor, a despeito do crescente interesse acadêmico sobre as agências reguladoras, ainda resta explicar de onde elas vêm e como a delegação de poderes a elas pode ser explicada.[5]

Para esse autor, a teoria da escolha racional (*rational choice*) sugere que o estabelecimento das agências reguladoras pode ser

---

[4] O autor cita como exemplo a Europa, onde frequentemente os governos nacionais justificam suas escolhas invocando que "Bruxelas" lhes impôs tais decisões. Assim, atribuem os custos da decisão à UE, como se não tivessem participado ativamente daquele processo decisório. Enquanto isso, eles seguem adotando medidas que gostariam mesmo de adotar.
[5] Embora outros estudos expostos anteriormente, como o de Levy e Spiller (1996) e Majone (1996 e 1997), também sejam orientados pela abordagem neoinstitucional, este estudo considera importante a preocupação de Gilardi (2004), para quem a mudança institucional é tanto um tema central quanto uma questão problemática para a teoria institucional. Mais crítico, Gilardi nota que a ênfase na mudança institucional por vezes oculta intenções e outras escolhas políticas sob o argumento de que tudo se trata da busca pela superação de modelos institucionais ultrapassados.

a solução para os problemas de escolha ao longo do tempo. São consideradas as duas principais características dessa abordagem: primeiro, sua concepção dos atores como racionais, voltados para a maximização dos seus interesses, cujo comportamento é moldado e restrito pelas instituições, definidoras das regras do jogo. Segundo, as instituições são vistas como resultado de um arranjo deliberado. Sua forma é determinada pelos benefícios que elas podem trazer aos atores relevantes. Além de solucionar os problemas de escolha na regulação, esta abordagem sustenta que a regulação via agências ocorre porque os políticos desejam melhorar a credibilidade de suas políticas e também buscam solucionar o problema da incerteza.

O institucionalismo histórico, por sua vez, tem suas raízes na teoria das organizações e conta com uma ampla definição de instituições, que inclui normas formais e informais. Essa abordagem enfatiza o impacto cognitivo das instituições, as quais fornecem as diretrizes para o comportamento dos atores. Para essa abordagem, a mudança institucional não é vista como resultado de um arranjo propositivo, mas como um fenômeno que tem fortes dimensões simbólicas. Assim, a regulação via agências ocorre porque elas representam a garantia de uma forma adequada de regulação.

O institucionalismo histórico, finalmente, sugere uma marcada visão histórica das instituições, cujo estudo implica uma análise dos processos ao longo do tempo. As preferências dos atores podem ser endógenas, isto é, podem ser influenciadas pelas instituições. Há também uma forte tendência a focalizar os macrocontextos e a combinar efeitos das instituições e dos processos nas análises dos resultados dos conflitos de interesses. Além disso, o institucionalismo histórico enfatiza o processo de dependência de trajetória (*path dependency*) que limita as possi-

ESTADO REGULADOR E POLÍTICAS PÚBLICAS

89

bilidades de mudanças, as quais se tornam possíveis quando os mecanismos que sustentam o arranjo institucional dominante se enfraquecem. Nesse sentido, as pressões funcionais para a criação das agências reguladoras são mediadas pela existência de arranjos institucionais através do processo de trajetória dependente.

Para Gilardi (2004), a principal crítica que se faz às três teorias é o fato de todas possuírem um viés em relação à estabilidade, sendo inadequadas para explicar a mudança institucional. Já o ponto positivo encontra-se no fato de o novo institucionalismo focalizar não apenas as instituições, mas a relação existente entre atores e instituições. Porém, o autor conclui que tais abordagens de análise do neoinstitucionalimo não são as melhores teorias para explicar a mudança institucional na regulação, sendo mais adequado afirmar que são teorias apropriadas para responder algumas questões, umas mais que outras. Assim, se há interesse em realizar amplas comparações, o institucionalismo histórico não é um bom ponto de partida. Se o foco é a dinâmica de longo prazo, a teoria da escolha racional não é suficiente. Se o objetivo é analisar as funções racionais, o institucionalismo sociológico tem pouco a contribuir.

Entre as principais conclusões dessa análise se destaca a crítica à visão funcional das instituições de acordo com a abordagem da *rational choice*. Embora a função das agências reguladoras seja dar credibilidade às políticas, pois a falta de credibilidade desencoraja os investimentos, o processo político democrático, por outro lado, permite que as políticas possam ser mudadas ou suprimidas quando um novo partido ou coalizão ganha o poder. Do mesmo modo, quando o institucionalismo sociológico enfatiza a importância da estrutura normativa e a difusão simbólica das agências, revela, na verdade, que essas instituições são criadas para legitimar escolhas sem ter de justificá-las. Nesse caso, agências são criadas não pela função que desempenham, mas por seu poder simbólico. Por fim, o institucionalismo histórico sustenta que as pressões por reformas são mediadas pelas instituições nacionais, o que em outras palavras significa afirmar que são conduzidas ao longo de bem estabelecidos caminhos institucionais.

Antes de encerrar uma exposição das razões que promoveram a difusão mundial das agências, este estudo considera relevante expor as razões culturais que, de modo complementar, explicam esse fenômeno. Afinal, outras formas de regulação são possíveis e são continuamente adotadas como recurso válido. Porém, o peso de países como Estados Unidos e Inglaterra permite identificá-los como atores centrais na definição do desenho institucional que deveria predominar em uma economia globalizada, sobretudo envolvendo países com relações econômicas estreitas ou marcadas pela dependência com esses países, como é o caso dos países latino-americanos.

Sobre este ponto, Majone (1996) explica por que o "estilo americano" de regulação predominou nas reformas regulatórias ao longo dos anos 1990. Para ele, o estatuto da regulação por meio de corpos ou comissões independentes tem uma longa tradição nos Estados Unidos, vigorando desde 1887 no nível federal com o Interstate Commerce Act e o Interstate Commerce Comission, que regulavam as estradas de ferro. Porém, na Europa esse ainda é um fenômeno relativamente recente. Segundo esse autor, a ideologia não é o único, mas é, certamente, um importante fator nessa diferenciação.

O estilo americano de regulação, que deixa a indústria nas mãos do mercado, expressa amplamente a crença de que o mercado trabalha melhor sob circunstâncias normais e deve sofrer interferências apenas em casos específicos de falhas de mercado. Na Europa, por outro lado, o sistema de mercado e a estrutura de direito de propriedade, tal como o atual sistema impôs, têm sido aceitos pela maioria dos eleitores apenas recentemente. Por um longo período histórico, um largo segmento da opinião pública era abertamente hostil à economia de mercado e cética quanto à capacidade do sistema de sobreviver às crises recorrentes.

Majone recorda que, em resposta às falhas de mercado, a Europa adotou a tradição de dirigismo estatal e centralização burocrática, rejeitando o estilo americano simplesmente por não acreditar no mercado. Contudo, a filosofia e a prática regulatória americana passaram a influenciar fortemente o processo decisório na Europa em três distintos momentos: durante os anos de formação da Comunidade Europeia; nos anos 1970, durante o período de expansão da regulação social, especialmente quanto ao meio ambiente e à proteção dos consumidores e, nos anos 1980, na era da privatização e da desregulação. Mudanças consideráveis já podem ser observadas nas duas últimas décadas, entre elas a proliferação de corpos regulatórios tanto no nível nacional quanto no nível local dos países europeus. O autor destaca, ainda, uma crescente literatura especializada voltada para a análise dessa natureza da regulação europeia como um gênero diferenciado de tomada de decisão. Para Majone, isso se deve ao fato de que formas tradicionais de pensamento, bem como padrões de comportamento, não são facilmente modificáveis.

3. Notas sobre as agências autônomas no Brasil

Conforme descrito anteriormente, a mudança resultante da junção de fatores de ordem interna e externa favorece um ambiente de reformas estruturais no Brasil, permitindo a criação das agências reguladoras autônomas. Os países vinculados à OCDE, por

92 ESTADO E CIDADANIA

exemplo, deram início a uma revisão de suas práticas e instrumentos regulatórios. Também incentivaram os movimentos de reformas nos demais países e, sobretudo, o rompimento com qualquer estilo administrativo que se reportasse ao desenvolvimentismo, ou seja, às estratégias de desenvolvimento econômico e tecnológico baseadas em financiamentos estatais.[6] Essa proposta apresenta três categorias da atividade regulatória:

- Regulação econômica: caracteriza-se pela intervenção direta nas decisões de mercado, tais como definição de preços, competição, entrada e saída de novos agentes nos mercados. Para a OCDE, nessa categoria a reforma deve se propor a aumentar a eficiência econômica por meio da redução de barreiras à competição e à inovação utilizando a desregulamentação, a privatização e fornecendo uma estrutura para o funcionamento e a supervisão das atividades do mercado.

- Regulação social: destina-se a proteger o interesse público nas áreas de saúde, segurança, meio ambiente e em questões nacionais. Em muitos casos a regulação deve atuar sobre recursos sociais que não estão sujeitos a transações de mercado, mas que, no entanto, são importantes ou mesmo imprescindíveis à produção de um bem ou serviço regulado. Segundo a OCDE,

---

[6] Peter Evans (1997), ao discutir o papel do Estado como propulsor do desenvolvimento econômico, questiona a posição de organismos internacionais, citando-os como difusores da "ideologia" antiestatal que negligencia o impacto das instituições públicas na economia. Sobre a OCDE mais propriamente, o autor cita os achados estatísticos de Cameron e Rodrik, que revelam haver entre os países da OCDE uma forte correlação entre gastos do governo e abertura comercial. Países mais abertos comercialmente são também aqueles onde os gastos governamentais são maiores. Mais do que isso, com a extensão da análise para mais de 100 países, revelam que o grau de abertura observado nos anos 1960 é um excelente indicador da expansão dos gastos do governo nas três décadas subsequentes.

ESTADO REGULADOR E POLÍTICAS PÚBLICAS

cabe nesse plano da reforma aferir a necessidade de intervir em decisões relativas à provisão de bens públicos e proteção social, reduzindo os efeitos das externalidades geradas por outros agentes sobre a sociedade.

▶ Regulação administrativa: destina-se a estabelecer os procedimentos administrativos através dos quais o governo intervém nas decisões econômicas. Esses instrumentos burocráticos podem gerar impactos substanciais sobre o desempenho do setor privado. De acordo com a OCDE, para evitar esse efeito, os governos devem buscar em suas reformas regulatórias eliminar as formalidades desnecessárias, simplificar aquelas que são necessárias e melhorar sua transparência e aplicação (OCDE e Enap/Ministério do Orçamento e Gestão, 1999).

Nota-se que esse compacto conjunto de instruções, aparentemente simples, compôs a base da argumentação das mais diversas reformas observadas na América Latina, umas mais fiéis que outras. Com intervenções como essa, ampliou-se na região a percepção de que, com a adoção de tais medidas e do aparato regulatório apropriado, se teria, enfim, uma regulação moderna capaz de conduzir cada país que a adotasse rumo ao desenvolvimento esperado. A profusão de reformas também tendeu mais à orientação econômica, todavia, as outras categorias também adquiriram importância e tornaram-se expressivas entre as intervenções estatais.

O Brasil reuniu os pressupostos elementares da sua reforma regulatória no Plano Diretor da Reforma do Estado, elaborado pelo governo Fernando Henrique Cardoso, e que continha os princípios que norteariam as mudanças e que redefiniriam as bases da descentralização do aparelho de Estado, estabelecendo

94   ESTADO E CIDADANIA

a estratégia de implementação de sua reconstrução, considerando os novos modelos organizacionais. De um modo geral, o discurso da reforma trazia também o desafio de contribuir para a consolidação democrática. Assim, entre os valores difundidos estavam incluídos a transparência, a participação e o controle da esfera pública pelo cidadão, associados à eficiência e à eficácia da ação governamental. Nesta proposta é feita uma releitura da administração direta e indireta, buscando equilíbrio e fortalecimento, tanto da esfera formuladora, quanto da esfera executora da política. O maior desafio era, no entanto, encontrar a melhor forma de promover o interesse público, uma vez que as expectativas sociais são calcadas em interesses muito diversos, como mostra o quadro a seguir.

QUADRO 1

Demonstrativo das expectativas de cada um dos agentes da sociedade

Segmento da sociedade	Expectativas
Governo	Regulação equilibrada, retorno.
Empresas reguladas	Regulação consistente e transparente.
Consumidores	Eficiência, preços módicos e qualidade.
Sociedade, grupos representantes da indústria, meio ambiente etc.	Participação, acesso às informações, desenvolvimento ecologicamente sustentável.
Equipes de processos	Satisfação, condições de trabalho, reconhecimento, treinamento, carreira.

Fonte: Aneel, 1998.

As agências reguladoras situam-se no plano da administração indireta, e são criadas imediatamente após a privatização das empresas estatais e a quebra de monopólio dos setores regulados. O governo, por meio do Conselho da Reforma do Estado, buscou

ESTADO REGULADOR E POLÍTICAS PÚBLICAS

assegurar que as agências se organizassem segundo os seguintes princípios:

- total autonomia e independência decisória do ente regulador, com o estabelecimento de mandatos para seus dirigentes, nomeados pelo presidente da República, após aprovação do Senado Federal;
- autonomia administrativa para regular mediante adoção de novos critérios e formatos mais democráticos e menos intervencionistas e burocratizados, imprimindo celeridade processual e simplificação das relações mantidas pelos atores desse processo;
- participação dos usuários e investidores no processo de elaboração das regulações, com a realização de audiências públicas;
- limitação da intervenção do Estado no limite indispensável à prestação de serviços.

Seguramente, é possível afirmar que as agências atualmente operam segundo alguns, mas não todos, princípios enunciados, como idealizaram os reformadores. No entanto, a simples abertura institucional para que núcleos executivos autônomos existam no interior da burocracia pública gerou uma multiplicação de agências tanto no nível federal quanto no nível estadual.

Autores como Nunes (2001) afirmam que as agências parecem constituir o que ele chama de "um Estado dentro do Estado". Isso porque, segundo nota o autor, as agências reguladoras acumulam funções dos três poderes:

> As agências podem assumir distintos estatutos jurídicos, desde sua participação na administração direta, até sua existência autárquica e independente. A elas compete funções do Executivo, tais

96　Estado e cidadania

como a concessão e fiscalização de atividades e direitos econômicos, e lhes são atribuídas funções do Legislativo, como criação de normas, regras, procedimentos, com força legal sob a área de sua jurisdição. Ademais, ao julgar, impor penalidades, interpretar contratos e obrigações, as agências desempenham funções judiciárias (Nunes, 2001:9).

Para este autor, a relação deste "miniestado" com o outro, que lhe dá origem, ainda requer inúmeros ajustes.

Para se entender mais sobre os conflitos suscitados pelas agências deve-se antes de tudo conhecê-las. Primeiramente, as agências têm como seu órgão máximo o Conselho Diretor, composto por cinco conselheiros nomeados pelo presidente da República, e seus nomes devem ser aprovados pelo Senado. Depois de aprovados, os conselheiros gozam de estabilidade e suas decisões, tomadas por maioria absoluta, só podem ser contestadas judicialmente. As agências estão vinculadas aos respectivos ministérios do setor que regulam, e muito embora os reformadores desejassem a criação de um órgão plenamente independente, foram barrados pela Constituição brasileira, que não admite na estrutura administrativa federal um órgão que não esteja sob a esfera de poder do Legislativo, do Executivo ou do Judiciário (Cruz, 2007).

No que diz respeito à sustentabilidade financeira, as agências contam com dotações anuais do Orçamento da União, mas também dispõem de recursos oriundos da arrecadação de multas e outras taxas, impostas às concessionárias dos serviços, destinadas a fundos específicos. A disponibilidade de recursos próprios seria um forte indicador de independência da agência, não fosse o fato de a dotação referente ao orçamento anual ter necessariamente que passar antes pelo Ministério ao qual a agência está

ESTADO REGULADOR E POLÍTICAS PÚBLICAS

vinculada. Dessa forma, cria-se espaço para discricionariedade, em que o ministro pode liberar ou não recursos, de acordo com a proximidade que mantém com o diretor da agência (Cruz, 2007). A disposição de instrumento de regulação também favorece a capacidade da agência para atingir seus objetivos de forma eficiente. Nesse caso, não apenas as instituições são importantes, mas também outros fatores de ordem logística contribuem; assim é com a disponibilidade de um quadro técnico de pessoal altamente qualificado.

Existem atualmente 10 agências reguladoras independentes atuando em nível federal: Anatel, Aneel, ANP, Anvisa, ANA, ANS, ANTT, Antaq, Ancine e Anac. Outros núcleos burocráticos permanecem exercendo a atividade regulatória no interior do Estado preservando, todavia, seus conhecidos arranjos institucionais, típicos da administração pública weberiana.

Apenas estas 10 agências dispõem das prerrogativas típicas de uma agência autônoma, o que em grande medida as torna núcleos bem particulares na burocracia brasileira, em função de suas atribuições, seus instrumentos e, sobretudo, de sua relação com a sociedade e com os demais poderes (inclusive o próprio Executivo). No entanto, tais características não são homogêneas em todas as agências reguladoras, em virtude de não haver ainda uma legislação específica para este instituto, ocorrendo diferentes apontamentos caracterizadores da especialidade em cada agência (Cruz, 2009). Essas agências detêm prerrogativas que, praticamente, as colocam na posição de um poder alternativo para alguns analistas (Nunes, 2007). Outros relativizam seu poder e capacidades, evidenciando desde sua origem debilidades e certo conservadorismo na rotina funcional e na interação entre políticos e burocratas (Cruz, 2007).

Quadro 2
Agências reguladoras autônomas federais no Brasil

Agência	Área regulada	Ano de criação	Vínculo ministerial
Agência Nacional de Telecomunicações (Anatel)	telecomunicações	1997	Ministério das Comunicações
Agência Nacional de Energia Elétrica (Aneel)	energia elétrica	1996	Ministério das Minas e Energia
Agência Nacional de Petróleo (ANP)	petróleo e gás	1997	Ministério das Minas e Energia
Agência Nacional de Saúde (ANS)	saúde	2000	Ministério da Saúde
Agência Nacional de Vigilância Sanitária (Anvisa)	vigilância sanitária	1999	Ministério da Saúde
Agência Nacional de Águas (ANA)	recursos hídricos	2000	Ministério das Minas e Energia
Agência Nacional de Transportes Terrestres (ANTT)	transportes terrestres	2001	Ministério dos Transportes
Agência Nacional de Transportes Aquaviários (Antaq)	transportes aquaviários	2001	Ministério dos Transportes
Agência Nacional de Cinema (Ancine)	cinema/audiovisual	2003	Ministério da Cultura
Agência Nacional de Aviação Civil (Anac)	aviação civil	2005	Ministério da Defesa

Fonte: www.abar.org.br.

Assim temos uma diversidade de órgãos que atuam em áreas e com tipos de regulação distintos, desde a regulação econômica à social e, inclusive, o incentivo com a agência voltada para o setor de cinema, o que escapa do conceito de regulação. Assume-se aqui a distinção normalmente estabelecida entre regulação eco-

ESTADO REGULADOR E POLÍTICAS PÚBLICAS

nômica — que se refere a preços, tarifas, condições de entrada e saída em mercados — e regulação social — relativa a temas como saúde e segurança.

Conclusão

Desde sua criação, as agências reguladoras fomentaram amplo debate na sociedade. Em parte devido à insatisfação dos consumidores de determinados setores regulados, em parte devido a setores cujos interesses foram afetados pela regulação. No âmbito político, em certa medida, devido às perdas de espaços políticos provocados pelo novo arranjo regulatório. E há, ainda, o debate acadêmico, que questiona a legitimidade deste arcabouço, sua fragilidade em termos representativos e também o impacto sobre a democracia. O fato é que após mais de uma década de regulação via agências independentes este modelo de regulação ainda suscita querelas.

A reforma regulatória e a criação das agências autônomas são consideradas duas das mais importantes inovações institucionais implementadas pela Reforma do Estado. Isto porque seus desdobramentos vão além das transformações de ordem administrativa ou política, voltadas para a eficiência e a eficácia da gestão de sua burocracia. Mais que isso, a reforma regulatória modificou o padrão de intervenção estatal e instituiu novos instrumentos para que este atue ante os atores econômicos e sociais. Essas mudanças transformaram a natureza do Estado e, consequentemente, o padrão de interlocução entre Estado e sociedade. Todas essas mudanças certamente se refletem nos resultados das políticas públicas.

No plano teórico, foi possível demonstrar a variedade de argumentos críticos e favoráveis à reforma das estruturas de gover-

100 ESTADO E CIDADANIA

nança regulatória. Todavia, passada mais de uma década de sua implementação no Brasil, tão ou mais valiosa neste momento seria uma investigação que demonstrasse no plano empírico o real valor das agências reguladoras autônomas para a sociedade. Nos limites deste texto não foi possível aprofundar esta questão. Todavia, conhecer em profundidade os impactos provocados pelas mudanças regulatórias é hoje indispensável. Caberia questionar em que medida as novas organizações foram capazes de combater ou solucionar as reais dificuldades já identificadas e inerentes ao ciclo de políticas públicas. Observa-se apenas que uma análise desta natureza não poderá vir dissociada de uma comparação com as teses, argumentos e fundamentos ideológicos da reforma que as implementou.

Referências

ANEEL. Agência Nacional de Energia Elétrica. *Relatório de gestão*. Brasília, 1998.

CRUZ, Verônica. *Agências reguladoras*: entre mudanças institucionais e legados políticos. Tese (doutorado) — Instituto Universitário de Pesquisas do Rio de Janeiro, Rio de Janeiro, 2007.

_____. Transparência e *accountability* na regulação da Vigilância Sanitária no Brasil. *Revista de Direito Sanitário*, v. 10, n. 3, p. 90-114, nov. 2009.

DYE, Thomas R. *Understanding public policy*. 13. ed. New York: Longman, 2008.

EASTON, David. *Uma teoria de análise política*. Rio de Janeiro: Zahar, 1968.

EVANS, Peter. The eclipse of the State? Reflections on stateness in an era of globalization. *World Politics*, v. 50, n. 1, p. 62-87, Oct. 1997.

ESTADO REGULADOR E POLÍTICAS PÚBLICAS

GILARDI, Fabrizio. *Evaluating Independent Regulators*: regulatory performance: ex-post evaluation of regulatory policies. Paris: OCDE, 2003. (OCDE Document 15)

_____. Institutional change in regulatory policies: regulating through independent agencies and the three new institutionalisms. In: JORDANA, Jacint; LEVI-FAUR, David. *The politics of regulation*: institutions and regulatory reforms for the age of governance. Northampton, MA: Edward Elgar, 2004. p. 67-89.

HEBER, Florence; FISCHER, Tânia. Regulação do Estado e reforma nas telecomunicações. *Revista de Administração Pública*, Rio de Janeiro, v. 34, n. 5, p. 143-163, set./out. 2000.

JOBERT, B.; MULLER, P. *L'État en action*. Paris: PUF, 1987.

LEVY, Brian; SPILLER, Pablo. *Regulations, institutions and commitment*: comparative studies of telecommunications. Cambridge: Cambridge University Press, 1996.

MAJONE, Giandomenico. From the positive to the regulatory State: causes and consequences of changes in the mode of governance. *Journal of Public Policy*, v. 17, part 2, p. 139-167, May/Aug. 1997.

_____. *Regulating Europe*. London: Routledge, 1996.

MCGOWAN, F.; SEABRIGHT, P. Regulation in the European community and its impact on the UK. In: BISHOP, M.; KAY, J.; MAYER, C. (ed.). *The regulatory challenge*. Oxford University Press, 1995.

NUNES, Edson. O quarto poder: gênese, contexto perspectivas e controle das agências reguladoras. In: SEMINÁRIO INTERNACIONAL SOBRE AGÊNCIAS REGULADORAS DE SERVIÇOS PÚBLICOS, II, 2001, Brasília. Mimeografado.

_____ et al. *Agências reguladoras e reforma do Estado no Brasil*: inovação e continuidade no sistema político institucional. Rio de Janeiro: Garamond, 2007.

OCDE; ENAP; MINISTÉRIO DO ORÇAMENTO E GESTÃO. *A regulação eficaz*: lição dos países da OCDE e desafios para o Brasil. Brasília: Enap, 1999.

PRESIDÊNCIA DA REPÚBLICA. Câmara da Reforma do Estado. *Plano diretor da reforma do aparelho de Estado*. Brasília, nov. 1995.

THATCHER, Mark. Concurrence ou complementarité? À propos de la délégation des pouvoirs. *Revue Française d'Administration Publique*, n. 109, p. 49-52, 2004.

Capítulo 4

Principais características da redefinição da proteção social no Brasil

Alejandra Pastorini
Silvina V. Galizia

Introdução

Partimos da premissa de que a seguridade social no Brasil, a partir da década de 1990, sofre importantes mudanças que contribuem com a redefinição do modelo de proteção previsto na Constituição de 1988.

Desde a Constituinte, coloca-se no debate, não sem problemas e com evidentes tensões, a necessidade de pensar em formas e mecanismos de ampliação da participação e de controle social, buscando estruturar um sistema de proteção social mais democrático e redistributivo.

A Constituição de 1988 consolidou juridicamente um padrão de proteção social mais abrangente e inclusivo, assegurando direitos sociais a toda a população, possibilidade até então inexistente no Brasil.

Combinando elementos dos modelos de seguro e seguridade, a proteção social propôs a ideia de que o Estado e a sociedade em seu conjunto são os responsáveis pela formulação, financiamento, atendimento e controle das políticas sociais.

A seguridade social — integrada pelas políticas de saúde, previdência e assistência — ampliou seus mecanismos de financiamento. Essa mudança teve o objetivo de reduzir a responsabilidade dos trabalhadores com o financiamento da proteção previdenciária, visto que uma estrutura protetiva assentada, principalmente, na forma seguro é fortemente condicionada pelas oscilações e transformações do mercado de trabalho.

Assim, o novo esquema precisava de integração orçamentária, institucional, normativa e uma gestão unificada; era imprescindível realizar reformas profundas para concretizar os princípios reitores de unificação, integralização e democratização.

Mas, desde inícios dos anos 1990, a correlação de forças político-sociais passa a ser favorável às interpretações minimalistas e restritivas de proteção social, criando assim um solo fértil para aprovação de um conjunto de mudanças que colocaram em risco as possibilidades de materializar a proteção social universalista, redistributiva e inclusiva.

O Brasil, desde finais dos anos 1980, passa a ser palco de um processo tenso e contraditório em que se busca implementar um sistema de proteção social apoiado na noção de seguridade social, combinado com um amplo processo de desmantelamento de uma parte importante das políticas sociais. Essa estratégia, com uma clara inspiração neoliberal, que teve início no governo Collor de Mello, baseou-se nas seguintes ideias: redução dos recursos públicos destinados para as áreas sociais, não contratação de novos servidores, eliminação de algumas instituições públicas, extinção de programas sociais, superposição de instituições e responsabilidades, não aprovação de leis com-

Principais características da redefinição da proteção social no Brasil

plementares como as leis orgânicas das três áreas que compõem a seguridade,[1] entre outras.

Essas mudanças, aprofundadas nos governos subsequentes, foram estratégias que colocaram limites reais às tentativas de ampliar o papel regulatório do Estado brasileiro, sua participação no social e a materialização da obrigação constitucional de garantir um conjunto de direitos sociais, entre eles o direito à seguridade social. Dessa forma, busca-se adequar o formato e a organização do Estado (com relação à organização do trabalho, formas de gestão, intervenção no social, formas de controle etc.) às novas exigências do processo de valorização e acumulação do capital.

Segundo Netto (2002), em face das dificuldades em compatibilizar a Constituição de 1988 com o projeto político-econômico do grande capital, e após sucessivas tentativas de revisão constitucional (utilizando as variadas estratégias já mencionadas), aprova-se, em 1995, o Plano Diretor do Aparelho do Estado. O mesmo consiste numa verdadeira contrarreforma, apoiada na satanização e desqualificação do Estado e do público. Para o autor, trata-se de uma contrarreforma, pois tem um sentido contrário ao fluxo esperado de uma reforma. Em 1988, buscando-se reduzir a brecha entre as estruturas do Estado (herdado da ditadura) e o novo ordenamento jurídico-político (a nova Constituição Federal), prevê-se que o Estado mude sua estrutura e organização para se adequar à nova legislação. Porém, aconteceu um movimento contrário, que teve implicações diretas na proteção social; entre elas, é possível mencionar: a reconfiguração das relações entre público e privado, o alargamento dos espaços de atuação

---

[1] Lei Orgânica da Saúde (LOS, 1990), Lei Orgânica da Previdência (Lops, 1991), Lei Orgânica da Assistência Social (Loas, 1993).

106 ESTADO E CIDADANIA

do setor privado e a ampliação do processo de mercantilização dos serviços e benefícios sociais.

Dessa forma, desrespeitando os preceitos constitucionais, cada uma das políticas vinculou-se formalmente a um ministério setorizado[2] e cada uma teve sua fonte de financiamento específica, assim como seus próprios instrumentos de gestão descentralizada (fundos, planos, conselhos, conferências etc.). Portanto, suas ações continuaram desarticuladas e autônomas, reforçando a clássica fragmentação das políticas sociais, mesmo no interior de uma pretensa seguridade social integrada.

Através de leis orgânicas desarticuladas, concretizou-se um sistema de proteção fragmentado, reproduzindo as modalidades de seguro e seguridade simultaneamente. Desta forma, a *saúde*, concebida como universal, é financiada publicamente, mas convive de forma tensa com um vasto e fortalecido mercado privado de assistência à saúde curativa (os planos de seguros privados). A *previdência*, fundada na lógica do seguro, continua basicamente orientada aos trabalhadores com vínculos formais de emprego, apesar de admitir atualmente a inclusão de beneficiários recente e precariamente formalizados. A cobertura previdenciária pode também ser complementada pela via da adesão aos planos de entidades privadas: abertos (entidades bancárias ou seguradoras de oferta de previdências privadas) ou fechados (administradoras de fundos de pensão de empresas e de adesão restrita). A *assistência*, reconhecida pela primeira vez como política pública, passa a ser direcionada para toda a população que dela necessitar, através de

---

[2] Em alguns momentos dessa trajetória, as políticas de assistência social e de previdência estiveram vinculadas formalmente a um mesmo ministério; entretanto, isso não significou uma articulação real entre essas duas áreas (em termos orçamentários, planejamento etc.).

Principais características da redefinição da proteção social no Brasil

um conjunto de ações e programas descentralizados e submetidos ao controle social.

Isto conforma o que conhecemos como sistema de proteção *misto*, que consiste na combinação de: políticas permanentes e programas temporários; coberturas universais e seletivas; convivência de prestadores de serviços públicos e privados. Trata-se de uma estrutura de proteção social na qual coexistem o sistema universal e irrestrito (como é o caso da saúde) e os sistemas condicionados e seletivos (por exemplo, a previdência e a assistência social).

Tais limites aproximam cada vez mais a seguridade social brasileira do modelo assistencial. Esse modelo visa, por um lado, concentrar uma parte das ações e recursos nas populações comprovadamente pobres e não contribuintes de forma direta com a seguridade social, e, por outro, viabilizar um conjunto de benefícios e serviços para os trabalhadores contribuintes com a previdência.[3] Este processo vem acompanhado da diminuição da responsabilidade estatal pública pelas políticas permanentes de proteção social, como saúde, previdência e educação, reforçando o incentivo à sua privatização (direta e indireta) por meio da ampliação e/ou do protagonismo do setor privado nessas áreas.

Este processo de transformações, que constitui uma redefinição da proteção social, tem importantes consequências políticas, econômicas e sociais. As mudanças supracitadas serão esmiuçadas no decorrer deste trabalho. Inicialmente abordaremos os avanços e limites, ideais e concretos, da concepção de proteção social incluída na Constituição brasileira de 1988. Em um segundo momento, analisaremos a reestruturação do capital

---

[3] Estas ações são complementadas com o conjunto de serviços oferecidos pelo mercado para quem pode comprá-los.

108　　　　　　　　　ESTADO E CIDADANIA

e os entraves impostos ao Estado e às políticas de seguridade social. Buscaremos contextualizar as mudanças do Estado como provedor direto dos serviços de proteção.

As reflexões aqui apresentadas se guiam por dois objetivos. Por um lado, queremos identificar os principais traços que caracterizam o processo de reforma da proteção social no Brasil a partir dos anos 1990, centrando nossa atenção nas políticas de seguridade social, buscando desvendar a importância que nesse contexto adquirem os programas assistenciais em detrimento das políticas permanentes (como saúde e previdência). Por outro lado, pretendemos indicar algumas das implicações deste processo de reforma no processo de produção e reprodução dos trabalhadores, principais beneficiários das políticas de seguridade social.

1. A concepção de seguridade social na Constituição de 1988

A Constituição Federal de 1988 expressa as contradições e tensões da sociedade brasileira no final dos anos 1980. As ambiguidades e as indefinições no texto constitucional são claros sinais da correlação de força dessa conjuntura. Os setores e forças progressistas, que pressionaram "de baixo" pela abertura democrática (Coutinho, 2000), conseguiram introduzir na Carta Magna uma avançada concepção de proteção social, orientada pela ideia da seguridade social, ainda que combinada com a lógica de seguro. Tal desígnio se contrapunha aos princípios defendidos pelas forças conservadoras, que objetivavam garantir e estender a participação do setor privado em áreas sociais interessantes para o processo de acumulação e valorização do capital, até então sob responsabilida-

Principais características da redefinição da proteção social no Brasil

de do Estado. Esse segmento promoveu tensões político-ideológicas e fortes críticas ao papel regulador do Estado.

O novo desenho da proteção social proposto na Constituição Federal, guiado pela ideia da seguridade social, por um lado, busca incluir as populações historicamente excluídas das ações protetoras do Estado, e, por outro, procura fornecer um tratamento menos desigual aos beneficiários urbanos e rurais. Visa, ainda, definir um piso mínimo para os benefícios previdenciários, reconhecendo a seguridade social como um direito de todos os brasileiros. É oportuno corroborar que a legitimação formal do aparato protetivo, inspirado na seguridade social, não eliminou a lógica do seguro que impregna a política previdenciária até os dias atuais.

Na Carta Magna, há uma preocupação em definir o formato da seguridade social que deverá organizar-se através de um sistema integrado de ações de iniciativa do poder público e da sociedade, para afiançar os direitos relativos à saúde, previdência e assistência social. Assim, segundo a legislação, a seguridade social deverá ser financiada por toda a sociedade,[4] buscando romper com a dualidade que caracterizou o atendimento das manifestações da questão social, desde o início do século XX.

O formato dual teve como peças centrais as políticas sociais direcionadas aos trabalhadores com vínculos formais de emprego complementadas com um conjunto de ações assistenciais, filantrópicas, caridosas e descontínuas, dirigidas às populações mais pauperizadas e/ou sem vínculos formais. Em geral, essas últimas ações estiveram sob responsabilidade de entidades e/ou organizações privadas, muitas delas subvencionadas pelo Estado, desde 1930.

---

[4] Conforme definido nos arts. 193, 194 e 195 da Constituição Federal de 1988.

110　　　　　　　　　ESTADO E CIDADANIA

Em 1988, os setores progressistas tentaram mudar essa lógica: o caráter desigual de acesso aos serviços e benefícios; a elevada discriminação e exclusão dos trabalhadores sem vínculos formais de emprego; a forma de financiamento centrada na contribuição dos empregados e empregadores; a pesada burocracia e centralização; e a forte presença de práticas dominadas por relações clientelistas e assistencialistas.

A noção de seguridade social, introduzida constitucionalmente, foi inspirada nas experiências europeias de *welfare state*, buscando garantir uma concepção de seguridade social inclusiva, redistributiva e universalista, que integrasse institucional, orçamentária e funcionalmente as políticas de saúde, previdência e assistência social como direitos de todos os cidadãos.

É importante ressaltar que o Brasil reconhece a seguridade social como uma obrigação do Estado apenas nos finais dos anos 1980. Nessa conjuntura, as experiências de Estados reguladores (como os *welfare states* na Europa Ocidental) eram duramente criticadas pelas classes dominantes e responsabilizadas pela crise que assola o mundo capitalista desde os anos 1970 (cf. Mészáros, 2009; Mandel, 1990). A seguridade social brasileira surge num contexto político e econômico mundial essencialmente diferente daquele em que foram constituídas as grandes experiências europeias de proteção social,[5] mas a conjuntura imediatamente

---

[5] Os países europeus consolidam seus sistemas de proteção social após a Segunda Guerra Mundial. As estruturas protetivas idealizadas faziam parte do projeto de reconstrução nacional, num momento em que a sociedade capitalista vivia um período de crescimento econômico sem precedente, no qual era possível pensar em mecanismos de redistribuição de parte do excedente econômico sem afetar a taxa de lucro do grande capital. Ainda, tratava-se de um momento em que a experiência de socialismo real significava uma ameaça para a ordem comandada pelo capital. Essa conjuntura possibilitou institucionalizar modelos de proteção social baseados na solidariedade (inter e intraclasses) e no com-

PRINCIPAIS CARACTERÍSTICAS DA REDEFINIÇÃO DA PROTEÇÃO SOCIAL NO BRASIL

posterior a 1988 tornou-se favorável ao fortalecimento do projeto societário orientado pelos interesses do grande capital e, principalmente, do capital financeiro.

Desde finais dos anos 1970, o conjunto de respostas formuladas e implementadas pelo capital monopolista, como alternativa para enfrentar a crise generalizada,[6] consiste numa estratégia articulada sobre o tripé: reestruturação produtiva, financeirização do capital e difusão do ideário neoliberal (Netto e Braz, 2007).

Este conjunto de respostas implicou um reordenamento do capital, baseado na ampliação da fusão dos capitais monopolistas industriais com o capital bancário, acarretando importantes alterações nos circuitos de produção e dando início à fase denominada acumulação flexível. A difusão do ideário neoliberal — com a defesa da não intervenção do Estado na vida econômica e social — permitiu a legitimação social do conjunto de transformações necessárias para a valorização e acumulação do grande capital.

Na ofensiva capitalista, os trabalhadores e suas organizações passam a ser responsabilizados pela crise econômica e pela suposta falência dos estados. Assim, são obrigados a pagar os ônus das mudanças, vivenciando: aumento do desemprego, precarização do emprego, redução salarial, perda de direitos e deterioração da qualidade de vida.

Nesse contexto, as agências multilaterais, como o Fundo Monetário Internacional e o Banco Mundial, têm um papel pri-

---

promisso de reproduzir a sociedade sedimentada na propriedade privada com redistribuição de renda.

[6] Segundo Mandel (1990:23), a recessão generalizada de 1974/75 é mais uma *crise clássica de superprodução*, e essa recessão é a conclusão de uma fase típica de queda da taxa média de lucro. Tal queda é anterior ao encarecimento do petróleo (que pode ser pensado como detonador, mas não imediato).

112 Estado e cidadania

mordial.[7] Os governos foram "pressionados" a transformar os aparelhos de Estado, a implementar os programas de reestruturação produtiva, à abertura de mercados (de mercadorias e de capital). Essas reformas constituintes dos "ajustes estruturais", que foram aplicados de forma diferenciada nos países capitalistas, impactaram profundamente a proteção social.

Os principais alvos das críticas das agências multilaterais com relação à proteção social são: o entendimento da seguridade social como um direito de cidadania e, portanto, obrigação do Estado; a universalização da cobertura e do atendimento; a busca de uniformidade e equivalência dos benefícios; a equidade na forma de participação no custeio; o caráter democrático e descentralizado da administração e gestão da seguridade social.

O desenho brasileiro de proteção social, a ser implementado no pós-1988, carrega em seu interior um conjunto de princípios, valores e dispositivos contrapostos ao projeto político-econômico do grande capital. Portanto, o reconhecimento tardio da seguridade social brasileira constitui-se, na prática, num limite objetivo para sua materialização. Entendemos que desde finais da década de 1980 criam-se condições para a implementação das políticas de ajustes estruturais de orientação neoliberal, que têm como um de seus alvos de ataque os mecanismos considerados regulações extraeconômicas que põem limites ao movimento do capital financeiro, entre as quais se inclui a seguridade social.

As propostas de reforma do Estado ocupam um lugar de destaque no projeto neoliberal. O processo de transformação e reestruturação do Estado contribui para ampliar, reforçar e con-

---

[7] Para aprofundar a discussão acerca da participação dos organismos internacionais nos processos de reforma do Estado e da proteção social no Cone Sul da América Latina, consultar: Pastorini (2002), Galizia (2002) e Galizia e Pastorini (2007).

Principais características da redefinição da proteção social no Brasil

cretizar o processo denominado por Mota (1995) como "assistencialização-privatização", que se inicia no Brasil pós-1964. Na prática, as novas propostas buscam uma reconfiguração da ideia de seguridade social expressa na Constituição de 1988, produzindo uma verdadeira inversão do modelo que previa a extinção progressiva da assistência social, na medida em que as políticas permanentes se universalizassem, tornando assim as ações assistenciais paulatinamente periféricas. O atual processo avança no sentido contrário, reduz as políticas permanentes — como saúde, previdência e educação — e alarga aquele conjunto de programas e ações assistênciais que, numa política ampla de proteção social, seriam subsumidos aos sistemas protetores abrangentes, permanentes e universalizantes.

2. Redução da responsabilidade estatal com as políticas permanentes de proteção social e a ampliação dos programas assistenciais

Os países de América Latina considerados pioneiros, por terem implementado sistemas de proteção social nos inícios do século passado, desenvolveram desenhos protetivos construídos sobre dois pilares: por um lado, as políticas de regulação do trabalho, por outro, as políticas permanentes como educação, saúde e previdência social, garantindo assim um conjunto significativo de direitos sociais.

Essas políticas asseguraram a manutenção e a reprodução da força de trabalho, em casos de incapacidade temporária ou permanente para desenvolver atividades laborativas — por motivos de doença, invalidez, velhice ou acidente — e, ao mesmo tempo, contribuem com a socialização das novas gerações,

114 Estado e cidadania

como a reprodução de um conjunto de valores necessários para criar e fortalecer a identidade nacional e legitimar a ordem (Papadópulos, 1992).

A Constituição de 1988 redefiniu e ampliou a responsabilização pública pelos riscos presentes e futuros da sociedade, aos quais os sujeitos são submetidos pela própria dinâmica de produção. Ao contrário, o ideário neoliberal, hegemônico desde meados da década de 1990, combina a focalização e a privatização dos benefícios com o incentivo à autoproteção dos riscos entendidos como problemas individuais.

As estratégias de focalização e privatização estão vinculadas e se complementam, pois respondem aos mesmos objetivos. Longe de ser medidas conjunturais e puramente técnicas, tanto a estratégia de focalização quanto as diversas formas de privatização,[8] em grande parte, contribuem para reduzir a responsabilidade do Estado pela provisão direta do conjunto de bens e serviços oferecidos pela proteção social, e pela manutenção e controle das políticas de proteção social permanentes, incorporando a individualização dos riscos.

Assim, estimula-se a responsabilidade individual e/ou familiar característica do modelo liberal. Recoloca-se o mercado como espaço prioritário de satisfação das necessidades dos indivíduos; o Estado responsabilizar-se-á principalmente por aqueles que não tenham condições de trabalhar, de se manter de forma autônoma e de se reproduzir através da compra de bens e serviços no mercado.

---

[8] Há diversas formas de privatização, por exemplo: a quebra dos monopólios do Estado, venda de empresas públicas, participação do setor privado em áreas anteriormente reservadas ao Estado. Aqui nos referimos especialmente à concessão de instituições ou serviços de política social para a sociedade civil e/ou para setores lucrativos.

PRINCIPAIS CARACTERÍSTICAS DA REDEFINIÇÃO DA PROTEÇÃO SOCIAL NO BRASIL

Neste sentido, desde meados da década de 1990, os governos brasileiros com orientação neoliberal, através da implementação dos ajustes estruturais e da contrarreforma do Estado, assumirão estas estratégias corroendo, direta e/ou indiretamente, as bases públicas das políticas permanentes de proteção e redefinindo as políticas de saúde e previdenciárias, entre outras. De forma geral, essas medidas contribuíram com a desresponsabilização pública do Estado, incentivando o acesso aos serviços privados de aposentadorias, saúde e educação. Paralelamente, a ampliação e a melhoria das políticas permanentes de proteção social deixam de ser preocupação dos governos, ocasionando deterioração dos serviços e desqualificação dos sistemas, alegando elevados custos, ineficiência e ineficácia da administração pública, alta burocratização etc.

A estrutura do atendimento à *saúde* — como um todo — está conformada pelo setor público-universal e pelo setor privado (assistência médica particular e planos de saúde). A Constituição de 1988 reconheceu o Estado como responsável pelo atendimento gratuito e universal, representando um dos maiores avanços jurídico-legais em termos de acesso: a garantia universal do direito social à saúde, dispensando a contribuição prévia, pagamento pelos serviços, bem como qualquer outra condicionalidade.

Apesar destas garantias constitucionais, a estrutura de saúde público-universal não recebe a consideração e o tratamento indispensáveis para cobrir as necessidades da população. Isto se observa claramente em, pelo menos, dois processos em curso que têm seu ponto de partida na ampliação do atendimento à saúde como um direito universal.

O primeiro diz respeito à despreocupação pela oferta de serviços de saúde de qualidade, pela eficaz e eficiente gestão do atendimento à saúde e pela disponibilidade de recursos públicos

116 ESTADO E CIDADANIA

para financiar o setor (tanto na esfera federal quanto na estadual e municipal), levando inevitavelmente à precarização de serviços essenciais para a sobrevivência de grande parte da população. Embora haja pesquisas comprovando o aumento do gasto em saúde em nível estadual e municipal,[9] isto não se traduz em melhor qualidade e facilidade de acesso aos serviços de saúde pública. O segundo processo refere-se ao constante apoio e incentivo do Estado ao desenvolvimento da medicina privada lucrativa, que vem crescendo e absorvendo diferentes setores da população e oferecendo serviços de qualidades diferenciadas em função do poder de compra dos sujeitos.

Concretamente, os serviços e benefícios, reduzidos e desqualificados no sistema de atendimento à saúde público-universal, são utilizados pelos setores mais pauperizados da população. Significa que, embora não explicitamente, a desvalorização pública do setor de saúde público-universal acaba produzindo uma adequação da oferta de serviços de saúde à demanda dos diversos setores da população, gerando uma adaptabilidade do sistema como um todo. Assim, atualmente presenciamos uma importante dualização do atendimento em saúde, uma vez que existe um sistema de saúde público desqualificado, acessado principalmente pelas populações mais empobrecidas, e outro, de melhor qualidade (em termos de quantidade e qualidade de serviços), para trabalhadores mais bem posicionados no mercado de trabalho. Destina-se à oferta de serviços privados para as camadas abastadas da população.

A política de *previdência* (RGPS),[10] que continua voltada para atender principalmente os trabalhadores com vínculos formais

---

[9] Para aprofundar a discussão consultar: Sicsú (2007); Salvador (2010); Boschetti e Salvador (2006).

[10] Regime Geral da Previdência Social que absorve trabalhadores do setor privado.

Principais Características da Redefinição da Proteção Social no Brasil

de emprego, tem como base a relação salarial formal e, apesar de contar com a ampliação das fontes de financiamento, desde 1988, segue fundamentalmente financiada pelos trabalhadores e empregadores. A articulação dessa política social ao mercado de trabalho determina que a mesma seja ainda muito influenciada pela formalização das relações de emprego. Nos últimos anos, o aumento dos vínculos informais de emprego alimentou o processo de precarização, implicado na elevação do número de pessoas não protegidas e trazendo problemas sérios à própria estrutura do sistema previdenciário.

Um dos fatos principais que confirmam a desresponsabilização do Estado no interior da previdência social é que, desde os primeiros anos da década de 1990, os setores dominantes (especialmente das áreas de investimentos financeiros) insistem na existência de um déficit nas contas da previdência social brasileira.

A explicação oficial acerca do suposto déficit da previdência deve-se ao tratamento isolado das contas do RGPS, receitas e despesas, sem fazer um balaço geral do orçamento da seguridade social como um todo, portanto, sem levar em consideração os preceitos estabelecidos na Constituição Federal. São vários, mistificados e distorcidos, os argumentos utilizados para levar à frente a contrarreforma: o desequilíbrio demográfico (acelerado envelhecimento da população, relação entre a população ativa contribuinte e passiva); a elevação do salário mínimo; a existência de aposentadorias precoces; sonegação, evasão, entre outros. Entretanto, pesquisas e estudos desenvolvidos ao longo das últimas décadas comprovam que a seguridade social, entendida como assistência, saúde e previdência, registra contínuos superávits desde 2002 (Sicsú, 2007; Salvador, 2010).

Devemos destacar, ainda, outros fatos que expressam a tendência de desresponsabilização do Estado pelo sistema pre-

118   ESTADO E CIDADANIA

videnciário. Um deles é que não se consideram todas as fontes de financiamento inauguradas pela Constituição,[11] isto é, não se respeita a lógica de financiamento integral das diferentes áreas da seguridade social (saúde, assistência e previdência), que possibilitaria, em parte, a desvinculação do financiamento principalmente a partir da folha de salário e, portanto, seu distanciamento da dinâmica vulnerável do trabalho com vínculos formais em épocas de aumento da informalidade, de desemprego, flexibilização de relações de trabalho etc.

Outro fato relacionado ao anterior diz respeito à possibilidade legal de deslocar parte dos recursos da seguridade para compor e alcançar o superávit primário. Isso se tornou plausível a partir da flexibilização na alocação de recursos públicos com a criação da DRU.[12]

Ademais, a contrarreforma imposta mediante instrumentos legais (medidas provisórias e decretos)[13] fundamenta a revisão de benefícios de aposentadoria, implicando aumento de barreiras ao acesso à proteção previdenciária (aumento da idade de aposentadoria e de contribuições, fixação de pisos e tetos, combinação de contribuições por tempo de serviço e idade etc.).

Assim, criam-se condições para gerar a necessidade de assumir planos de capitalização privados, chamados "complementares". Concretamente, no decorrer da década de 1990, cresceram os contratos individuais ou planos empresariais de aposentado-

---

[11] Segundo o artigo constitucional n. 195, que versa sobre as fontes de financiamento da seguridade social: folha de salários, Contribuição para Financiamento da Seguridade Social (Cofins), Contribuição Social sobre o Lucro Líquido (CSLL) e receitas de concursos e prognósticos.

[12] Legalizado desde 2000 pela Desvinculação das Receitas da União (DRU) e declarado nos acordos assinados com o FMI desde 2003.

[13] Emenda Constitucional n. 20 (1998), n. 40 (2003), Decreto n. 3.048 (1999), entre outros.

PRINCIPAIS CARACTERÍSTICAS DA REDEFINIÇÃO DA PROTEÇÃO SOCIAL NO BRASIL

119

rias que cotizam na bolsa de valores. Os setores de trabalhadores mais bem posicionados na pirâmide ocupacional foram induzidos a se interessar pelos fundos de pensões ou aposentadorias privadas (nas formas de sistemas fechados e/ou abertos).[14]

A *assistência social,* com a aprovação da Constituição Federal de 1988, pela primeira vez na história no Brasil, é concebida como uma política pública de proteção social, direito de todo aquele que dela necessitar, independente de sua contribuição. O reconhecimento jurídico-legal da assistência como integrante da seguridade social indica uma substantiva mudança no perfil da população protegida pelo Estado, uma vez que pretende incluir dentro de seu leque de abrangência um conjunto da população historicamente excluída da proteção social pública.

Trata-se de uma política que tem como objetivo o atendimento dos beneficiários tradicionais, ou seja, os incapacitados para o trabalho (através de proteção, amparo, habilitação e garantia de um salário mínimo — no caso do BPC). Entretanto, também inclui como destinatários os aptos para o trabalho (incapacitados pela conjuntura econômica), buscando promover a integração ao mercado de trabalho, assim como livrar os sujeitos dos riscos do presente e das incertezas futuras (como velhice, abandono, pobreza, fome etc.).

Procurando organizar e gerir a política de assistência social no território nacional, através de um sistema descentralizado político-administrativamente e participativo, entende-se que as ações nesta área serão viabilizadas pelas entidades e organizações de assistência social. Vale destacar que a opção pela não estatização das ações de assistência social — desde a aprovação da Constitui-

---

[14] Fundos organizados por empresas, fechados a seus trabalhadores, ou por instituições financeiras abertas ao público.

120 ESTADO E CIDADANIA

ção de 1988 até os dias de hoje — criou a possibilidade real de convivência das tradicionais entidades de assistência (orientadas por princípios, valores e relações assistencialistas, filantrópicas e/ou caridosas) com um conjunto de organizações viabilizadoras de ações assistenciais (guiadas por uma concepção de assistência como política de seguridade social).[15]

O espírito da legislação não era desresponsabilizar o Estado — que assume a primazia da responsabilidade na condução da política de assistência social —, nem delegar essa responsabilidade ao mercado e/ou sociedade civil; pelo contrário, objetivaram-se mecanismos e instrumentos que permitissem garantir o acesso à assistência social de forma articulada com as demais políticas públicas, contribuindo, dessa forma, com a inclusão dos setores historicamente excluídos da proteção social e com a ampliação dos direitos sociais.

Entretanto, as mudanças acontecidas na sociedade brasileira, principalmente, a partir da segunda metade dos anos 1990, com a difusão do ideário neoliberal, impedem a efetivação desta política social, tal como definida na Constituição Federal e na Lei Orgânica da Assistência Social (Loas). Desde o primeiro governo FHC, os mecanismos e as estratégias utilizados para dificultar a concretização da assistência não foram poucos. É possível mencionar, por exemplo: a constante criação de programas de assistência fora de seu âmbito institucional, orçamentário e normativo (como Comunidade Solidária, Programa Bolsa Escola, Fome Zero, Programa Bolsa Família etc.); a não regulamentação de alguns artigos da Loas; desrespeito às deliberações dos conselhos;

---

[15] A PNAS vigente, aprovada em 2004, busca ampliar a presença do poder público nesta área quando cria os equipamentos públicos de assistência social (por exemplo, os Cras e os Creas).

Principais características da redefinição da proteção social no Brasil

não reconhecimento das resoluções das conferências; aprovação de normativas que restringem o acesso aos serviços e benefícios; recursos orçamentários reduzidos para atender o conjunto da população que dela necessita, entre outros.

O discurso oficial, fundamentado nas ideias de que existe escassez de recursos e de que o Estado tem sido ineficaz e ineficiente no atendimento das manifestações da questão social, reforça uma concepção de assistência social minimalista, restrita e principalmente direcionada para os setores mais pobres da sociedade. Como forma de administrar melhor os recursos, defende-se a focalização como instrumento que permitirá uma gestão mais eficiente e efetiva, assim como atingir a população realmente necessitada. A ideia de focalização combina-se, na prática, com a estratégia da desconcentração das responsabilidades do Estado com o social. Este artifício consiste em permitir a participação do setor privado no processo de provisão de bens e serviços sociais, uma vez que — a partir da aprovação do Plano Diretor da Reforma do Estado, em 1995 — concebe-se que o conjunto de programas e ações direcionado ao atendimento dos direitos humanos e sociais não seria responsabilidade exclusiva do Estado, e sim uma atividade que pode — e deve — ser compartilhada com a sociedade (organizações da sociedade civil de interesse público, organizações sociais, fundações etc.).

As alterações no uso dos recursos públicos investidos no social indicam a mudança na lógica da implementação das ações assistenciais. Vários estudos (Sicsú, 2007; Salvador, 2010), apoiados em dados oficiais, identificam alterações e variações na priorização dos gastos sociais públicos. Esses verificam um crescimento importante dos recursos destinados à assistência, utilizados principalmente para viabilizar os chamados programas de transferência de renda, não contributivos, focalizados em grupos específicos

122   ESTADO E CIDADANIA

da população, que têm como objetivo compensar a ausência de renda. O redirecionamento do gasto está acompanhado de uma redução significativa dos investimentos em outras áreas, como saneamento básico, habitação, saúde e educação, vinculadas de forma direta ao atendimento das necessidades básicas da população mais pauperizada.

3. Traços constitutivos do processo de "assistencialização" da proteção social

Aqui trataremos de alguns pontos centrais identificados como nós do novo desenho da proteção social brasileira proposto desde a década de 1990, quando, questionando a noção de seguridade social presente na Carta Magna de 1988, os setores conservadores passam a defender uma concepção de proteção social novamente fragmentada institucionalmente e excluindo grande parte da sociedade. No interior dessas mudanças propostas, alguns elementos centrais do modelo garantido constitucionalmente são retomados — porém recolocados com uma nova roupagem —, travestidos de um discurso democrático, preocupado com a "justiça social" e com os interesses das maiorias trabalhadoras, principalmente com os mais pauperizados, concebidos, de forma restrita, como "vulneráveis".

Essa reconfiguração da proteção social não pode ser entendida como uma decorrência natural do conjunto de transformações societárias, e sim como uma das peças centrais da estratégia de restauração do capital tendente a atender as necessidades dos grandes grupos monopolistas, agora sob hegemonia do capital financeiro.

Na nova configuração da proteção social no Brasil, as ações assistenciais sob responsabilidade do Estado começam a assumir

Principais características da redefinição da proteção social no Brasil

um lugar de destaque, em detrimento da participação direta do Estado nas políticas de proteção permanentes, como previdência, educação, saúde etc.

A ênfase dada à assistência será entendida aqui como uma das dimensões desse processo maior que denominamos "assistencialização" da proteção social, tendo como contraparte a privatização da previdência, da saúde e da educação. Essa reformulação contribui para transformar os serviços sociais em mercadorias a serem compradas e vendidas, distanciando-se cada vez mais da ideia da desmercadorização.

Esse processo produz mudanças nas relações entre a previdência e a assistência, apoiadas na tradicional fragmentação das políticas sociais e de seus destinatários (trabalhadores ou pobres), assim como na divisão das "responsabilidades" da proteção social dos brasileiros entre o setor público e o privado. Essas divisões dão-se em termos de: financiamento, administração e controle dos recursos investidos; definição das normas e mecanismos de proteção; grupos de usuários a serem protegidos; tipo de benefícios e serviços a serem viabilizados; formas de provisão do atendimento, entre outros.

Pensando especificamente nas respostas dadas às manifestações da questão social,[16] é possível afirmar que a reconfiguração da proteção social brasileira tem como objetivo reduzir as políticas sociais de caráter permanente, garantidoras de direitos (mesmo não se tratando de direitos universais) e com uma tendência redistributiva. Essa estratégia, ao mesmo tempo, contribui com o aumento das políticas e programas sociais segmentados, foca-

---

[16] Para aprofundar a discussão acerca da "questão social" e manifestações contemporâneas, consultar: Temporalis (2001) e Pastorini (2007).

124　　　　　　　　ESTADO E CIDADANIA

lizados, emergenciais e compensatórios (Galizia, 2004; Galizia e Pastorini, 2007; Pastorini, 2008).

Nesse processo, os programas e ações assistenciais assumem cada vez mais protagonismo no interior da seguridade social. Dentro da política de assistência social, são os programas de transferência de renda condicionada, pensados como uma estratégia compensatória de "combate à pobreza", que adquirem um lugar de destaque.[17]

Tais mudanças incidem de forma direta no atendimento às necessidades dos trabalhadores. Uma parte deles — principalmente aqueles com vínculos formais de emprego — tem acesso às políticas sociais permanentes, porém cada vez mais reduzidas e deterioradas, incentivando dessa forma a compra dos serviços no mercado, complementando e/ou substituindo a limitada proteção social sob responsabilidade do Estado. Por sua vez, as classes médias e altas são incentivadas à autoproteção e à capitalização através de poupança individual e/ou compra dos bens e serviços diretamente no mercado. Entretanto, para aqueles incapacitados e/ou impossibilitados por sua renda de participar no mercado, o Estado (e/ou a sociedade civil) ofertará um conjunto de serviços e benefícios públicos, a maioria das vezes de baixa qualidade e em quantidade insuficiente para atender à demanda.

O novo formato adotado pela proteção social no país, que continua sendo altamente excludente e seletivo, cria outra "categoria" ou grupo desprotegido, com características diferentes dos setores historicamente excluídos da proteção social no Bra-

---

[17] Existem diferentes concepções de programas de transferência de renda, mas é importante destacar que, no Brasil, a partir da segunda metade dos anos 1990, a maior parte deles se orienta por uma concepção conservadora; ou seja, busca garantir um mínimo de renda para os indivíduos e/ou suas famílias definidos estatisticamente como pobres e indigentes em função da renda familiar *per capita*.

PRINCIPAIS CARACTERÍSTICAS DA REDEFINIÇÃO DA PROTEÇÃO SOCIAL NO BRASIL

sil. Trata-se dos trabalhadores empobrecidos (sem vínculos formais de emprego ou desempregados) que não podem aceder ao mercado, nem são alvos das políticas sociais, como previdência, por não conseguirem ser contribuintes permanentes. Entretanto, também não são atingidos pelos programas e ações assistenciais que definem um conjunto de critérios de elegibilidade rígidos e excludentes, entre eles, um patamar máximo de renda familiar *per capita* (Pastorini, 2008).

Estamos falando de um contingente de trabalhadores sem vínculos formais de emprego, sem proteção pública e sem possibilidades de comprar no mercado os bens e os serviços necessários para satisfazer suas necessidades. Segundo estudo realizado recentemente pelo Ministério de Previdência Social, tomando como referência os dados da Pnad de 2006, existem quase 33 milhões de brasileiros sem cobertura nem da previdência nem da assistência. Esse grupo cresce numericamente e fica à margem da proteção social, seja ela pública ou privada.

Estas populações sem cobertura tornam-se alvo de programas e ações pontuais, como: programas de qualificação profissional, geração de emprego e renda, incentivo ao "empreendorismo", inclusão produtiva etc., desenvolvidos por "empresas socialmente responsáveis", pelo Estado, ONGs etc. Essas iniciativas têm eficácia questionável, tanto do ponto de vista do combate do desemprego quanto da criação de emprego protegido (com direitos trabalhistas e proteção social).

Desta forma, percebemos uma mudança importante na relação entre a política de previdência e a de assistência, em seus públicos-alvo, na relação entre o setor público e o privado, assim como entre o Estado e a sociedade civil. Entendemos que se estabelece uma relação contraditória e tensa entre previdência social, ações assistenciais e políticas de emprego.

Tanto por condições econômicas estruturais quanto por pressões político-sociais e aumento das populações pobres e desempregadas, os programas assistenciais aumentaram em quantidade, modificando notavelmente a relação entre esses e os benefícios e serviços viabilizados pelas políticas permanentes.

No Brasil, as ações assistenciais não tiveram importância estrutural nem política até finais da década de 1980, quando a seguridade social e, principalmente, a assistência social passam a abraçá-las. No entanto, a partir da hegemonia das reformas de orientação neoliberal, a assistência adquiriu uma relevância financeira e, principalmente, político-ideológica que magnifica e absolutiza seus programas e os coloca como definidores dos sistemas de proteção social, em detrimento de qualquer outra forma de proteção social.

Não pretendemos alegar que os programas assistenciais não sejam necessários e extremamente importantes, se levarmos em consideração os níveis de pobreza e miséria que o Brasil viveu histórica e atualmente; porém, a predominância desses, em detrimento da estrutura de serviços permanentes, tem implicações políticas e sociais irreversíveis, em termos de protagonismo político e social da classe trabalhadora, pois contribuem para aprofundar a passividade política, a desagregação, a despolitização e a fragmentação dos trabalhadores.

Vejamos. A reestruturação em questão é problemática em vários aspectos. O aumento, a ampliação e as inovações produzidas nos *programas assistenciais* — emergenciais e compensatórios — são especialmente importantes do ponto de vista do *peso político* que adquirem em relação aos sistemas permanentes. Produz-se uma mudança na relação de importância ou predominância política entre as diversas formas ou estruturas de proteção. O tradicional padrão de proteção social definia-se pelo predomínio

Principais características da redefinição da proteção social no Brasil

político-social das políticas permanentes de saúde e previdência (embora com predomínio do caráter contributivo e fortemente excludentes). Mesmo assim, tratavam-se de políticas sociais com importância significativa como estratégia garantidora de direitos sociais e expressão tanto da força política quanto da importância dessas categorias de trabalhadores protegidas para o projeto político-econômico em desenvolvimento. Por sua vez, os programas e as ações assistenciais eram considerados "complementares" e não reconhecidos como direitos.

No novo padrão de proteção social, esses últimos adquirem um *status* político diferenciado superior, fazendo parte constante das agendas políticas desde a década de 1990. Em contrapartida, as políticas permanentes, com um corte de classe e unificadas, experimentam estratégias diversas de privatização, redução dos serviços e benefícios, retirada do Estado como provedor direto e desoneração pública, resultando em seu enfraquecimento, tanto político quanto social.

A modificação no peso político e social das diversas formas de proteção social tem várias implicações. Em *primeiro* lugar, ao contrário dos objetivos oficialmente definidos, difundidos e esperados — melhorar as péssimas condições de vida das populações mais pauperizadas —, os programas assistenciais focalizados estariam reforçando as iniquidades e as discriminações entre as diversas políticas de proteção e entre os próprios beneficiários. Além da reatualização do conteúdo discriminatório mediante a focalização e a seletividade dos beneficiários através do uso de critérios de elegibilidade rígidos, a eficácia do aumento dos sistemas assistenciais se torna duvidosa, levando em consideração que o investimento público nas diferentes políticas de seguridade social encontra-se aquém das necessidades da

128   ESTADO E CIDADANIA

população.[18] Para responder à maior quantidade de demandas, o Estado tem de aumentar, e muito, seus recursos e gastos; caso contrário, corre o risco de discriminar os próprios beneficiários aos quais se destinam a assistência social. Entretanto, se continuar pelo atual caminho, chegar-se-á, assim, a uma "seleção da seleção" de beneficiário, socialmente regressiva.

Em *segundo* lugar, em vista do anterior, um dos problemas do crescimento desproporcional dos programas assistenciais em relação à ampliação e à melhoria das políticas permanentes é a consequente perda de direitos sociais existentes, apesar de sua garantia por meio de sistemas contributivos, limitados aos trabalhadores formais. Os direitos afiançados através dos programas de transferência de renda focalizados, em sua maioria, "não garantem o direito à segurança econômica, senão uma renda (...) que depende de quanto se quer gastar com um determinado programa" (Lavinas, apud Sicsú, 2007:59). Ademais, a exigência de comprovação de renda como requisito de acesso aos programas deixa espaços para ser utilizada como uma estratégia que restringe a demanda, dificultando o acesso aos programas, e como forma de controlar o déficit de cobertura.

Em *terceiro* lugar, há uma diferenciação nas relações de força política entre o Estado e os beneficiários dos programas assistenciais. Os setores mais pauperizados, desempregados ou sem vínculos formais de emprego — grupos-alvo dos programas assistenciais —, geralmente não fazem parte de grupos organizados com experiência de luta e participação política, dificultando, dessa forma, seu protagonismo no processo de ampliação dos direitos, assim como do controle do público. Por outro lado, os

---

[18] Para aprofundar a discussão consultar: Boschetti e Salvador (2006); Salvador (2010) e Sicsú (2007).

Principais características da redefinição da proteção social no Brasil

programas não estão sendo pensados, nem financeira, nem politicamente, como uma possibilidade de criar um sistema amplo e permanente de assistência social universal e nem de fortalecer seus beneficiários politicamente.

Desta forma, concluímos que o processo de "assistencialização" encontra hoje um solo fértil para seu desenvolvimento. As reflexões de Oliveira (2007) ilustram essa ideia:

> É possível afirmar que o êxito aparente das políticas sociais implementadas pelo atual governo federal (como Bolsa Família, Pro Uni, Primeiro Emprego etc.) opera numa lógica perversa já que, por um lado, conquistam grande apoio social e político das classes subalternas, mas, por outro, anulam as possibilidades de oposição, de crítica e de luta. Através deste processo se captura o movimento social e se o leva a uma espécie de eutanásia, a uma condução política em sentido inteiramente contrário aos interesses dessa larga base social.

Ao contrário da construção histórica da estrutura de proteção brasileira, o processo de "assistencialização" debilita o caráter político da política social, despolitizando-a e convertendo-a num instrumento puramente técnico-burocrático, vinculado aos setores mais pauperizados, setores que, por enquanto, não têm canais políticos para fazer valer suas reivindicações.

Considerações finais

Para concluir, retomaremos alguns elementos que caracterizam o processo de "assistencialização" da proteção social no Brasil, destacando que se trata de um processo em andamento e aperfeiçoamento desde a segunda metade dos anos 1990:

130 Estado e cidadania

- existe um predomínio, em nível institucional, orçamentário e administrativo, de programas assistenciais temporários e/ou emergenciais (nem sempre orientados pelo reconhecimento e garantia de direitos), em detrimento da defesa, melhoria e ampliação das políticas sociais permanentes;
- as decisões tomadas com relação às políticas sociais tendem concretamente a desqualificar, de várias formas, as políticas permanentes de proteção (como saúde, previdência e educação), políticas públicas que buscam garantir direitos já conquistados;
- nos últimos anos, percebe-se uma tendência a aumentar os recursos orçamentários investidos em programas e ações assistenciais, principalmente naqueles que têm como objetivo declarado o "combate à pobreza" (que geralmente assumem a forma de programas de transferência de renda condicionados); mesmo assim, esses recursos investidos continuam aquém das necessidades da população usuária;
- declara-se a ampliação de programas e ações assistenciais que atendam os mais necessitados como mecanismos legitimadores das reformas necessárias para o projeto político-econômico do grande capital (como as reformas da previdência, do sistema fiscal, do sistema da política, do Estado etc.);
- a "assistencialização" da proteção social implica um duplo movimento: destaque de ações e programas de assistência e da dimensão assistencial das políticas sociais (buscando direcionar as ações de proteção para o combate e a amenização da pobreza e do desemprego), acompanhado de incentivo e apoio da privatização seletiva dos serviços (principalmente nas áreas de saúde, educação e previdência);
- há uma tendência a fortalecer a dimensão privada da proteção social, seja pela via da mercantilização da proteção social, seja

PRINCIPAIS CARACTERÍSTICAS DA REDEFINIÇÃO DA PROTEÇÃO SOCIAL NO BRASIL

incentivando a responsabilização individual, familiar e/ou comunitária pela proteção dos sujeitos.

Levando em consideração as análises anteriormente desenvolvidas, consideramos importante: o debate acerca das mudanças da proteção social e do lugar da assistência na agenda política; recolocar a política social no espaço do público/coletivo, buscando romper com o estreitamento da dimensão pública da proteção social e com a ampliação da participação do setor privado no social; refletir sobre a importância da educação e da formação política como elementos centrais de um processo emancipatório e recolocar o debate das atuais propostas de "combate à pobreza" como parte das estratégias reprodutoras das desigualdades sociais e da acumulação da riqueza na sociedade capitalista.

Referências

AURELIANO, L.; DRAIBE, S. A especificidade do "Welfare State" brasileiro. *Revista Economia e Desenvolvimento,* Brasília, v. 1, n. 3, p. 86-179, 1989.

BOSCHETTI, I.; SALVADOR, E. Orçamento da seguridade social e política econômica: perversa alquimia. *Serviço Social & Sociedade*, São Paulo, n. 8, p. 25-57, 2006.

CFESS/CRESS. *Carta de Maceió* — Seguridade Social pública: é possível! Maceió: CFESS/RJ, 2000.

COUTINHO, C.N. *Contra a corrente*: ensaios sobre democracia e socialismo. São Paulo: Cortez Editora, 2000.

ESPING-ANDERSEN, G. As três economias políticas do Welfare State. *Lua Nova*, São Paulo, n. 24, p. 85-116, set. 1991.

GALIZIA, S. Da "universalização particular" à "incorporação seletiva": tendências nos sistemas de proteção social. A experiência argentina e a trajetória do sistema brasileiro. Tese (doutorado) — Escola de Serviço Social, Universidade Federal do Rio de Janeiro, Rio de Janeiro, 2002.

_____. As mudanças do padrão de proteção social brasileiro: implicações para a universalidade pós-reformas neoliberais. *O Social em Questão*, Rio de Janeiro, n. 12, p. 33-48, 2004.

GALIZIA, S.; PASTORINI, A. A redefinição do padrão de proteção social brasileiro. *Praia Vermelha*, Rio de Janeiro, n. 14-15, p. 72-103, 1º/2º sem. 2007.

GORDON, D. La mediación internacional de la pobreza y las políticas para combatirla. In: BOLTVINIK, J.; DAMIÁN, A. (Ed.). *La pobreza en México y en el mundo*. México, DF: Siglo XXI, 2004. p. 45-75.

HOBSBAWM, E.J. *A era dos extremos*: o breve século XX. São Paulo: Companhia da Letras, 1995.

MANDEL, E. *A crise do capital*: os fatos e sua interpretação marxista. São Paulo: Ensaio/Unicamp, 1990.

MÉSZÁROS, I. *A crise estrutural do capital*. São Paulo: Boitempo, 2009.

MOTA, A.E. *Cultura da crise e seguridade social*. São Paulo: Cortez, 1995.

NETTO, J.P. Reforma do Estado e impactos no ensino superior. *Temporalis*, Brasília, n. 1, p. 11-34, jan./jun. 2002.

NETTO, J.P.; BRAZ, M. *Economia política*: uma introdução crítica. São Paulo: Cortez, 2007.

OLIVEIRA, F. O melhor produto do Brasil é a gestão da pobreza. *Folha de S.Paulo*, 24 jun. 2007.

PAPADÓPULOS, J. *Seguridad social y política en el Uruguay*. Montevidéu: Ciesu, 1992.

Principais características da redefinição da proteção social no Brasil

PASTORINI, A. *O Círculo "maldito" da pobreza no Brasil*: a mistificação das "novas" políticas sociais. Tese (doutorado) — Escola de Serviço Social, Universidade Federal do Rio de Janeiro, Rio de Janeiro, 2002.

_____. *A categoria "questão social" em debate*. Rio de Janeiro: Cortez Editora, 2007.

_____. A desconstrução dos direitos sociais na seguridade social. *O Social em Questão*, Rio de Janeiro, n. 17, p. 33-48, 1º/2º sem. 2007 (publicada em 2008).

SALVADOR, E. da S. *Fundo público e seguridade social no Brasil*. São Paulo: Cortez, 2010.

SICSÚ, J. *Arrecadação (de onde vem?) e gastos públicos (para onde vão?)*. São Paulo: Boitempo, 2007.

TEMPORALIS. Brasília: ABEPSS, n. 3, ano II, jan./jun. 2001.

TEIXEIRA, A. Do seguro à seguridade: a metamorfose inconclusa do sistema previdenciário brasileiro. *Texto para discussão*, Rio de Janeiro, n. 249, 1990.

WERNECK VIANNA, M.L. As armas secretas que abateram a seguridade social. In: LESBAUPIN, I. (Org.). *O desmonte da nação*: balanço do governo FHC. 3. ed. Petrópolis: Vozes, 1999. p. 91-114.

Parte II
As políticas públicas como campo de pesquisa e intervenção

Capítulo 5

Indicador social: uma noção controversa

Zuleica Lopes C. de Oliveira

Apresentação

A relação entre indicador social e política social é consensual na literatura. Existe também um número considerável de estudos sobre o tema. Em geral, esses estudos compreendem o indicador social como um recurso metodológico essencial para a formulação, o acompanhamento e a avaliação da política social. O papel do indicador social adquire relevância em todas as fases de desenvolvimento da política social. Desde a identificação dos recursos humanos e financeiros até a avaliação de sua eficácia e eficiência.

O consenso deixa, no entanto, de existir quando se trata propriamente da noção de indicador social e de sua finalidade. A literatura sobre indicadores sociais é pouco numerosa no Brasil, ao contrário do que ocorre em outros países. Há, contudo, alguns exemplos dignos de nota (Jannuzzi, 2003; Souto Oliveira, 1979; Costa, 1975; Porcaro, 2000; Santagada, 2007; Senra, 2005).

A proposta deste capítulo é a de fornecer algumas ideias para uma reflexão sobre o significado da noção de indicador social. Pretende-se mostrar que a noção de indicador social é bastante

138   Estado e cidadania

controversa, expressando perspectivas epistemológicas distintas. Para tanto se recorrerá, inicialmente, ao exame das origens e do desenvolvimento da informação estatística, o insumo básico para a construção do indicador social. Em seguida, o foco se dirigirá para o histórico do movimento de indicadores sociais e para a identificação de sua natureza.

1. A informação estatística e suas origens

A origem da informação estatística moderna é encontrada nas tradições alemã, inglesa e francesa (Desrosières, 1993). O termo *statistik* surgiu na Alemanha, durante o século XVIII, para designar uma ciência descritiva que foi desenvolvida por teóricos universitários. A informação estatística visava a subsidiar a ação dos antigos estados alemães no sentido da tomada de decisões, bem como objetivava orientar o debate social da época. Segundo a tradição alemã, a informação estatística era considerada a "ciência do Estado". Ela não era simplesmente de natureza quantitativa, caracterizando-se pela sistematização de informações sobre os costumes, o clima, a geografia, a população e a economia dos países alemães. Era uma estatística que se desenvolveu calcada em princípios de organização e de síntese, de técnicas de comparação e de critérios de avaliação. O surgimento e o desenvolvimento da informação estatística guardaram estreita relação com a formação do Estado moderno na Alemanha.

Já a tradição inglesa reflete tanto o quadro conceitual da "aritmética política" como o papel mais reduzido do Estado no país, quando comparado a outras instituições (Desrosières, 1993). As estatísticas inglesas constituem, juntamente com as estatísticas francesas, o que se convencionou denominar de "estatística mo-

INDICADOR SOCIAL **139**

ral", distinguindo-se da estatística do Estado oriunda da tradição alemã. As instituições de pesquisa inglesas construíram métodos de amostragem e estimativas indiretas para produzir informações, aproximando a informação estatística da matemática. O desenvolvimento da informação estatística inglesa está associado à atividade prática de especialistas que produziram uma linguagem assentada na matemática para ser utilizada pelos governos. Os especialistas ingleses passaram a representar um novo papel social no país, desenvolvendo metodologias e diversas técnicas de observação estatística com múltiplas aplicações.

Os chamados "aritméticos políticos" se preocuparam com os problemas econômicos e demográficos (Martin, 2001). Pode-se creditar a esses especialistas o cálculo das tábuas de mortalidade e as estimativas de população. As estimativas populacionais permitiram a substituição dos levantamentos e dos recenseamentos, vistos com desconfiança pelos liberais ingleses.

O modelo das estatísticas francesas se originou dos recenseamentos e dos levantamentos de natureza administrativa e contábil, se orientando, posteriormente, para as descrições que denotavam uma preocupação com o social. As descrições estatísticas sociais englobavam aspectos médicos, policiais, socioeconômicos e das condições de vida de parcelas da população de baixa renda. Na França, o estatístico se transformou no "grande especialista social" (Martin, 2001). O movimento higienista se apropriou de modo significativo das estatísticas sociais ou morais para mostrar o impacto do nível de renda ou do meio ambiente sobre a morbidade. Mas o traço característico da tradição francesa reside no centralismo geográfico e na legitimidade assegurada pelas instituições estatísticas no país, bem como na relação existente entre a informação estatística e as singularidades históricas do Estado francês.

140 ESTADO E CIDADANIA

Posteriormente, a combinação entre as tradições alemã, inglesa e francesa possibilitou o surgimento da estatística moderna e de seus desdobramentos futuros. Isto, porém, não se fez sem debates nem controvérsias (Martin, 2001).

O ponto que cabe destacar é o da estreita associação entre o modelo de informação estatística e o contexto social, político e econômico no qual ela se originou. Na Europa, o desenvolvimento da informação estatística moderna resultou da evolução da organização do Estado, tanto em termos de seu papel como de suas funções. Desrosières (1993) distingue três tipos específicos de funções do Estado, que estão associados a três momentos do processo de desenvolvimento da informação estatística europeia.

O primeiro diz respeito à ação administrativa do Estado, que predominou durante o modelo de Estado liberal vigente no século XIX. Nesse período, a informação estatística estava voltada para a edição de leis gerais, de regras e de códigos. Ela tinha o caráter de monografia, se originando dos resumos e dos atos administrativos. Ao longo do século XIX, as informações estatísticas eram constituídas basicamente pela compilação de listas administrativas, pelos recenseamentos e pelas monografias locais. Vale lembrar que as estatísticas francesas sobre criminalidade eram, em sua origem, também construídas segundo o formato de monografias.

As estatísticas inglesas do Estado liberal, produzidas durante o século XIX, objetivavam, inicialmente, a coleta de informações para a ação local de prevenção e de assistência. O quadro de miséria e de epidemias nas cidades demandava a produção de informações sobre as condições sociais e sanitárias da população no âmbito local. Em um segundo momento, a coleta de informações estatísticas adquiriu uma nova configuração, em função da mudança ocorrida na forma de tratamento dos problemas sociais.

INDICADOR SOCIAL

141

A ação de combate à miséria passou a não se restringir apenas ao nível local. Isso acarretou uma modificação na escala geográfica da informação estatística, que se voltou preferencialmente para o nível nacional. Muitos, porém, argumentam que a estatística matemática surgiu em finais do século XIX e início do século XX na Inglaterra. Os conceitos de regressão e de correlação formulados por Galton e posteriormente aprimorados estão referidos a esse período. Em inícios do século XX já havia um grupo expressivo de especialistas que se dedicava à estatística na Inglaterra (Porcaro, 2000). A criação do International Statistical Institute data dessa época. Desse modo, no começo do século passado, já existiam as condições que possibilitaram a produção da informação estatística, baseada no tratamento matemático, e seu emprego na administração pública. Mas a mudança mais significativa na configuração da informação estatística ocorrerá a partir da segunda metade do século XX. Esta mudança está relacionada ao segundo tipo de função assumida pelo Estado-nação moderno.

O segundo tipo de função do Estado refere-se à ação estatística que teve primazia até os anos 1980. Nessa época ocorreram transformações importantes nas condições econômicas, sociais e políticas da população, decorrentes da expansão industrial capitalista. No período pós-guerra teve lugar o estabelecimento de um novo modo de organização social da produção, baseado no modelo fordista. O estado de bem-estar social propiciou a integração entre a produção e o consumo de massas, proporcionando, também, a integração, embora precária, da classe trabalhadora na sociedade de consumo de massas.

O estado de bem-estar social representou um modo de regulação do mercado baseado em um pacto social firmado entre o capital e o trabalho. Esse pacto social deu origem à sociedade salarial na qual se desenvolveu o processo de assalariamento, expressão da fórmula que assegurou "trabalho livre, mas protegido" (Castel, 1998). Assim, na fase do segundo tipo de função do Estado moderno, a atuação estatal foi decisiva, tanto em termos da esfera do social como do mercado. O estado de bem-estar social atuou como mediador das contradições existentes entre o capital e o trabalho.

As profundas transformações oriundas da implantação e do desenvolvimento da sociedade salarial acarretaram mudanças sociais significativas. Mudanças que se traduziram, entre outros aspectos, na constituição de uma nova cultura do trabalho, de práticas sociais de trabalho e de consumo, bem como de um novo tipo de participação política. O elenco de modificações estruturais que marcou esse período passou a demandar a construção de novas regras sociais e de novas instituições. Em vista disso, tornou-se necessária a institucionalização de novos critérios de classificação da sociedade, com vistas a nortear a estruturação das práticas sociais emergentes. É preciso lembrar que os sistemas de classificação são um recurso para a produção dos "fatos sociais" (Porcaro, 2000).

> (...) As classificações aparecem, então, como representando alguma ordem natural da realidade. Neste caso, fala-se de reificação ou naturalização do fenômeno social. (...) Uma situação na qual o caráter de construção social da maioria das instituições da sociedade é completamente varrido da consciência e na qual a estruturação social passa a ser vista como natural e ideal ao mesmo tempo (Wagner, 1994:77).

A leitura da sociedade salarial foi feita tomando como referência o marco teórico da teoria da modernização e do desenvol-

INDICADOR SOCIAL

vimento, bem como se ancorou, em termos mais abrangentes, em uma visão positivista da realidade social, o que permitiu a produção dos "fatos sociais" e dos modelos e sistemas de classificação estatísticos (Porcaro, 2000).

No tipo de função estatística do Estado, a informação estatística experimentou um crescimento intenso. As novas responsabilidades incorporadas pelo Estado, a exemplo da constituição do sistema de proteção social e da organização do trabalho assalariado, exigiram a construção de um sistema coerente e nacional de informações estatísticas voltado para a atividade de planejamento e para o controle social.

Outro fator que contribuiu para a expansão da informação estatística na segunda metade do século XX foi o expressivo desenvolvimento dos procedimentos estatísticos. Muitas inovações se integraram à prática estatística, como a do cálculo de probabilidades, as pesquisas por amostra aleatória, o uso da informática e os modelos econométricos. O conhecimento estatístico passou a não se apoiar apenas nas monografias, nos estudos locais ou em contagens feitas individualmente. Ele se baseou em pesquisas elaboradas por intermédio de amostras aleatórias com representatividade nacional (Porcaro, 2000). Foi nesse período, no qual a ideia de probabilidade passou a ser crucial para a elaboração do conhecimento numérico, que a linguagem estatística produziu uma sólida representação da sociedade.

O Estado estatístico fundiu a teoria probabilística de ordenamento dos "fatos sociais" de Quételet com a distinção feita por Durkheim entre "fatos sociais"/atos individuais, e com a ideia formulada por Keynes sobre a particularidade das dinâmicas macroeconômicas. Foi essa fusão que possibilitou o desenvolvimento da ciência estatística e a produção das informações estatísticas,

144　　ESTADO E CIDADANIA

construídas segundo um modelo positivista, no âmbito do estado de bem-estar social (Desrosières, 1993).

Por fim, a terceira função do Estado, referida ao modelo neoliberal, está relacionada à ação descentralizada que passou a vigorar a partir dos anos 1980. Importa destacar que novas questões foram introduzidas no debate social sobre o tipo de ação descentralizada do Estado. Tomando como foco a sociedade europeia, Desrosières (1993:68) destaca temas que foram incorporados às responsabilidades assumidas pelo Estado neoliberal, ou seja, "o tratamento dos efeitos sociais da crise, a descentralização dos Estados e a questão da unificação europeia". O que caracteriza, contudo, esse tipo de função do Estado é a ideia de que a ação não está mais voltada para a edição de regras substanciais.

> (...) Os espaços públicos da ação e da decisão e, por conseguinte, da produção e uso da informação estatística são cada vez mais numerosos, ligando-se entre eles de modos variados. Por outro lado, as questões consideradas relevantes de responsabilidade coletiva se multiplicaram, a saber, meio ambiente, bioética, violência contra crianças, prevenção de AIDS e de outras novas doenças, proteção de minorias culturais, igualdade entre homens e mulheres, entre outras (Desrosières, 1993:62).

O tipo de função descentralizada do Estado neoliberal trouxe novos desafios à construção/produção dos fatos sociais. Não há mais lugar para uma informação "padronizada, homogênea e harmonizada voltada para a comparação no tempo e espaço" (Desrosières, 1993:72). Hoje, as profundas transformações que caracterizam a sociedade do conhecimento, traduzidas, entre outros aspectos, pela expansão das novas tecnologias de informação

Indicador social **145**

e de comunicação (TICs), por uma nova forma de organização da produção e de gestão, e pelas mudanças significativas tanto no âmbito público como privado, repercutiram sobre o formato da informação estatística gerada durante o estado de bem-estar. Os pressupostos assumidos para sua produção foram abalados. A leitura do mundo, hoje, exige novas codificações estatísticas/políticas/sociais. As redes de equivalência que permitiram as totalizações política e estatística precisam ser desfeitas. Esse é o grande desafio a ser enfrentado pelos órgãos produtores da informação estatística (Porcaro, 2000).

Embora a natureza dos tipos de função do Estado liberal e de bem-estar social seja distinta, há um traço em comum entre elas que se baseia na existência de um Estado centralizado. Na função administrativa do Estado liberal, esse traço se traduz por intermédio das regras, de suas aplicações locais e de suas sínteses administrativas. No caso da ação estatística do estado de proteção social, a existência de um centro se expressa por meio das médias estatísticas, baseando-se na lei dos grandes números. Já a ação descentralizada do Estado neoliberal vai se apoiar nas ideias de rede e de negociação. As necessidades são, porém, de outra natureza nesse tipo de função do Estado, repercutindo sobre o formato da produção da informação estatística. Há, contudo, que se chamar a atenção para a coexistência e a interação entre esses tipos de função nos estados modernos (Desrosières, 1993).

Cabe, finalmente, ressaltar que o desenvolvimento histórico da informação estatística aponta para a coexistência de dois traços básicos: a sua universalidade e a conservação de profundas particularidades nacionais, o que resulta em duas modalidades de legitimidade social, uma concedida pela ciência e outra pelo Estado.

146 Estado e cidadania

2. A informação estatística no Brasil

O Instituto Brasileiro de Geografia e de Estatística (IBGE) foi criado durante os anos 1930. A tarefa de constituição de um Estado centralizado demandava um conhecimento sobre o país, que não existia até então. Os propósitos de promoção da industrialização, da criação do sistema educacional e da implantação de um sistema de proteção aos trabalhadores urbanos passaram a requerer a unificação e a sistematização de diversas informações sobre o território nacional. O IBGE se estruturou em consonância com o projeto de organização do Estado brasileiro durante o governo de Getúlio Vargas, sendo concebido segundo o modelo gerado pela tradição alemã (Schwartzman, 1999).

Sua estrutura compreendia, inicialmente, o Conselho Nacional de Estatística, criado em 1936, e o Conselho Nacional de Geografia, implantado no ano seguinte. No início da década de 1940, os Conselhos de Estatística e de Geografia foram extintos e se fundiram seguindo a influência norte-americana. Nessa época, a geografia tinha um lugar de destaque no IBGE, pois suas atividades estavam voltadas para o estudo do território nacional. A colaboração de um grupo de geógrafos franceses foi decisiva para o cumprimento dessa tarefa. Além da busca de um maior conhecimento geográfico do país, o IBGE também dirigiu sua atuação para a implantação do sistema estatístico brasileiro durante esse período.

Já nas décadas seguintes, a economia passou a ocupar o lugar de primazia na instituição, no que diz respeito ao processo de construção/produção dos "fatos sociais (Schwartzman, 1999). A necessidade de produção de informações que viessem a subsidiar o planejamento e os planos de desenvolvimento econômico foi responsável por essa mudança durante os anos

INDICADOR SOCIAL   **147**

1960 e 1970. Foi na década de 1970 que o IBGE empreendeu sua modernização, tendo à frente o professor Isaac Kerstenetzky, que presidiu, de forma primorosa, o órgão durante aquele período. Além das tradicionais áreas de geografia e de estatística foram criados os Departamentos de Contas Nacionais e de Indicadores Sociais. É preciso registrar que o professor Isaac Kerstenetzky imprimiu um caráter inovador à sua gestão ao conceber um sistema integrado de informações que reunia dados de natureza quantitativa e qualitativa. A construção desse sistema foi, por sua vez, propiciada por uma experiência de trabalho multidisciplinar bastante profícua e por uma reflexão crítica sem precedentes na história do IBGE.

A partir dos anos 1980, a crise econômica e a perda de importância do planejamento governamental repercutiram sobre o IBGE, que experimentou um período caracterizado pela ausência de recursos para o desenvolvimento de suas atividades e pela perda de prestígio institucional. Esse quadro se reproduziu em outros órgãos produtores de informação estatística em escala mundial. Atualmente, o IBGE retomou seu lugar de destaque no âmbito da produção das estatísticas públicas brasileiras. A primazia da economia em termos da leitura feita para a construção/produção dos "fatos sociais" foi sendo gradativamente substituída pela ciência estatística baseada em uma visão positivista.

3. Indicador social: origens e significado

As primeiras contribuições para a elaboração de indicadores sociais estão referidas ao início do século XX. Mas a consolidação científica dos indicadores sociais só ocorreu em meados dos anos 1960 nos EUA. A proposta de construção de informações

148   ESTADO E CIDADANIA

estatísticas de natureza social partiu de iniciativas feitas na área governamental. A demanda pela criação de um sistema de contabilidade social resultou do reconhecimento de que o desenvolvimento econômico não foi acompanhado pela redução das desigualdades econômicas e sociais. Os conflitos raciais nos EUA e o crescimento do descontentamento social chamaram a atenção não só dos poderes Executivo e Legislativo como também de cientistas sociais que almejavam participar do processo decisório (Souto de Oliveira, 1979).

A partir dos anos 1970 o estímulo à construção de indicadores sociais se propagou para outros países. Para isso concorreram as iniciativas feitas por diversos organismos internacionais, a exemplo da Organização das Nações Unidas (ONU), da Organização de Cooperação e Desenvolvimento Econômico (OCDE) e do Instituto Interamericano de Estatística. Pode-se citar também a publicação de uma vasta literatura sobre o tema: *Données Sociales*, na França, em 1973; *Social Trends*, na Inglaterra, em 1970; e *Social Indicators*, nos EUA, em 1964, entre outras (Santagada, 2007). Calcula-se, ainda, que cerca de 25 países já dispunham de uma produção expressiva na área de indicadores sociais ao longo dos anos 1970 (Souto de Oliveira, 1979). Na América Latina, a discussão da Cepal sobre o tema do subdesenvolvimento/desenvolvimento também serviu de estímulo para a produção de indicadores sociais. A Cepal desenvolveu uma série de trabalhos voltados para a mensuração "de níveis internacionais de desenvolvimento ou de pobreza" (Souto de Oliveira, 1979:5).

O Departamento de Indicadores Sociais do IBGE foi criado em 1976 com vistas a suprir uma demanda da área do planejamento governamental do país. Havia na época uma crença generalizada de que o enfoque econômico por si só não forneceria os elementos necessários para responder à demanda governamen-

INDICADOR SOCIAL **149**

tal por conhecimento e controle social. Para tanto, era preciso recorrer a uma perspectiva multidisciplinar que englobasse outras abordagens, além da econômica (Costa, 1975). A equipe de antropólogos que ficou responsável pela criação do sistema de indicadores sociais no IBGE concebeu sua atividade "como um esforço de reconstrução teórica da realidade" (Souto de Oliveira, 1979:13). Foi uma experiência pioneira no âmbito da construção de indicadores sociais que lamentavelmente ainda não encontrou paralelo no país.

> (...) Dentro desta perspectiva, a construção de Indicadores Sociais está diretamente associada a um trabalho de produção e sistematização de conceitos num corpo teórico coerente e, ao mesmo tempo, de vigilância constante destes conceitos como expressão de relações reais. Tal procedimento se não exclui, de forma alguma, a possibilidade de medida e de intervenção do instrumento matemático, exige, entretanto, uma definição prévia das próprias condições e limites da mensuração (Souto de Oliveira, 1979:8).

A proposta de implantação no IBGE de um sistema de indicadores sociais partiu da crítica da visão funcionalista que orientava sua produção. Os primeiros trabalhos na área de indicadores sociais, sobretudo nos EUA, se baseavam em uma concepção que considerava o social como resíduo do econômico ou como sinônimo de bem-estar. A representação de sociedade que está embutida nesse último tipo de concepção é a de uma sociedade sem conflito, na qual o bem-estar é entendido como resultado do bem-estar dos indivíduos (Santagada, 2007).

Embora essa concepção tenha marcado a produção de indicadores sociais em sua origem, ela ainda está presente em parte considerável dos trabalhos sobre o tema. É preciso ressaltar que a

150 ESTADO E CIDADANIA

produção de indicadores sociais lança mão de conceitos de social que estão sujeitos à leitura do pesquisador sobre a construção/ produção dos "fatos sociais", refletindo, portanto, visões de mundo de natureza diversa.

O termo indicador, como também aponta Costa (1975:172), foi utilizado e continua sendo, muitas vezes, empregado como "expressão de definições operacionais", sem que se tenha a preocupação de relacioná-lo à "tradição da pesquisa sociológica". Nesse sentido, a tarefa de construção de indicadores sociais não incorpora a dimensão teórica que é intrínseca à sua formulação. Sem teoria, sem a formulação de um modelo conceitual consistente de explicação dos "fatos sociais" e sem uma noção de social que englobe uma ideia de sistema social, a construção de indicadores sociais perde seu sentido. Além do mais, a forma de entendimento do termo indicador apenas no sentido de uma definição operacional revela uma concepção de indicador social limitada somente ao que pode ser mensurado. Nesse sentido, a definição de indicador social está sempre associada com a concepção que se tenha da noção de social e do termo indicador.

O indicador social participa da produção de "fatos sociais" visando o debate e a ação política. A informação estatística pressupõe operações prévias de convenção de equivalência, de codificação e de classificação (Desrosières, 1993). O conhecimento estatístico permite a combinação de elementos heterogêneos e dispersos da realidade social e sua substituição pelas sínteses e pelas classes de equivalência. São as regras de comparação e as medidas de equivalência que transformam os "fatos" em "fatos sociais" objetivos, consistentes e dotados de coerência interna. Cabe ressaltar que o processo de produção dos "fatos sociais" é sempre lento, marcado por conflitos, avanços e recuos. Os debates travados para a construção/produção dos "fatos sociais" de-

Indicador social

semprego, pobreza e relações de gênero, bem como sua tradução em um indicador social retratam de forma precisa esse processo (Schwartzman, 1999, Oliveira, 2001).

> (....) A construção de um sistema estatístico é inseparável da construção de espaços de equivalência que garantam a consistência e a persistência, ao mesmo tempo política e cognitiva, destes objetos destinados a fornecer a referência aos debates. A informação estatística (...) pode ser vista como o coroamento, sempre provisório e frágil, de uma série de convenções de equivalência entre seres que inúmeras forças desordenadas tendem continuamente a diferenciar e a separar (Desorières, 1993:75).

A participação do indicador social na construção/produção dos "fatos sociais" pode ser ilustrada quando se toma como referência a questão de gênero. O fato social gênero adquiriu relevância, no caso brasileiro, a partir dos anos 1970, quando a presença feminina ganhou importância no espaço público do trabalho. A questão de gênero começou a ser considerada problema social e político, assumindo visibilidade no debate social da época. A identificação das desigualdades de gênero, em particular no mercado de trabalho, a busca de suas causas e de medidas que visassem sua superação acarretaram a construção do "fato social" gênero e dos sistemas de classificação estatísticos.

O "fato social" gênero foi construído a partir de normas e da representação social sobre as relações entre homens e mulheres, em particular sobre o lugar ocupado pela mulher na esfera privada da família. Os critérios para classificação dos "fatos sociais" e para a produção do indicador social são encontrados nas normas sociais, culturais ou jurídicas, que são talvez as mais imediatas. Mas a construção de indicadores sociais sobre as rela-

152 ESTADO E CIDADANIA

ções de gênero não está apenas referida à questão das representações sociais. Ela engloba aspectos técnicos, científicos, políticos e institucionais, refletindo a configuração assumida pelas relações sociais de gênero na sociedade.

Apesar de manter uma aparente neutralidade, o indicador social exerce um papel importante para a formulação e para a manutenção de uma visão de mundo, calcada em valores masculinos. O indicador social não codifica somente as relações de poder entre os homens e as mulheres, serve também para reforçá-las. A linguagem estatística é constituída por operações prévias de codificação que se distinguem do código estatístico *stricto sensu*, incorporando tanto a dimensão social como a política. A codificação homem/mulher, feita por intermédio das informações estatísticas, se fundamenta na dicotomia público/privado, bem como na associação da figura masculina com o espaço público do trabalho e da feminina com o espaço privado da reprodução.

O viés de gênero está, por exemplo, contido nos princípios de classificação da informação estatística sobre família. O modelo dominante de família nuclear que serve de referencial para a definição de família é "uma invenção recente" (Bourdieu, 1999:48). Esse modelo já não consegue dar conta das transformações ocorridas no grupo familiar, em decorrência, sobretudo, das mudanças havidas na condição feminina. O formato de família, que está implicitamente contido na definição de família que é utilizada pelos órgãos produtores de estatísticas, é muito mais do que uma expressão da realidade. É, na verdade, um elemento de construção da realidade.

Assim, o indicador social é expressão, em última instância, do reconhecimento da sociedade sobre os "fatos sociais". O indicador social é um espelho e uma parte integrante do debate social. Ele expressa uma imagem particular da sociedade, que está

INDICADOR SOCIAL **153**

fundada, em um olhar que é sempre subjetivo, parcial, seletivo e contingente (Fouquet, 1988). O indicador social, antes de ser apenas um número, se constitui em um enunciado que reflete a representação que a sociedade tem sobre si mesma.

Referências

BOURDIEU, P. *A dominação masculina*. Rio de Janeiro: Bertrand Brasil, 1999.

CASTEL, R. *As metamorfoses da questão social*: uma crônica do salário. Petrópolis: Vozes, 1998.

COSTA, N.T.C. Considerações teóricas sobre o conceito de indicador social: uma proposta de trabalho. *Revista Brasileira de Estatística*, Rio de Janeiro, v. 36, n. 142, p.167-176, abr./jun. 1975.

DESROSIÈRES, A. *La politique des grands nombres*. Paris: La Decouverte, 1993.

FOUQUET, A. *La statistique sociale, prospective à long terme*. Relatório da CNIS, dez. 1988.

JANNUZZI, M.P. *Indicadores sociais no Brasil*. Campinas: Alínea, 2003.

MARTIN, O. Da estatística política à sociologia estatística. Desenvolvimento e transformações da análise estatística da sociedade (séculos XVII-XIX). *Revista Brasileira de História*, São Paulo, v. 21, n. 41, p. 13-34, 2001.

OLIVEIRA, Z. *Sistema integrado de indicadores de gênero*: uma proposta de construção de um índice cultural de gênero. Unifem, abr. 2001. Mimeografado.

PORCARO, R. *Produção de informação estatística oficial na (des)ordem social da modernidade*. Tese (doutorado em ciência da informação) — Instituto Brasileiro de Informação em Ciência e Tecnologia, Rio de Janeiro, 2000.

SANTAGADA, S. Indicadores Sociais: uma primeira abordagem social e histórica. *Pensamento Plural*, Pelotas, n. 1, p. 113-142, jul./dez. 2007.

SCHWARTZMAN, S. Legitimacy, controversies and translation in public statistics: the experience of the Brazilian Institute for Geography and Statistics. *Science, Technology and Society*, n. 4.1, p. 1-34, Jan./June 1999.

SENRA, N. O saber e o poder das estatísticas. *Estudos & Análises*, Rio de Janeiro, n. 1, p. 30-35, 2005.

SOUTO DE OLIVEIRA, J. *Indicadores sociais*: relatório 1979. Rio de Janeiro: IBGE, 1979.

WAGNER, P. *A sociology of modernity*. London/New York: Routledge, 1994.

Capítulo 6

Desacertos e fatalidades na ausência de uma política de habitação popular no Rio de Janeiro

Gabriela Lema Icasuriaga

As enchentes

As chuvaradas de verão, quase todos os anos, causam no nosso Rio de Janeiro, inundações desastrosas.

Além da suspensão total do tráfego, com uma prejudicial interrupção das comunicações entre os vários pontos da cidade, essas inundações causam desastres pessoais lamentáveis, muitas perdas de haveres e destruição de imóveis.

De há muito que a nossa engenharia municipal se devia ter compenetrado do dever de evitar tais acidentes urbanos.

Uma arte tão ousada e quase tão perfeita, como é a engenharia, não deve julgar irresolvível tão simples problema.

O Rio de Janeiro, da Avenida, dos *squares*, dos freios elétricos, não pode estar à mercê de chuvaradas, mais ou menos violentas, para viver a sua vida integral.

Como está acontecendo atualmente, ele é função da chuva.

Uma vergonha!

Não sei nada de engenharia, mas, pelo que me dizem os entendidos, o problema não é tão difícil de resolver como

156   ESTADO E CIDADANIA

parece fazerem constar os engenheiros municipais, procrastinando a solução da questão.

O Prefeito Passos, que tanto se interessou pelo embelezamento da cidade, descurou completamente de solucionar esse defeito do nosso Rio.

Cidade cercada de montanhas e entre montanhas, que recebe violentamente grandes precipitações atmosféricas, o seu principal defeito a vencer era esse acidente das inundações.

Infelizmente, porém, nos preocupamos muito com os aspectos externos, com as fachadas, e não com o que há de essencial nos problemas da nossa vida urbana, econômica, financeira e social.

Lima Barreto (Vida urbana, 19-1-1915)

Introdução

Este capítulo busca refletir a respeito da questão da moradia no Rio de Janeiro. Assunto que veio à tona com enorme força após as consequências trágicas do temporal que assolou a cidade do Rio de Janeiro no mês de abril de 2010, recolocando no centro da polêmica, divulgado pelos meios de comunicação, a questão da "responsabilidade" pelos danos e por suas causas.

Fazem parte dos argumentos apresentados pelos atores midiáticos assuntos tão diversos como: mudança climática, descuido com o meio ambiente, descaso do governo, falta de educação ambiental da população, entre outros vários que temos acompanhado pelos diversos meios de comunicação. O certo é que ninguém ficou alheio aos acontecimentos, nem deixou de emitir opinião a respeito.

Desacertos e fatalidades na ausência de uma política de habitação popular no Rio de Janeiro

Sem dúvida, todos os argumentos confluem para acalmar a ansiedade e a consciência diante das consequências trágicas vivenciadas nas principais cidades do Rio de Janeiro, notadamente a capital e Niterói.

Tratados os feridos e enterrados os mortos, milhares de famílias encontram-se desabrigadas, mal alocadas em recintos temporários, sem condições mínimas de habitação, dependendo de caridade e de precárias ações assistencialistas para sobreviver. Uma situação que é a reedição de outras várias, que historicamente acontecem nessas cidades e que, invariavelmente, atingem os mesmos setores da população, em sua maioria, habitantes de áreas desprovidas de investimentos urbanísticos e de serviços públicos básicos.

Espaços de moradia que foram engrossados sistematicamente por população de baixíssima renda como única alternativa possível de acesso à moradia e que repõem ciclicamente a questão da moradia popular como problema a ser amenizado com intervenções pontuais que oscilam entre remoção e urbanização precária, sem que jamais se tenha vislumbrado política ou programa público condizente com a natureza e a magnitude da questão urbana e habitacional.

O Rio de Janeiro guarda particularidades advindas de seu próprio processo de ocupação espacial, condicionado geograficamente pelo mar e pelas montanhas que limitam o acesso à terra urbanizável, mas, também, e fundamentalmente, determinado por sua história econômica e política, que imprimiram as marcas de intervenções, em sua grande maioria regressivas, na construção da cidade.[1]

---

[1] A distribuição dos benefícios da urbanização pode ser, segundo Vetter, Massena e Rodrigues (1979), progressiva, regressiva ou nula. É progressiva, quan-

158 ESTADO E CIDADANIA

Tentar compreender os acontecimentos recentes nos conduz a elucidar alguns pressupostos a respeito dos conceitos que sustentam algumas das categorias analíticas (teóricas ou empíricas) presentes na questão.

Optamos aqui por desvendar três aspectos que julgamos fundantes para melhor conhecer o espaço urbano e alguns dos processos nele inscritos, a exemplo do problema em tela: o conceito de cidade, de política urbana e de política habitacional, a partir da reconstrução histórica dos momentos marcantes da ocupação do espaço na cidade do Rio de Janeiro.

Trata-se de um trabalho introdutório, que busca dar subsídios para a compreensão de fenômenos inscritos em espaços urbanos social e historicamente situados e que, portanto, não são passíveis de generalização. Ao mesmo tempo, expomos nossas concepções teórico-metodológicas.

1. O conceito de cidade como força social produtiva

Apoiamo-nos numa concepção de cidade que sustenta que o fenômeno urbano se constitui sob a determinação das transformações nas formas pelas quais os homens produzem e reproduzem a sua existência material.[2]

Nosso ponto de partida é que a cidade capitalista se caracteriza, fundamentalmente, pelo grau de aglomeração espacial dos

---

do tende a igualar as oportunidades de acesso à riqueza social dos diferentes grupos sociais urbanos; neste sentido, tenderá a suprir as carências em equipamentos e serviços das áreas mais desprotegidas da cidade. Do lado oposto, os investimentos são regressivos quando privilegiam as camadas de renda mais altas e localizadas em áreas já bem servidas.

[2] Transformações essas submetidas à lógica de um determinado modo de produção e de uma correspondente estrutura político-institucional.

Desacertos e fatalidades na ausência de uma política de habitação popular no Rio de Janeiro

meios de produção e reprodução social (em relação ao capital e à força de trabalho), que lhe confere uma posição dentro do processo de divisão territorial e internacional do trabalho, e, em consequência, pela contribuição que presta no desempenho de determinadas funções, necessárias à acumulação do capital, cuja estrutura e dinâmica encontram-se submetidas, portanto, à sua lógica, dominante em todo o mundo.

O lugar que a cidade ocupa na divisão territorial, nacional e internacional do trabalho é um produto histórico e socialmente determinado. Por exemplo, há referência a cidades industriais, cidades-sede das finanças, cidades eminentemente políticas, cidades-portos e cidades caracterizadas como sede de serviços. A marca dessa determinação maior — inscrita em todo cenário urbano, desde a arquitetura, passando pelas modalidades de equipamentos e serviços coletivos, chegando até sua organização social — hoje encontra-se submetida à égide do capital financeiro, sob o comando dos grandes monopólios, mediado por organizações internacionais e suas bases nacionais/locais de apoio.

Esse conjunto de instalações, que configuram as atividades desenvolvidas e particularizam seu território, exerce uma determinação no modo de vida de sua população.

A importância do estudo do fenômeno urbano e dos processos a ele relacionados está fincada na noção de que a cidade moderna, além de ser o suporte da produção material e cultural da sociedade capitalista contemporânea, é, simultaneamente, uma força social produtiva de processos relacionados à geração e distribuição das mercadorias produzidas, como também uma força na produção do espaço político. Esses processos vão engendrar as condições de vida das diferentes classes sociais e frações de classe. Desse modo, para se conceber o urbano, é necessário, de alguma maneira, levar em conta duas importantes determinações: em primeiro lugar, o papel que a cidade ocupa na divisão territorial (nacional) e internacional do trabalho e, em segundo lugar, as relações sociais de produção subjacentes a sua estrutura e a seu funcionamento.

Nas últimas décadas, presenciamos um conjunto de mutações que dão outra constituição e dinamização à vida urbana: inovações tecnológicas dentro de um vastíssimo arco, como a biotecnologia e a microeletrônica (informática, telemática, mecatrônica); criação de novos campos industriais e de serviços; reformulação nos padrões sociais de produção, circulação, troca, distribuição e consumo, que afeta toda a dinâmica da vida social. Essa dinâmica de mutações é inerente à lógica de acumulação do capital, bem como a exigência de uma adequação correspondente, e de forma permanente, de todos os campos da produção e da vida social.

A preocupação em situar as grandes cidades no circuito dos fluxos internacionais, particularmente daqueles que correspondem aos setores mais dinâmicos da economia globalizada, se expressa nos esforços que vêm sendo realizados para atrair investimentos e capitais e que se viabilizam na exaltação das vocações e dos atributos naturais dos espaços locais, ao mesmo tempo que se realizam enormes investimentos no conjunto de precondições infraestruturais e de serviços financeiros, socioculturais e de fluidez territorial (transportes e comunicações), direcionados ao atendimento das exigências para tornar certos territórios sede de grandes negócios.

Para os organismos internacionais, as cidades necessitam competir para atrair novos investimentos de capital, tecnologia e competência gerencial, competir para sediar indústrias e negócios, competir no preço e na qualidade dos serviços, competir na atração da força de trabalho, adequadamente qualificada, que são

DESACERTOS E FATALIDADES NA AUSÊNCIA DE UMA POLÍTICA DE HABITAÇÃO POPULAR NO RIO DE JANEIRO

a única forma de enfrentar as atuais condições da mundialização da economia.

2. Política urbana como produto social

Nesta concepção, tendo referência em Lojkine (1997), um dos autores da Escola Sociológica Francesa contemporânea, a política urbana é definida como "produto" de contradições urbanas, de relações entre diversas forças sociais opostas quanto ao modo de ocupação ou de produção do espaço urbano, e se compõe de três dimensões: uma dimensão planificadora, uma dimensão "operacional", que é o conjunto de práticas reais pelas quais o Estado central e os aparelhos estatais locais intervêm financeira e juridicamente na organização do espaço urbano, e uma dimensão propriamente urbanística que condensa, materializa e mede os efeitos sociais — no espaço — do par planificação urbana e operações de urbanismo.

As intervenções do Estado no urbano são realizadas através de diferentes instrumentos de planificação, de normatização jurídica, de investimentos financeiros e de operações reais no espaço da cidade. Todos eles precisam ser analisados, principalmente levando-se em consideração os efeitos que acarretam na vida de seus habitantes e ainda diferenciando os impactos que essas intervenções têm sobre as diferentes classes e grupos sociais.

Lojkine (1997) faz uma diferenciação entre planificação urbana e política urbana, enfatizando na primeira seus aspectos meramente ideológicos, enquanto a política urbana inclui processos mais efetivos, como as práticas reais e seus efeitos sobre o solo urbano e a vida de seus habitantes. O autor ainda desagrega as políticas urbanas em seus aspectos setoriais e funcionais. Sen-

162 Estado e cidadania

do componentes do primeiro: a localização das atividades econômicas, o controle da localização dos diferentes tipos de habitação e a localização dos equipamentos e serviços urbanos essenciais. E como aspectos funcionais das práticas dessas mesmas políticas, o autor situa duas funções: de organização do uso do solo urbano, em áreas residenciais, comerciais, destinadas a equipamentos e serviços públicos, zonas industriais etc., e de organização da produção e da circulação dos produtos fundiários e imobiliários.

Baseados neste autor, propomos uma grade analítica para entender as políticas urbanas a partir de um corpo de hipóteses que se articulam em dois eixos principais: o conteúdo das políticas urbanas e os efeitos reais que estas geram na população citadina.

Para tal, é necessário escolher alguns dos programas efetivamente conduzidos e acessar as práticas interventivas efetuadas em seus aspectos jurídicos e financeiros, ou seja, conhecer os instrumentos jurídico-normativos e financeiros utilizados e sua aplicação aos casos concretos a serem abordados.

Ainda, é necessário para esta abordagem um conhecimento sobre os aparelhos institucionais da política pública para compreender os interesses e práticas desenvolvidas por órgãos federais, estaduais e municipais, estes últimos como principais suportes de financiamento, produção e gestão das políticas urbanas e, ainda, nas particularidades das recentes relações contratuais com empresas privadas.

A dimensão dos efeitos sociais dessas políticas deverá ser abordada considerando a apropriação e o uso dos espaços afetados pelas intervenções urbanísticas, por parte da população envolvida nesses mesmos espaços.

Esta abordagem permite apreender em que medida a dimensão planificadora, ou seja, as propostas e previsões de inter-

DESACERTOS E FATALIDADES NA AUSÊNCIA DE UMA POLÍTICA DE HABITAÇÃO POPULAR NO RIO DE JANEIRO

venção contidas nos planos e programas, consegue alcançar os objetivos propostos, em que direção é efetivamente conduzida e quantificar e qualificar seus impactos no conjunto da cidade.

3. Uma leitura da política habitacional no Rio de Janeiro

Um rápido traçado histórico na problemática da moradia popular no Rio de Janeiro nos permite observar, sem grandes dificuldades, que a despeito de algumas iniciativas meritórias, nunca houve nesta cidade uma política urbana que tivesse como eixo norteador das intervenções efetivadas no espaço da cidade uma política de habitação tendente a resolver a insuficiência habitacional, tanto pela necessidade de novas unidades como pela melhoria nas condições habitacionais das existentes. Ou seja, o enfrentamento do problema habitacional, que atualmente encontramos na literatura sob a denominação de déficit habitacional e inadequação de moradias.[3]

Desde o início da cidade do Rio de Janeiro as obras de infraestrutura e engenharia, necessárias à construção do espaço, significaram custos altíssimos em aterros dos mangues e lagoas,

---

[3] Atualmente, o conceito mais generalizado de déficit habitacional e inadequação de moradias é sugerido pela Fundação João Pinheiro, responsável por vários estudos realizados a pedido do Ministério das Cidades. Refere-se ao estoque de moradias, insuficiente em relação à demanda, seja por novas unidades habitacionais — incremento do estoque —, seja por reposição de moradias decorrente do desgaste da estrutura física delas. Os componentes do déficit habitacional são: a coabitação, a habitação precária e o ônus excessivo com aluguel. Já a inadequação de moradias compreende aquelas que não possuem condições desejáveis de habitação, sendo componentes deste conceito: o adensamento excessivo, a inadequação fundiária, a carência de infraestrutura e os domicílios sem banheiro (FJP, 2006).

inclusive do mar, perfurações de morros, construção de elevados etc. Esses problemas infraestruturais foram, desde sempre, um empecilho para o abrigo de seus habitantes, cujo crescimento era visível. O acesso à água, principalmente, exigiu um engenhoso sistema de captação e distribuição que ficava restrito a algumas freguesias centrais. Essas limitações, concernentes ao acesso à água, fizeram com que seus moradores se mantivessem no apertado espaço de solo urbanizado.

Os investimentos públicos, até meados do século XIX, foram reduzidos à iluminação pública, primeiro com óleo de baleia e posteriormente com gás, e à instituição do policiamento urbano que, inicialmente, concentrava as funções de controle e disciplina e, curiosamente, também funções de distribuição de terras urbanas.

Somente a partir de meados do século XIX os serviços urbanos do Rio de Janeiro começaram a ser atrativos para alguns capitais internacionais, dando início a um processo de ampliação geográfica de sua cobertura em direção às áreas de expansão da cidade, o qual facilitou a alocação de novos investimentos imobiliários.

De início, a mobilidade espacial esteve restrita às elites urbanas, que possuíam meios de locomoção próprios e buscavam, para sua residência, espaços amplos para instalação de suas chácaras. Os grupos sociais mais empobrecidos, não dispondo de meios, nem de condições para adquirir terras no restrito espaço urbano, ficavam aglutinados de forma precária no centro e em suas imediações.

Os investimentos em infraestrutura e serviços urbanos estiveram desde cedo sob a responsabilidade de concessionárias privadas que visavam à especulação e o lucro, na forma de demanda antecipatória, os quais provocaram uma elitização dos

DESACERTOS E FATALIDADES NA AUSÊNCIA DE UMA POLÍTICA DE HABITAÇÃO POPULAR NO RIO DE JANEIRO

165

serviços e um desequilíbrio intraurbano, em relação ao acesso dos segmentos sociais da população residente no Rio de Janeiro. Este processo veio a se consolidar, constituindo um padrão desigual e desbalanceado na provisão de equipamentos e serviços urbanos, com impactos expressivos na segregação social no espaço citadino.[4]

Enquanto na Zona Sul se impulsionava a passos largos o processo de urbanização como forma de incentivo a uma nova incorporação imobiliária, o centro albergava a população de baixa renda que ocupava habitações conhecidas como "cortiços",[5] alternativa possível à permanente afluência de pobres, libertos e imigrantes. Um sistema de transporte inadequado, pelo custo e pelas distâncias a serem percorridas, estimulava a população de baixa renda a se estabelecer em áreas próximas a seu mercado de trabalho, este também constituído pelas peculiaridades de uma economia baseada, principalmente, no comércio e numa ampla gama de serviços.

Na virada do século XIX as políticas urbanas do governo buscavam situar o Brasil no rumo do progresso e da modernidade e, para tal, era imprescindível colocar o centro da capital

---

[4] Data de 1874 a primeira Comissão de Melhoramentos da Cidade do Rio de Janeiro, e os estudos e propostas realizados por esta comissão não contaram com os recursos necessários para sua implementação por parte do poder público, o que obrigou a deixar em mãos de empreiteiros privados obras de maior potencial de retorno de investimentos. Sobre este período, ver Stuckenbruck (1996).

[5] Estes se expandiram na segunda metade do século XIX, como alternativa ao problema da habitação popular, em espaços desocupados pelas camadas mais abastadas, que se deslocavam para as novas áreas urbanizadas, valorizadas pelos serviços urbanos, como também para chácaras e em espaços elevados, longe do perigo das pestes recorrentes no centro altamente denso. Consequentemente, casarões abandonados foram sendo ocupados por diferentes famílias, subdividindo-os em pequenos compartimentos, sem ventilação adequada e serviços de infraestrutura.

166　　　　　　　　　　Estado e cidadania

nacional a par do urbanismo das principais cidades do mundo. A conhecida reforma Pereira Passos (1902-06) não só trouxe investimentos de larga escala em vias públicas, monumentos e prédios, mas, também, reforçou as medidas higienistas iniciadas no século anterior, erradicando as habitações de pobres por meio da remoção compulsória.[6]

A "limpeza social" do Centro e dos bairros em expansão não implicou o traslado em massa de seus moradores para os subúrbios, como era esperado; grande parte engrossou os bairros próximos ao espaço central, como Gamboa, Cidade Nova, Caju, Lapa, e propiciou o "neoencortiçamento" — quartos de aluguel e pequenos apartamentos que albergavam muitas pessoas — e a incipiente favelização dos morros. Até esse momento, a participação do Estado na reprodução da força de trabalho, em constante aumento, tinha se limitado a algumas medidas de incentivo às indústrias para que construíssem residências operárias higiênicas (as vilas operárias) e à construção de casas populares, insignificantes em relação à demanda.

A ocupação da periferia pela população pobre constituiu um processo longo e heterogêneo e não a simples saída ou remoção das áreas próximas do centro da cidade. Para tal, foi necessário o incentivo à transferência e instalação de empresas industriais em áreas distantes e, posteriormente, subsídios públicos às tarifas dos meios de transporte de massa, que possibilitaram a opção pela moradia popular em áreas mais distantes.[7]

Desde as primeiras reformas urbanas, o capital imobiliário foi estimulado a investir na construção de prédios nas áreas mais

---

[6] Estima-se o número de desalojados pelo prefeito Pereira Passos em 20 mil pessoas.

[7] Entre 1890 e 1920, a população residente nos subúrbios passou de aproximadamente 93 mil habitantes para 414 mil (Conniff, apud Stuckenbruck, 1996).

DESACERTOS E FATALIDADES NA AUSÊNCIA DE UMA POLÍTICA DE HABITAÇÃO POPULAR NO RIO DE JANEIRO

valorizadas da cidade: centro e bairros litorâneos. Os avanços tecnológicos, no domínio da construção civil, também tiveram impactos importantes, abrindo novas possibilidades de valorização e extração de maiores lucros nas áreas mais beneficiadas por serviços e equipamentos urbanos. Os investimentos públicos em infraestrutura e obras na cidade passaram a ser o braço operacional do capital imobiliário, além de grandes empregadores de mão de obra.

A favelização no Rio, como fenômeno social, teve início entre o fim do século XIX e o começo do século XX, e se mantém até os dias atuais, com momentos diferenciados que vão de surtos violentos a períodos de estabilização, passando por processos de erradicação com deslocamentos de sua população para conjuntos habitacionais em áreas periféricas, provocados por uma variedade de fatores econômicos e políticos. Este processo tanto se expandiu em morros centrais quanto ocupou locais planos inapropriados para residência, como mangues, pântanos, encostas e áreas públicas abandonadas e de pouco valor para o capital imobiliário. De todo modo, a formação de cada favela e sua relação com o espaço circundante tem suas particularidades.

O crescimento dos espaços residenciais para além das fronteiras da cidade, então o Distrito Federal, deu início à chamada metropolização do Rio de Janeiro, que aconteceu pelos eixos ferroviários da Central e da Leopoldina, processando-se de forma desigual e descontínua, em parte por se tratar de esferas diferentes da administração com acesso a recursos e poder de decisão muito desiguais, mas também pelas implicações do capital imobiliário na reserva de áreas para posterior valorização, que deram como resultado uma ocupação "aos pulos", deixando enormes áreas vazias entre os diversos espaços habitados. Por outro lado, as áreas rurais remanescentes, dentro do perímetro do Distrito

Federal, como Anchieta, Campo Grande e a Baixada, foram sendo loteadas e ocupadas, simultaneamente ao processo de verticalização nas áreas centrais e residenciais da Zona Sul e Norte.

A segunda metade do século XX inicia-se com um modelo de segregação socioespacial consolidado, que se tornou manifesto numa crise de habitação no município do Rio de Janeiro, especialmente com a pouca oferta de imóveis, produto da especulação imobiliária, entre outros fatores, e que atingiu duramente os trabalhadores de baixa renda.

As novas áreas residenciais na periferia não contavam com infraestrutura nem serviços urbanos adequados, o que fez com que as "favelas" também continuassem a crescer durante todo o período, tanto no Centro, como na Zona Sul e Tijuca, mas, principalmente, na área de Leopoldina e Madureira (esta última tinha-se convertido em um subcentro importante, com incremento das atividades comerciais e de serviços, passando a servir aos bairros próximos e também parte da Baixada).

Vários fatores confluíram para que a entrada na década de 1960 acontecesse sob o lastro de um processo de decadência econômica que só fez-se mais agudo com a transferência da capital para Brasília. O problema habitacional se tornara crítico, o que levou à intervenção direta do Estado no mercado imobiliário urbano,[8] com medidas tendentes a conter a especulação e que não

---

[8] Durante o governo do presidente João Goulart (1961-64), no contexto da elaboração das Reformas de Base, foi preparado um projeto de reforma urbana com a participação de políticos, técnicos e intelectuais, centrando as discussões, fundamentalmente, na questão da moradia (Souza, 2002). Esse documento continha um estudo e um conjunto de propostas que pretendiam "incluir a habitação e a cidade como tema das 'reformas de base'", sendo o planejamento um instrumento privilegiado.

Desacertos e fatalidades na ausência de uma política de habitação popular no Rio de Janeiro

conseguiram se efetivar devido às mudanças ocorridas no espectro político-administrativo do Estado sob a ditadura militar.

A questão habitacional será retomada no fim da década de 1970 e início dos anos 1980, em parte explicada pela emergência de movimentos urbanos reivindicativos, em decorrência do ressurgimento de lutas sociais nos bairros de periferia e favelas, e pelo processo de redemocratização que, com o restabelecimento do voto direto para os cargos executivos e legislativos das capitais estaduais, precisava de legitimidade e apoio popular.

Essa mudança no volume de investimentos públicos nas áreas mais carentes não chegou a mudar o padrão de equipamentos e serviços urbanos na medida em que as intervenções nos espaços nobres se mantiveram; o que mudou foi o tipo e a qualidade de equipamentos e serviços introduzidos em cada um desses espaços socioeconômicos.

Ainda assim, a década de 1980 assistiu a um processo crescente de favelização motivado, de um lado, como consequência das carências de equipamentos e serviços urbanos nas áreas de expansão, particularmente a Baixada, e do reduzido crescimento econômico da região, fatores que contribuem para atrair população de baixa renda para a sede metropolitana; de outro, pelo deficitário sistema de transporte que atuava também como estímulo à procura de habitação em áreas próximas às fontes de renda.

A pesar dos ganhos formais obtidos pelos movimentos de luta pela moradia na Constituição Federal de 1988 e posteriormente no Estatuto da Cidade (Lei nº 10.1257/2001), entre outros instrumentos jurídico-legais vigentes, o confronto com as forças políticas e sociais no poder não foi suficientemente capaz de reverter a forte tendência da dinâmica histórica de construção seletiva do espaço urbano em benefício do capital e de algumas camadas sociais.

170 ESTADO E CIDADANIA

No espaço ideológico-político, institucional e normativo houve avanços consideráveis no conjunto de tratados internacionais, oficialmente assinados pelos governos brasileiros, assim como rearranjos nas instituições responsáveis por conduzir a política urbana e habitacional, culminando com a criação do Ministério das Cidades em 2003 e a abertura de espaços de participação para os movimentos sociais em todas as instâncias das políticas públicas urbanas.

Do ponto de vista conceitual, a Política Nacional de Habitação, aprovada em 2004, trouxe consigo o conceito de "moradia digna", sendo

> aquela localizada em terra urbanizada, com a situação de propriedade regular e com o acesso a todos os serviços públicos essenciais por parte da população (transporte coletivo, água, esgoto, luz, coleta de lixo, telefone e pavimentação) e servida por equipamentos sociais básicos de educação, saúde, segurança, cultura e lazer (Brasil, 2004:48).

Uma concepção de política habitacional inserida no desenvolvimento urbano integrado, não se restringindo à habitação apenas à casa, mas incorporada ao direito à infraestrutura, equipamentos e serviços urbanos e sociais, buscando garantir o pleno direito à cidade (Brasil, 2004:12).

Também nota-se, claramente, um enorme avanço na criação e na regulamentação de leis urbanísticas e no desenvolvimento e na aplicação de instrumentos e metodologias que objetivam criar oportunidades de acesso à terra urbana e fornecer infraestrutura às camadas sociais de menor poder aquisitivo.

Porém, a despeito de todas as conquistas e avanços efetivados, assistimos, mais uma vez, a discursos e práticas que responsabilizam a população que mora, há muitos anos, em áreas degradadas, inacessíveis, desprovidas de qualquer serviço público, pelas consequências dos processos históricos de construção de uma cidade como o Rio de Janeiro.

4. Indignada reflexão final ou para continuar refletindo...

Tentamos, ao longo do texto, mostrar que não há, nem houve, alternativa habitacional para a população de baixos recursos; que o mercado imobiliário e o sistema que o sustenta têm funcionado, desde sempre, como espaço seguro para reservas de capital e investimentos, quando outros setores da economia deixam de ser lucrativos. Ou, como estamos vivenciando atualmente, os futuros eventos internacionais colocam a cidade no circuito das mercadorias globais e aquecem o mercado, possibilitando a extração de lucros exorbitantes na venda e no aluguel de imóveis residenciais.

Também buscamos indicar que a política pública habitacional e, principalmente, as intervenções nesta área sempre estiveram a reboque de interesses outros que não o equacionamento do déficit habitacional. Tal situação pode ser hoje constatada no montante de recursos previstos para a reabilitação de áreas estratégicas da cidade, como a zona portuária, abandonada e degradada como espaço residencial de população de baixa renda, que veio à tona como lugar privilegiado de investimentos após a vitória da cidade como sede de megaeventos internacionais.

Sem minimizar o fato de que a cidade toda foi construída com base em avanços tecnológicos que permitiram a perfuração de túneis, a construção de elevados e, também, a contenção de encostas dos morros, raramente, e em situações muito pontuais,

172 ESTADO E CIDADANIA

essa tecnologia e conhecimento acumulados estiveram a serviço de resolver as dificuldades de acesso a espaços de habitação de camadas de baixa renda, notadamente os oficialmente denominados assentamentos subnormais.[9]

Atônitos, assistimos à truculência do discurso e das práticas de remoção e despejo, que já vinham se processando pelo poder público, sob o slogan de "choque de ordem" e que acharam na tragédia uma âncora que, na aparência, pretensamente as justifica.

Referências

ARRETCHE, M.T. da S. A dinâmica da descentralização das políticas sociais nos anos 90. In.: _____. *Estado federativo e políticas sociais*: determinantes da descentralização. Rio de Janeiro: Revan; São Paulo: Fapesp, 2000. Cap. 1, p. 77-131.

AZEVEDO, Sérgio. A crise da política habitacional: dilemas e perspectivas para o final dos anos 90. In.: RIBEIRO, L.C. de Q.; AZEVEDO, S. de. *A crise da moradia nas grandes cidades*: da questão da habitação à reforma urbana. Rio de Janeiro: Editora da UFRJ, 1996.

BRASIL. *Estatuto da cidade*. Lei n. 10.257, de 10 de julho de 2001. Coleção Saraiva de Legislação. 2. ed. São Paulo: Saraiva, 2002.

BRASIL. Ministério das Cidades. Política Nacional de Habitação. *Cadernos do MCidades Habitação*, nov. 2004.

---

[9] É possível verificar que, recentemente, em comunidades de baixa renda, como a que habita o morro Dona Marta em Botafogo, entre outras poucas, foram realizados investimentos de infraestrutura com alto componente de tecnologia incorporada, visando resolver os problemas de acessibilidade e circulação no espaço residencial, enquanto outras áreas da cidade, mesmo aquelas oficialmente tidas como bairros da cidade, a exemplo da Maré (XXX RA) entre muitas, continuam recebendo investimentos insuficientes e são majoritariamente construídas pelo esforço individual dos seus moradores.

DESACERTOS E FATALIDADES NA AUSÊNCIA DE UMA POLÍTICA DE HABITAÇÃO POPULAR NO RIO DE JANEIRO

BRASIL. Ministério das Cidades. Secretaria Nacional de Habitação. *Guia de orientações para adesão dos estados, Distrito Federal e municípios ao Sistema e Fundo Nacional de Habitação de Interesse Social* — SMHIS/FNHIS. Brasília, 2006.

FERNANDES, L.L. Trabalho social e habitação para população de baixa renda: desafios a uma ação profissional democrática ao início do século XXI. In: GOMES, M. de F.C.M.; PELEGRINO, A.I. de C. *Política de habitação popular e trabalho social*. Rio de Janeiro, DP&A, 2005. p. 217-240.

FUNDAÇÃO JOÃO PINHEIRO. GOVERNO DO ESTADO DE MINAS GERAIS. MINISTÉRIO DAS CIDADES/SNH. *Déficit habitacional no Brasil 2005*. Belo Horizonte, Projeto PNUD-BRA-00/019 — Habitar Brasil — BID, 2006.

GOMES, M. de F.C.M. Habitação e questão social — análise do caso brasileiro. Universidad de Barcelona. *Scripta Nova*, Barcelona, v. IX, n. 194 (26), 1º ago. 2005. Disponível em: <www.ub.es/geocrit/sn/sn-194-26.htm>.

ICASURIAGA, G.M.L. *Fim da linha*: transporte e segregação no Rio de Janeiro. Tese (doutorado) — Programa de Pós-Graduação em Serviço Social, Universidade Federal do Rio de Janeiro, Rio de Janeiro, 2005.

_____. Intervenções urbanas e efeitos sociais: alguns questionamentos à política de regularização fundiária e habitacional. In: GOMES, Maria de Fátima Cabral M. et al. *Interlocuções urbanas*: cenários, enredos e atores. Rio de Janeiro: Arco-Íris, 2008. p. 185-196.

KLEIMAN, M. A rede viária e estruturação intra urbana, a prioridade dos investimentos na rede viária e seu papel na configuração das cidades: o Rio de Janeiro sobre rodas. In: ENCONTRO NACIONAL DA ANPUR, IX. Rio de Janeiro, 2001. *Anais do...* Rio de Janeiro: Anpur, 2001.

LOJKINE, J. *O Estado capitalista e a questão urbana*. 2. ed. São Paulo: Martins Fontes, 1997.

MARQUES, E.C. *Estado e redes sociais*: permeabilidade e coesão nas políticas urbanas no Rio de Janeiro. Rio de Janeiro: Revan; São Paulo: Fapesp, 2000.

RIBEIRO, L.C. de Q. Espaço urbano, mercados de terra e produção de habitação. In: SILVA, L.A.M. (Org.). *Solo urbano*: tópicos sobre o uso da terra. Petrópolis: Vozes, 1982. Cap. 1, p. 29-47.

RIO DE JANEIRO. Secretaria Municipal de Urbanismo. Instituto Pereira Passos. Os dados mais recentes sobre a população de favelas na cidade do Rio de Janeiro. *Rio Estudos*, n. 46. fev. 2002. Disponível em: <www.armazemdedados.rio.rj.gov.br>.

RIO DE JANEIRO. Secretaria Municipal de Urbanismo. Instituto Pereira Passos. Moradia segregação, desigualdade e sustentabilidade urbana. Rio Estudos, n. 13, maio 2001. (Coleção Estudos da Cidade)

SOUZA, Marcelo Lopes de. *Mudar a cidade*: uma introdução crítica ao planejamento e à gestão urbanos. Rio de Janeiro: Bertrand Brasil, 2002.

STUCKENBRUCK, D.C. *O Rio de Janeiro em questão*: o Plano Agache e o ideário reformista dos anos 20. Rio de Janeiro: Observatório de Políticas Urbanas/Ippur/Fase, 1996.

VELHO, G. Os mundos de Copacabana. In: _____ (Org.). *Antropologia urbana*: cultura e sociedade no Brasil e em Portugal. Rio de Janeiro, Jorge Zahar, 1999. p. 11-23.

VETTER, D.M.; MASSENA, R.M.R.; RODRIGUES, E.F. Espaço, valor da terra e equidade dos investimentos em infra-estrutura do município do Rio de Janeiro. *Revista Brasileira de Geografia*, Rio de Janeiro, v. 41, n. 1-2, p. 32-71, jan./jun. 1979.

Capítulo 7
Discursos sobre segurança pública e alguns desafios para sua descentralização no Brasil[1]

Kátia Sento Sé Mello

Introdução

Os estudos sobre políticas públicas no Brasil apontam que a descentralização tornou-se um dos focos do processo de implantação das ações em diversas áreas, particularmente a partir do final dos anos 1990, com a "redemocratização" das instituições. A descentralização foi concebida como uma estratégia que visa ampliar este processo com a realização de direitos. No entanto, pesquisas têm apontado vários obstáculos a esta estratégia, que não dizem respeito apenas à redução de recursos públicos ou ao desmantelamento dos serviços proporcionados pelo Estado, mas, igualmente, ao estímulo do clientelismo político.

Neste trabalho, pretendo apresentar algumas considerações a respeito dos discursos da segurança pública no contexto da implementação das Guardas Municipais no Brasil a partir de sua formalização na esfera normativa da Constituição brasileira

---

[1] A reflexão aqui apresentada é parte integrante da pesquisa realizada por mim para a tese de doutorado, defendida em 2007 no PPGA/ICHF/UFF.

176　　　　Estado e cidadania

de 1988. O caso aqui observado diz respeito à reformulação da Guarda Municipal de Niterói.

Cabe destacar que tomo esses discursos como parte integrante de uma dimensão da *esfera pública* construída em torno da questão da segurança no Brasil. Por *esfera pública* compreendo "o universo discursivo onde normas, projetos e concepções de mundo são publicizados e estão sujeitos ao exame e debate público" e, *espaço público*, "como o campo de relações situadas fora do contexto doméstico ou da intimidade onde as interações sociais efetivamente têm lugar" (Cardoso de Oliveira, 2002:13).

O art. 144 da Constituição da República Federativa do Brasil de 1988 declara: "A Segurança Pública, dever do Estado, direito e responsabilidade de todos, é exercida para a preservação da ordem e da incolumidade das pessoas". Inclui ainda, em seu § 8º, a participação dos municípios no Sistema Nacional de Segurança Pública, através da constituição de Guardas Municipais para proteger os bens, serviços e instalações públicas.

Com esses pressupostos legais, a então chamada Constituição Cidadã respalda um deslocamento no sentido do que é segurança pública uma vez que, incluindo a corresponsabilidade de todas as pessoas, assim como a esfera municipal, sugere um significado diferente daquele instituído pela segurança nacional, cujo enfoque estava voltado para a preservação das bases territoriais do país e das instituições governamentais apoiada na força e na repressão. Apesar disso, verifica-se que não basta mudar leis, não basta elaborar ou reelaborar uma constituição para que as práticas sociais também mudem automaticamente. Muitos discursos, muitas propostas, muitas percepções e obstáculos encontram-se presentes no jogo de forças formado entre atores sociais e instituições.[2]

---

[2] Uma primeira versão deste trabalho foi publicada em Mello (2006) e encontra-se desenvolvida em Mello (2007).

Discursos sobre segurança pública e alguns desafios para sua descentralização no Brasil

Sobressai no debate teórico, assim como no político, que as políticas públicas de segurança têm sido abordadas, no Brasil, particularmente no campo jurídico e/ou militar. Do ponto de vista político, isto significa que, durante o regime militar fundado em 1964, as concepções sobre segurança pública eram norteadas por princípios autoritários, voltados para o controle da informação e para práticas repressivas, como a aplicação da tortura nas delegacias, seja aos militantes políticos de esquerda, seja àqueles considerados "bandidos" comuns.

Mais do que conter a violência e a criminalidade, os militares subordinaram as instituições civis e militares de segurança ao governo federal com o objetivo de "combater a subversão" interna e o inimigo externo. A função da polícia era eminentemente "manter a ordem". Dentro deste contexto, segurança pública era sinônimo de segurança nacional.

Só recentemente, ou seja, a partir da década de 1990, esta área temática adquiriu lugar importante nos estudos acadêmicos, particularmente nas Ciências Sociais (Kant de Lima, Misse e Miranda, 2000). A crescente produção de material empírico, assim como a complexidade das interpretações sobre o tema e o aumento do interesse público em geral com a questão da ordem e da "violência" colocam em pauta a necessidade de uma compreensão maior do universo de práticas e discursos que estão sob os títulos da administração da ordem, conflito e controle social. Uma das tentativas de esclarecimento dos modelos de segurança pública foi proposta por Silva (2003), que argumenta que as práticas e as diretrizes tradicionais são baseadas fundamentalmente na alternância entre os modelos penalista e militarista, em oposição ao que se propõe atualmente, com inspiração nas características do modelo prevencionista. Dessa forma, atribui-se aos primeiros a denominação de modelo tradicional, enquanto ao modelo prevencionista atribui-se a denominação daquilo que se propõe para a transformação da segurança pública.

A literatura sociológica sobre o assunto aponta para o fato de que há uma concordância de que alguns fatores marcaram significativamente deslocamentos do seu conteúdo político e conceitual, que já estava em gestão na última década: o aumento da criminalidade e as possibilidades de diversos municípios desenvolverem, de forma integrada ou não com os estados, ações preventivas (Mesquita Neto, 2004); a Constituição de 1988 (Kahn e Zanetic, 2005) e o ano 2000 (Sento-Sé e Ribeiro, 2004). Destaca-se que a nova Constituição estendeu a todos, além do Estado, a corresponsabilidade no tocante à segurança pública. No ano 2000, este deslocamento foi interpretado pelos autores como resultado da alteração das diretrizes orçamentárias na esfera do governo federal, passando a abranger atividades que antes não faziam parte desta rubrica, por exemplo, as áreas de atuação antidrogas, de atuação contra o "crime organizado" e o setor de inteligência e informação.

Durante os anos 1970, o estado do Rio de Janeiro em particular vivenciava profunda crise interna nas instituições policiais, bem como entre elas. Falava-se em formação de grupos de extermínio e esquadrões da morte na Baixada Fluminense que, à época, era percebida pela população como uma das áreas mais violentas do mundo.

Nos anos 1980, o debate em torno do problema da segurança pública foi marcado por duas concepções políticas antagônicas, ou seja, entre os discursos autoritário e reformista, ganhando, no entanto, maior autonomia quando a organização policial passou a ser estudada como detentora de uma cultura própria, independente do contexto político da transição democrática (Kant de Lima, 1994, 1995).

DISCURSOS SOBRE SEGURANÇA PÚBLICA E ALGUNS DESAFIOS PARA SUA DESCENTRALIZAÇÃO NO BRASIL

O começo dos anos 1990 foi marcado por uma espécie de retorno a uma concepção militarizada da segurança pública, como parece demonstrar o debate que ocorreu no estado do Rio de Janeiro, preparatório para a ECO 92, bem como durante a campanha presidencial de 1994, tendo Fernando Henrique Cardoso como candidato à Presidência da República pelo PSDB, apoiado pelo então presidente Itamar Franco. Um dos argumentos a respeito da segurança pública, segundo Sento-Sé e Ribeiro (2004), era a denúncia do seu uso para fins eleitorais. No governo do estado encontrava-se Leonel Brizola, do PDT, apoiando Anthony Garotinho, que concorria com Marcelo Alencar, cuja candidatura era apoiada pelo governo federal. O debate desencadeado levantava a questão da conveniência ou não da intervenção das Forças Armadas no Rio de Janeiro, o que realmente se efetivou. Cabe lembrar que durante os dois mandatos de Leonel Brizola o discurso a respeito dos "direitos humanos" foi incorporado ao debate, que foi muito acalorado, visto que a maior parte das pessoas percebeu que estes eram extensivos ou, mesmo, exclusivos dos "bandidos", os quais, do ponto de vista de alguns, mereciam maior repressão e estariam localizados em uma situação jurídica própria.

Os anos 1990 também marcaram um deslocamento conceitual da segurança pública, demonstrando a "gestação de uma nova concepção de cooperação e de corresponsabilidade dos três níveis de poder — federal, estadual e municipal — na formulação de políticas de Segurança Pública" (Sento-Sé e Ribeiro, 2004) e a criação ou a ampliação de diferentes instituições, ou regulamentações consideradas relevantes para a segurança dos municípios. Em alguns municípios da região metropolitana de São Paulo, por exemplo, foi implementado o serviço do Disque-Denúncia, antes inexistente; a implementação da Lei Seca em Diadema; e a

180 ESTADO E CIDADANIA

ampliação tanto das Secretarias Municipais de Segurança como do número de Guardas. A criação do Fórum Metropolitano de Segurança em 2001, congregando 39 prefeitos da região metropolitana de São Paulo, é, segundo Kahn e Zanetic (2005), uma consequência da participação das prefeituras no domínio da segurança pública.

O súbito interesse pelo problema da segurança pública na esfera municipal parece ligar-se fundamentalmente à percepção — real ou virtual — de que houve um aumento da criminalidade violenta no país durante os anos 1980, tornando-se esta uma das maiores preocupações da população e, ao mesmo tempo, o fato de que a população passou a responsabilizar todos os níveis de governo pelo problema, em particular os estaduais, responsáveis e detentores das polícias civil e militar. Por outro lado, atribui-se a uma limitação da concepção de segurança pública enraizada no passado, quando a população demanda dos policiais da ponta da linha respostas para problemas relativos às incivilidades urbanas, à falta de iluminação, às brigas de vizinhos, ou seja, aos problemas percebidos como da competência da esfera de administração municipal (Muniz, 2001).

A concepção de uma "crise da segurança pública"[3] do Rio de Janeiro (1991-94), que teve como alvo a expansão do tráfico de drogas e do crime organizado, abalou nacionalmente a imagem da cidade, transformou-se em objeto de pesquisa — realizada pelo Instituto de Estudos da Religião (Iser), com financiamento da Faperj, buscando analisar os indicadores da criminalidade urbana no período de 1985 a 1992 — e deu origem a vários

---

[3] Essa ideia de crise parece ser uma maneira de o Estado brasileiro resolver os conflitos, ou seja, o conflito é explicitado, mas imediatamente busca-se uma maneira de abafá-lo (Kant, 2004).

DISCURSOS SOBRE SEGURANÇA PÚBLICA E ALGUNS DESAFIOS PARA SUA DESCENTRALIZAÇÃO NO BRASIL **181**

movimentos, como o Viva Rio, e a criação do Disque-Denúncia. Crise semelhante atingiu São Paulo e resultou em um debate que tentou conciliar os meios acadêmicos e demais setores da sociedade, resultando no movimento "São Paulo, sem Medo". Esses movimentos foram marcados pela participação de diferentes grupos da sociedade civil, em especial as organizações não governamentais, que passaram a participar de modo ativo no processo de formulação de políticas públicas.

1. A Secretaria Nacional de Segurança Pública

Embora tenha adquirido visibilidade pública particularmente a partir de 2002, a Secretaria Nacional de Segurança Pública (Senasp) foi criada em 1997 pelo Decreto nº 2.315, de 4 de dezembro, ainda sob o governo do presidente Fernando Henrique Cardoso, e se constituiu a partir da transformação da Secretaria de Planejamento de Ações Nacionais de Segurança Pública (Seplanseg). Instância subordinada ao Ministério da Justiça teve sua estrutura regimental aprovada pelo Decreto nº 4.720, de 5 de junho de 2003, no qual fica estabelecida, publicamente, a seguinte organização: 1) constituição de dois órgãos colegiados: o Conselho Nacional de Segurança Pública e a Comissão Nacional de Segurança Pública nos Portos; 2) Gabinete: órgão de assistência direta ao secretário nacional de Segurança Pública — constituído pelo Serviço de Execução Orçamentária e Financeira e o Serviço de Apoio Técnico e Administrativo; 3) órgãos singulares e específicos: o Departamento de Políticas, Programas e Projetos; o Departamento de Pesquisa, Análise de Informação e Desenvolvimento de Recursos Humanos em Segurança Pública; e

182 ESTADO E CIDADANIA

o Departamento de Execução e Avaliação do Plano Nacional de Segurança Pública. Dentro desta estrutura, a Senasp declara reconhecer que

> o município tem um papel fundamental na atuação da prevenção da violência e criminalidade, que consiste na realização de ações que visam reduzir os fatores de risco e aumentar os de proteção, que afetam a incidência do crime e da violência e seu impacto sobre os indivíduos, famílias, grupos e comunidades, especialmente em locais (bairros/regiões) e junto a grupos em situação de vulnerabilidade criminal.[4]

Para tanto, a Senasp tem investido recursos financeiros junto aos municípios, assim como aos estados, com o objetivo de desenvolver ações que auxiliem tanto na realização de diagnósticos como na formulação e acompanhamento dessas ações, "com objetivo de proporcionar que o município seja um espaço de convivência que permita a expressão livre e criativa de seus cidadãos, de forma segura e pacífica" (Brasil, 2005).

Embora proclamando princípios democráticos do estado de direito ao afirmar, em seu art. 144, que a segurança pública é "dever do Estado, direito e responsabilidade de todos", a Constituição de 1988, também chamada de Constituição Cidadã, parece apresentar um caráter mais reformista do que de mudança na concepção do que é segurança pública (Kahn e Zanetic, 2005). A estrutura do sistema de segurança pública pouco foi alterada. Em relação à Polícia Civil cabem ainda "as funções judiciária e a apuração de infrações penais, exceto as militares", e à Polícia Militar cabem "as funções de polícia ostensiva e a preservação da ordem

---

[4] Ver Brasil, 2005. Disponível em: <www.mj.gov.br/SENASP>.

Discursos sobre segurança pública e alguns desafios para sua descentralização no Brasil

pública" (art. 144). Ambas, por sua vez, ficaram subordinadas aos estados. O envolvimento do governo federal ficaria resumido ao controle de algumas atividades referentes às armas, polícia marítima e fronteiras, bem como à elaboração de projetos de Lei referentes aos âmbitos criminal e penal. Na esfera municipal, as prefeituras ficaram incumbidas de constituir Guardas Municipais destinadas "à proteção de seus bens, serviços e instalações" (art. 144), sem que, no entanto, suas atribuições efetivas no espaço público tenham sido explicitadas.

O ano 2000 foi marcante pela implantação de algumas iniciativas que conferiram singularidade não somente ao segundo mandato do governo FHC — presidente do Brasil entre 1995 e 2002 —, mas que iriam se alargar durante a gestão do governo Lula e publicizar a participação dos municípios no debate sobre a segurança pública: o Plano Nacional de Segurança Pública (PNSP), o Fundo Nacional de Segurança Pública (FNSP) e o Plano de Prevenção da Violência Urbana (Piaps). Este último, gerenciado pelo Gabinete de Segurança Institucional da Presidência, reunia projetos do governo federal para regiões consideradas violentas. Era com as prefeituras que o Piaps entrava em contato para a viabilização de projetos e recursos federais, "reconhecendo claramente a relevância do governo local na prevenção da criminalidade" (Kahn e Zanetic, 2005:3). O PNSP, assim como o FNSP deram ênfase igualmente aos municípios, mas em particular àqueles que constituíssem Guardas Municipais com o objetivo de que estas atuassem de uma maneira mais democrática, mais voltada para o cidadão, com base em diagnósticos e solução de conflitos, atuando mais na prevenção do que na repressão.

Conforme mencionei anteriormente, embora o policiamento ostensivo não apareça como uma de suas atribuições, sabe-se que, na prática, esta tem sido uma das principais atribuições da

184　　ESTADO E CIDADANIA

Guarda Municipal, numa interpretação extensiva do que seria a preservação da ordem e do patrimônio, visto que alguns de seus diretores afirmam que o maior patrimônio municipal é sua população (Miranda, Mouzinho e Mello, 2003). Sendo a rua o espaço público por excelência, e no qual observamos a atuação dos guardas municipais, faço as seguintes indagações: em que medida os princípios de ação propostos no âmbito do governo federal para a atuação das Guardas Municipais encontram eco no espaço público? Em que medida os conflitos nos quais a Guarda Municipal de Niterói está envolvida expressam significados da noção de "público" que não o de coletividade (Kant de Lima, 1994, 1995, 2003 e 2004), mas de uma dimensão do Estado como instância autoritária e alheia aos problemas locais de um município? Que tipo de ator social a Guarda Municipal está se constituindo no debate entre as três esferas administrativas de poder? Quais as tensões presentes no debate que vêm ocorrendo entre os três entes federados e que têm dificultado a implantação das Guardas Municipais?

2. Princípios normativos do PNSP

O PNSP, elaborado em 2000, sob o governo de FHC, foi apresentado como um plano de ações visando ao aperfeiçoamento do sistema de segurança pública brasileiro, "por meio de propostas que integrem políticas de segurança sociais e ações comunitárias, de forma a reprimir e prevenir o crime e reduzir a impunidade, aumentando a segurança e a tranquilidade do cidadão brasileiro" (PNSP, 2000:4). O plano ressaltou igualmente que, embora se enfatizassem compromissos com a segurança propriamente dita, não se excluía a importância de ações relativas às políticas sociais

Discursos sobre Segurança Pública e Alguns Desafios para sua Descentralização no Brasil

e comunitárias. Essas últimas, no entanto, não ficam explícitas, o que justifica o argumento utilizado no plano de que essas ações estariam "perpassando todo o conjunto de ações e propostas" apresentadas no documento do PNSP.

Dessa forma, a par dos objetivos expostos no plano de 2000 e dos "15 compromissos" nele firmados, a ênfase voltava-se muito mais às ações para a vigilância e fiscalização das fronteiras nacionais, assim como às ações voltadas para o "combate ao narcotráfico e ao crime organizado", ao desarmamento e controle de armas, e à implantação de um sistema de inteligência de segurança pública, o que seria implantado no âmbito do governo federal. Por outro lado, ao tratar das medidas de cooperação e parcerias voltadas para ações da redução da violência urbana, "combate e defesa à desordem social", capacitação e reaparelhamento das polícias e aperfeiçoamento do sistema penitenciário, o plano previa ações conjuntas com os estados.

Dessa forma, não seria ainda através do PNSP de 2000 que os municípios teriam o reconhecimento de sua participação. De fato, pelas ações propostas no compromisso número 7 deste plano, a segurança pública parecia significar a presença ostensiva de policiamento nas ruas, o cumprimento de mandados de prisão, patrulhamento integrado entre as Polícias Militar e Civil e a criação de grupos especiais antissequestros. A criação de Guardas Municipais, ainda que tenham sido estimuladas dentro de parâmetros não militares, foi vista como a principal atribuição de atuar no controle do trânsito. Não foi mencionada nenhuma diretriz quanto à sua formação e quanto à capacidade de atuarem na área de diagnóstico de problemas relativos à segurança.

No tocante às ações de caráter comunitário, o plano de 2000 estabelece um estímulo para que

186 ESTADO E CIDADANIA

as Polícias Estaduais promovam debates e abram canais permanentes de diálogo com as lideranças e os movimentos comunitários legítimos, especialmente aqueles organizados em periferias e favelas de grandes centros urbanos, com o propósito de construir alianças capazes de ao mesmo tempo mudar o comportamento da Polícia em relação a essas populações e combater o crime, livrando essas comunidades do poder dos marginais e dos falsos benefícios dos bandidos, bem como investir em organização e gestão comunitária e na aliança entre os movimentos sociais e a escola (PNSP, 2000:18).

Vê-se, dessa forma, que, ainda no campo da prevenção e da integração de instituições do âmbito da segurança pública com a população, a proposta dá ênfase a uma percepção bipolarizada da segurança pública, colocando de um lado a população, aliada às polícias do estado e, de outro, os "marginais" e "bandidos" que devem ser "combatidos".

No período analisado no âmbito deste trabalho, será no contexto do debate sobre a implantação de um Sistema Único de Segurança Pública (Susp) pela Senasp, através do PNSP de 2002, que a segurança pública vai adquirir contornos mais definidos voltados para os municípios.

O relatório do Grupo de Trabalho sobre Segurança Pública do Comitê de Articulação Federativa[5] elaborou um documento

---

[5] De acordo com este relatório, o Comitê de Articulação Federativa "é uma instância colegiada que tem como objetivo coordenar a interlocução permanente entre o Governo Federal e os Municípios, buscando a construção de consensos em torno dos temas que compõem o Pacto Federativo e das ações de interesse comum entre a União e os municípios. Os municípios são representados por meio das suas entidades nacionais, a Frente Nacional de Prefeitos, a Confederação Nacional de Municípios e a Associação Brasileira de Municípios" (Relatório do GT sobre o papel dos municípios no Sistema Único de Segurança Pública, 2003:2).

sobre o papel dos municípios no Susp, no qual destaca os princípios e diretrizes gerais sobre sua implantação. O objetivo proposto diz respeito à elaboração e promoção de ações para reduzir a violência, a criminalidade e a insegurança no país.

As diretrizes estão voltadas principalmente para a implantação ou consolidação de Guardas Municipais por todo o país com o propósito de atuarem nas atividades de regulação e ordenamento públicos: combate à poluição sonora e visual; fiscalização de trânsito; fiscalização de eventos públicos; fiscalização de estabelecimentos de comercialização de bebidas alcoólicas e, principalmente, na regulação, fiscalização, controle e "enfrentamento" do comércio ambulante irregular. É interessante notar que, embora haja o estímulo ao desenvolvimento de ações integradas entre diferentes instituições da sociedade em geral, e governamentais nos três níveis, municipal, estadual e federal, respeitando princípios democráticos do estado de direito, palavras como "combate" e "enfrentamento" nas ações das guardas em direção ao comércio ambulante irregular parecem contradizer aqueles princípios.

Do mesmo modo, há um estímulo e uma ênfase na valorização profissional das Guardas Municipais, nas políticas de formação para os guardas e na implantação de mecanismos de informação e gestão do conhecimento, e, contrariamente, uma tendência em definir o papel das Guardas como Polícias Municipais de prevenção. Destacou-se no relatório uma ambiguidade quanto aos termos de referência a estes atores municipais que ora são tratados como Guardas Municipais, ora como Guardas Civis Municipais, ora como Polícias Municipais.

De acordo ainda com esse relatório, destaque é dado aos investimentos que os municípios têm feito e que ainda pretendem implementar visando ao aperfeiçoamento das ações das Guardas Municipais com o objetivo de "explorar com maior profundidade

188 ESTADO E CIDADANIA

suas interconexões com a segurança pública e formular ações e estratégias orientadas à criação de condições para a garantia da legalidade na cidade e na redução dos fatores indutores de criminalidade e violência" (Relatório do GT sobre o papel dos municípios no Sistema Único de Segurança Pública, 2003:7).

Dando continuidade ao que dispõe o Programa de Segurança Pública do Governo Federal, e com base em recursos do Fundo Nacional de Segurança Pública,[6] a Senasp pode firmar convênios com "entes federados". No caso dos municípios, a condição é que estes constituam Guarda Municipal ou realizem ações de policiamento comunitário ou implantem Conselhos de Segurança Pública.

O PNSP de 2002, por sua vez, parece ter avançado em relação às diretrizes que compõem o PNSP anterior. Questões que anteriormente não foram explicitadas aparecem mais detalhadamente em seu texto: problemas relacionados à violência doméstica e de gênero, o controle das ações policiais, violências praticadas contra minorias (ou seja, aquele grupo de pessoas que estão submetidas às situações de violência com dinâmicas próprias, homossexuais, idosos, adolescentes, negros, ou outra particularidade que o torna frágil diante do crime e da polícia), acesso à justiça, segurança privada e responsabilidade pública, problemas relativos ao Estatuto da Criança e do Adolescente são alguns exemplos de que a problemática da Segurança Pública não se limita ao controle e fiscalização das fronteiras, das drogas, do tráfico e problemas afins. A inserção dos municípios no Sistema de Segurança Pública é objeto de destaque em um dos capítulos

---

[6] Este Fundo é regulamentado pela Lei Federal nº 10.201/2001 e alterado pela Lei nº 10.746/2003.

DISCURSOS SOBRE SEGURANÇA PÚBLICA E ALGUNS DESAFIOS PARA SUA DESCENTRALIZAÇÃO NO BRASIL

do Plano, no qual trata exclusivamente da implantação ou da consolidação da Guarda Municipal.

O PNSP em vigor desde a gestão do presidente Luiz Inácio Lula da Silva (Lula), do Partido dos Trabalhadores, tem como princípio orientador da ação dos guardas municipais a ideia de um agente de segurança pública que atue junto à população, que desenvolva a confiança e adquira o reconhecimento e o respeito desta mesma população, de modo a desenvolver uma ação que auxilie na prevenção de conflitos. Esta orientação, que propõe a "modelagem desejável da Guarda Municipal", deve contemplar aspectos que são expressos da seguinte maneira:

> 1) os guardas municipais serão gestores e operadores da segurança pública, na esfera municipal. Serão os profissionais habilitados a compreender a complexidade pluridimensional da problemática da segurança pública e a agir em conformidade com esta compreensão, atuando, portanto, como "solucionadores de problemas" (PNSP, 2000:58).

O modelo das suas atribuições pressupõe ainda que esses guardas, enquanto agentes de elaboração de diagnósticos dos problemas de um município, tenham a competência para formular soluções para esses problemas de forma interativa com a população e com outros atores sociais em múltiplas esferas: policiais, sociais, econômicas, culturais etc. Para tanto, o Plano propõe que essas atribuições exijam que o guarda tenha mobilidade pela cidade, que esta mobilidade seja rotineira, sistemática e repetida para que sua presença iniba o crime e a violência. Outras atividades propostas estão relacionadas a um núcleo de gestão da informação; interação com as polícias; curso de formação; controle interno e externo; apoio psicológico; plano de cargos e

190 ESTADO E CIDADANIA

salários. A ideia de agentes mediadores de conflito voltados para o cidadão, ou melhor, em coparceria com este no tocante à Segurança Pública, fica expressa na seguinte orientação:

> 3) essa circulação constante deve ser acompanhada pelo uso de tecnologia leve e ágil de comunicação com a central de monitoramento da Guarda, integrada ao núcleo de despacho da Polícia Militar. A ênfase no treinamento em artes marciais apresenta muitas vantagens práticas e culturais, ajudando a infundir na corporação seu compromisso com a paz e o uso comedido da força, sempre compatível com o respeito aos direitos civis e humanos (PNSP, 2000:58).

Embora seja reconhecida a dificuldade de integração entre as Polícias Civil e Militar no sistema de comunicação sobre os registros de suas atividades, parece incongruente a proposta estabelecida pela diretriz nacional que orienta a atuação das Guardas Municipais no sentido de integrar uma comunicação entre as três instituições com uma central de monitoramento da Guarda, fazendo crer em uma proposição de dependência da Guarda em relação à Polícia Militar.

Estudos recentes argumentam que não há um único modelo de práticas recobertas pela denominação de "Polícia Comunitária", tanto no Brasil (Kahn, 2003) quanto em nível internacional (Skolnick e Bayley, 2002). E uma vasta gama de atividades aparece sob a denominação de seus correlatos "Policiamento Interativo", "Policiamento Solidário", "Polícia Cidadã" (Kahn, 2003). No entanto, o que essas práticas têm em comum é um modelo de referência para práticas consideradas mais democráticas de atores sociais engajados na segurança pública, como é o caso das polícias civil e militar, e, atualmente, para as Guardas Municipais.

DISCURSOS SOBRE SEGURANÇA PÚBLICA E ALGUNS DESAFIOS PARA SUA DESCENTRALIZAÇÃO NO BRASIL

As ideias presentes na orientação do PNSP difundem uma perspectiva de "policiamento comunitário" (Trojanowicz e Bucqueroux, apud PNSP, 2000). De acordo com esses autores, esta expressão define uma filosofia organizacional que promove a interação entre a polícia e a população, com o objetivo de identificar e resolver problemas contemporâneos, tais como o medo, as drogas, as "desordens físicas e morais", como a decadência de um bairro, e o crime. O policial deve estar cotidianamente presente na comunidade para que se faça conhecido por ela, bem como para que possa fazer diagnósticos dos problemas locais. A palavra "comunidade", de grande controvérsia na Antropologia (Geertz, 1959; Gusfield, 1975), adquire, ainda segundo os autores, um duplo sentido. De um lado, é comunidade geográfica, definindo a delimitação territorial de um bairro ou de uma região; de outro, é comunidade de interesse gerada pelo crime, permitindo e justificando que os policiais entrem nesta "comunidade geográfica".

Como não há ainda material teórico nem empírico específico sobre a instituição Guarda Municipal, esta tem sido pensada a partir das experiências e reflexões analíticas sobre a polícia, em particular sobre a designada "polícia comunitária", ainda que não haja consenso sobre sua definição e sua eficácia. Vários são os trabalhos que apontam para as dificuldades e resistências na implantação desta (Muniz e Musumeci, 1997), assim como para a dificuldade em se medir a relação entre o estabelecimento de uma base de "policiamento comunitário" em um local e a diminuição dos índices de criminalidade (Kahn, 2003).

No tocante à ênfase ao modelo desejável de formação, o PNSP prevê um "processo permanente e multidisciplinar" oferecido por instituições especializadas em temas pertinentes, como as universidades ou as organizações não governamentais, enfati-

192   Estado e cidadania

zando a mediação de conflitos a partir de temas e metodologia específicos explicitados da seguinte maneira:

> 12) a formação será um processo permanente e multidisciplinar, devendo ser oferecida pelas Universidades e por Organizações Não Governamentais especializadas nos temas pertinentes, com ênfase em mediação de conflitos, nos direitos humanos, nos direitos civis, na crítica à misoginia, ao racismo, à homofobia, na defesa do Estatuto da Criança e do Adolescente (ECA), na especificidade da problemática que envolve a juventude, as drogas e as armas, e nas questões relativas à violência doméstica, à violência contra as mulheres (incluindo-se o estudo do ciclo da violência doméstica) e contra as crianças. Além das matérias diretamente técnicas, policiais e legais, haverá uma focalização especial das artes marciais e no estudo prático e teórico do gradiente do uso da força. As disciplinas incluirão elementos introdutórios de sociologia, história, antropologia, psicologia, comunicação, computação, português/redação/retórica oral, teatro e direito. O método didático prioritário será o estudo de casos, nacionais e internacionais, com seminários, debates e simulações (PNSP, 2000:60).

Para cumprir a orientação expressa pelo PNSP em relação à formação dos guardas municipais em nível nacional, a Secretaria Nacional de Segurança Pública, a partir da avaliação realizada no ano de 2003 do Curso de Segurança Pública, Social e Municipal para Guardas Municipais de Niterói, elaborado e executado pelo Núcleo Fluminense de Estudos e Pesquisas da Universidade Federal Fluminense (UFF), redige e publica em seu site a matriz curricular nacional.

Considerações finais

Faz parte da representação difundida pela mídia, internalizada pelos próprios guardas municipais, assim como pela população, a ideia de que estes não estão preparados para seu trabalho cotidiano. Atribui-se o mau desempenho dos guardas ou dos policiais a um despreparo ou má formação. No entanto, como argumenta Kant de Lima (2003:241), "é preciso indagar se realmente o mau desempenho em geral é resultado de despreparo ou se não decorre de fatores de outra ordem".

O modelo de formação policial brasileiro é "atrelado a princípios judiciários excludentes e punitivos e/ou *éthos* militares, ambos não apropriados à negociação da ordem no espaço e na esfera pública e incompatíveis com os requisitos exigidos pelo Estado de direito e pela prática dos direitos civis nas sociedades contemporâneas" (Kant de Lima, 2003:241). Tradicionalmente, a disciplina e a ordem têm sido consideradas elementos fundamentais na formação dos agentes de segurança pública, não como os parâmetros de ação do que um indivíduo pode fazer ou não, e que deveriam ser internalizados mediante os procedimentos institucionais de formação para que se pensasse numa política de segurança pública democrática. Na prática, esses fundamentos constituem-se em valores representativos de uma concepção autoritária do emprego da força como a forma privilegiada para resolução de conflitos. Funcionam ainda como valores que tendem a fixar o olhar para o interior da própria instituição, filtrando a percepção do mundo exterior. Está em questão o que significa educação, em particular, a distinção entre *treinamento* e *formação*.

Mauss (1934) afirma que nas sociedades ocidentais, diferentemente das sociedades arcaicas, instrução e educação são domínios da vida completamente separados. Em nossas sociedades, a formação dos indivíduos se dá "em um único meio especial", qual seja, a escola (Mauss, 1934:31), do qual saem indivíduos idênticos, apesar de suas diferenças, ou seja, "nossas sociedades buscam diversificar as pessoas partindo de um esforço para lhes uniformizar".

Conforme Durkheim, a educação constitui-se na forma privilegiada de socialização dos homens, já que representa a internalização dos traços constitutivos da consciência coletiva, ou seja, é o processo através do qual o indivíduo internaliza os padrões sociais de agir, pensar e sentir (Lukes, 1973).

Ainda que ambos os clássicos partam de uma perspectiva "objetivista", que procura entender os fatos não a partir da concepção daqueles que dele participam, mas pela busca de causas que escapam à consciência dos indivíduos, de que maneira esta distinção é boa para pensar a formação da guarda municipal?

Na sociedade brasileira, a formação policial, que acaba sendo também introduzida nas Guardas Municipais, tem sido tradicionalmente pensada como "treinamento", cujo objetivo é a busca da padronização de procedimentos e a uniformização de homens que são diferentes para atuar em contextos de muita diversidade. De acordo com Kant de Lima (2003), o "treinamento" reproduz uma ideologia marcadamente repressiva e punitiva, retirando dos policiais a capacidade reflexiva diante de situações complexas, como a questão da infância e da adolescência, das drogas etc. O operador de segurança pública acaba condicionado a obedecer a ordens sem refletir, seguindo comandos. Isto parece criar um paradoxo a partir do momento em que é esperado que este ator, ao ser colocado sozinho na rua, numa realidade conflitiva e complexa, aja reflexivamente e tome suas decisões com bom-senso e equilíbrio.

Esta educação, ou melhor, o "treinamento", tomando como referência a ideia de formação, parte do princípio de que o processo cognitivo daqueles atores é uniforme, enfatizando aulas e treinos que são transmitidos de modo formal, privilegiando aspectos do trabalho dos guardas que são considerados práticos, ou seja, a formação escolarizada e o conteúdo abstrato são mais valorizados do que a maneira como o saber é transmitido. Cabe destacar, no entanto, que não se trata de desqualificar a dimensão do treinamento. Este é imprescindível na capacitação prática de diversas atividades dos atores sociais. Só é possível a um desportista alcançar o máximo de desempenho na medida em que seja submetido a um treinamento disciplinado, sistemático e prolongado das atividades esportivas de sua competência. Do mesmo modo, o desenvolvimento das habilidades dos policiais para o exercício de sua função exige uma capacitação sistemática de defesa pessoal e, por exemplo, de tiro, para que tenha competência no uso da arma de fogo, quando isto for necessário.

Cabe chamar atenção, portanto, que é preciso acrescentar à dimensão do treinamento a ideia da educação como a formação de uma visão crítica para que o agente de segurança desenvolva a habilidade de solucionar problemas e não apenas seguir ordens sem refletir criticamente sobre suas ações.

A educação na sociedade brasileira e, em particular, o "treinamento" dos operadores de segurança pública, entre eles os guardas municipais, estão fundados em uma cultura jurídica, cara à tradição ocidental (Berman, 1996). Essa educação se caracteriza pela transmissão do saber por meio de procedimentos escolásticos, através dos quais se buscam tanto posições comuns de consenso "que estabeleçam os fatos", como também se utilizam técnicas da vitória de um argumento sobre o outro, impedindo a comunicação entre os mesmos. Consequentemente, privilegiam-

196 ESTADO E CIDADANIA

se os argumentos da autoridade em detrimento da autoridade dos argumentos. Resulta daí um tipo de formação voltada para o "confronto", o "combate", a "eliminação" de determinados grupos sociais que são percebidos como inimigos a serem exterminados, como acontece na relação que se dá entre os guardas municipais e os camelôs. Isto engendra, no espaço público, o problema da autoridade interpretativa, pois aquele que mais sabe, mais tem poder para interpretar e aplicar a regra (Kant de Lima, 2003).

Em oposição a este modelo, fala-se em "formação" como um processo de transmissão do saber através de "princípios de produção de verdade vigentes no campo das ciências contemporâneas, sejam elas exatas, da natureza ou humanas e sociais" (Kant de Lima, 2003:253). Cabe ainda ressaltar que estamos falando de indivíduos já formados, tratando-se, então, de uma ressocialização, ou melhor, de um processo de desconstrução de categorias de pensamento que foram repetidamente transmitidas de modo autoritário, seja na "escola da polícia" ou nas "instruções" dos subinspetores da Guarda Municipal de Niterói, seja em casa ou na escola primária. Quando falamos de "formação", falamos do objetivo de capacitar os guardas para o desempenho de suas funções através de princípios de uma sociedade democrática "tendo os direitos e deveres cívicos de todos, inclusive os dos policiais e, particularmente, os dos setores discriminados da sociedade, como marco delimitador da ação" (Kant de Lima, 2003:254).

O debate e as práticas de "formação" representam, portanto, um desafio que professores e pesquisadores que trabalham nesta área têm a pensar, qual seja, o de indagar como se constrói o saber na segurança pública e que este deve partir do reconhecimento da estrutura social vigente. É preciso analisar os limites postos pelas tradições institucionais que orientam as ações dos

DISCURSOS SOBRE SEGURANÇA PÚBLICA E ALGUNS DESAFIOS PARA SUA DESCENTRALIZAÇÃO NO BRASIL

operadores em segurança pública para a formação de saberes mais democráticos.

Ainda que muito recentes, as experiências e a preocupação com a formação destes agentes na área de segurança pública não são fatos isolados. Elas refletem o reconhecido consenso e o grande esforço que vem sendo feito por diferentes atores e instituições, representantes da União, dos estados e municípios, organizações não governamentais, estudantes e professores, no sentido de repensar as políticas públicas de segurança no Brasil. O discurso e a expectativa que orientam este debate é a necessidade de se constituir e consolidar uma polícia e, atualmente, uma Guarda Municipal eficientes, considerando acima de tudo a proteção do cidadão, incluindo os operadores da segurança pública, respeitando os direitos individuais e comunitários.

Referências

BERMAN, Harold J. *La formación de la tradición jurídica de Occidente*. México: Fondo de Cultura Económica, 1996.

BRASIL. Guia para a prevenção do crime e da violência nos municípios, Brasília: Senasp/MJ, 2005. Disponível em: <www.mj.gov.br/SENASP>.

CARDOSO DE OLIVEIRA, Luis Roberto. *Direito legal e insulto moral*: dilemas da cidadania no Brasil, Quebec e EUA. Rio de Janeiro: Relume Dumará, 2002. (Coleção Antropologia, Núcleo de Antropologia Política)

GEERTZ, Cliford. Form and variation in Balinese village structure. *American Anthropologist*, v. 61, p. 991-1012, 1959.

GUSFIELD, Joseph R. *Community*: a critical response. Serie: Key Concepts in the social sciences. New York/Evanston/San Francisco: Harper & Row, 1975.

KAHN, T. *Segurança pública e trabalho policial no Brasil*. Trabalho apresentado na Conferência Promoting Human Rights through good governance in Brazil no Center for Brazilian Studies, University of Oxford, working paper, 2003.

KAHN, Túlio; ZANETIC, André. O papel dos municípios na Segurança Pública. *Estudos Criminológicos*, n. 4, p. 3-68, jul. 2005.

KANT DE LIMA, Roberto. *A polícia da cidade do Rio de Janeiro*: seus dilemas e paradoxos. Rio de Janeiro: Biblioteca da Polícia Militar, 1994.

_____. *Da inquirição ao júri, do Trial by jury à plea bargaining*: modelos para a produção da verdade e a negociação da culpa em uma perspectiva comparada Brasil/Estados Unidos. Tese (professor titular em antropologia) — Departamento de Antropologia, Universidade Federal Fluminense, 1995.

_____. Direitos civis, estado de direito e "cultura policial": a formação policial em questão. *Revista Brasileira de Ciências Criminais*, São Paulo, 2003.

_____. Os cruéis modelos jurídicos de controle social. *Insight/Inteligência*, p. 131-147, abr./maio/jun. 2004.

_____; MISSE, M.; MIRANDA, A.P.M. de. Violência, criminalidade, segurança pública e justiça criminal no Brasil: uma bibliografia. *BIB, Revista Brasileira de Informação Bibliográfica em Ciências Sociais*, Rio de Janeiro, n. 50, p. 45-123, 2º sem. 2000.

LUKES, Steven. *Émile Durkheim*: his life and work: a historical critical study. Middlesex, England; New York, USA e Victoria, Australia: Penguin Books, 1973.

MAUSS, Marcel. Fragment d'um plan de sociologie générale descriptive. *Annales Sociologiques*, série A, fascicule I, 1934. Disponível em: <www.uqac.uquebec.ca/zone30/Classiques des sciences sociales/index.html>.

_____. Ensaio sobre a dádiva, forma e razão da troca nas sociedades arcaicas. In: _____. *Sociologia e Antropologia*. São Paulo: Edusp/EPU, 1974. v. II.

MELLO, Kátia Sento Sé. Igualdade e hierarquia no espaço público: o processo de constituição da Guarda Municipal de Niterói enquanto ator social. *Comum*, Rio de Janeiro, v. 11, n. 26, p. 169-197, jan./jun. 2006.

_____. *Igualdade e hierarquia no espaço público*: processos de administração institucional de conflitos no município de Niterói. Tese (doutorado) — Programa de Pós-Graduação em Antropologia, Instituto de Ciências Humanas e Filosofia, Universidade Federal Fluminense, Niterói, 2007.

MESQUITA NETO, Paulo de. Os municípios e a segurança pública. Avanços nas prefeituras: novos caminhos da democracia. *Cadernos Adenauer*, ano V, n. 1, p. 51-68, 2004.

MIRANDA, A.P.M.; MOUZINHO, G.M.P.; MELLO, K.S.S. Os conflitos de rua entre a Guarda Municipal e os "camelôs". *Comum*, Rio de Janeiro, v. 8, n. 21, p. 39-65, jul./dez. 2003.

MUNIZ, Jacqueline; MUSUMECI, Leonarda. Resistências e dificuldades de um Programa de Policiamento Comunitário. *Tempo Social*, São Paulo, v. 9, n. 1, p. 197-213, maio 1997.

_____. O papel dos municípios na política de segurança. A segurança pública como direito de cidadania. *Caderno de Pesquisa Ceapog/Imes*, n. 4, p. 50-53, 1º sem. 2001.

PNSP. Plano Nacional de Segurança Pública. Brasília: Senasp/MJ, 2000.

SENTO-SÉ, João Trajano; FERNANDES, Otair. A criação do Conselho Comunitário de Segurança em São Gonçalo. In: SENTO-SÉ, J.T. (Org.). *Prevenção da violência*: o papel das cidades. Rio de Janeiro: Civilização Brasileira, 2005. (Coleção Segurança e Cidadania)

_____; RIBEIRO, Eduardo. Segurança pública: enfim, na agenda federal. In: ROCHA, D.; BERNARDO, M.A. (Org.). *A era FHC e o governo Lula: transição?* Uma análise dos avanços e retrocessos das políticas públicas nos oito anos do Governo FHC e o diagnóstico da herança deixada para o governo Lula. Brasília: Instituto de Estudos Socioeconômicos, 2004.

SILVA, Jorge da. *Segurança pública e polícia*: criminologia crítica aplicada. Rio de Janeiro: Forense, 2003.

SKOLNICK, Jerôme H.; BAYLEY, David H. *Policiamento comunitário*: questões e práticas através do mundo. São Paulo: Edusp, 2002. (Série Polícia e Sociedade, n. 6)

Capítulo 8

Prevenção da violência sexual: avaliando a atenção primária no Programa de Assistência Integral à Saúde da Mulher

Ludmila Fontenele Cavalcanti

Introdução

O presente trabalho pretende avaliar a atenção primária voltada para a prevenção da violência sexual no Programa de Assistência Integral à Saúde da Mulher (Paism). Esse objetivo é parte de uma pesquisa interinstitucional (Escola de Serviço Social da Universidade Federal do Rio de Janeiro e Secretaria Municipal de Saúde do Rio de Janeiro), integrante do Programa Pesquisa para o SUS: Gestão Compartilhada em Saúde, apoiado pelo Ministério da Saúde, Conselho Nacional de Desenvolvimento Científico e Tecnológico (CNPq) e Fundação de Amparo à Pesquisa do Estado do Rio de Janeiro (Faperj). A pesquisa, de caráter extensionista, buscou analisar as percepções dos profissionais de saúde envolvidos na atenção primária no Paism e no Programa de Saúde da Família (PSF) e indicar alternativas que favoreçam a prevenção da violência sexual nas unidades primárias de saúde.

A atenção da saúde pública voltada para as violências perpetradas contra as mulheres está relacionada às consequências que este fenômeno acarreta à saúde da mulher. A violência perpetrada contra a mulher causa morte e incapacidade com maior prevalência entre as mulheres em idade reprodutiva; acontece nas diferentes etapas do ciclo de vida; anula a autonomia da mulher e mina seu potencial como pessoa e membro da sociedade; e provoca repercussões intergeracionais.

A violência sexual contra a mulher, uma das expressões da violência de gênero, é relevante na sociedade, tanto por sua alta incidência como por seu impacto na saúde sexual e reprodutiva. Diferentes pesquisas apontam que uma entre quatro mulheres pode vivenciar a violência sexual perpetrada por parceiro íntimo, e quase um terço das adolescentes vivenciou sua primeira experiência sexual forçada (WHO, 2002).

Mesmo que a elaboração do Plano Nacional de Prevenção, Assistência e Combate à Violência Contra a Mulher (SPM, 2003), o estabelecimento da notificação compulsória em caso de violência contra a mulher nos serviços de saúde (Lei n⁰ 10.778/2003) e a inclusão do enfrentamento à violência contra as mulheres como área estratégica do Plano Nacional de Políticas para as Mulheres (SPM, 2004) possam indicar certo avanço no sentido da incorporação do tema da violência sexual no âmbito do Sistema Único de Saúde (SUS), as ações de prevenção à violência sexual ainda restringem-se à atenção terciária (Cavalcanti, 2004).

A violência sexual é, na maioria dos casos, perpetrada por parceiros íntimos das mulheres em relações cronificadas de violências (Saffioti, 1995), o que sabidamente é um dos obstáculos à busca de ajuda por parte das mulheres nos serviços de saúde. As situações de violência sexual que chegam no nível terciário da prevenção, ou seja, nos serviços de urgência e emergência, em

Prevenção da violência sexual

203

geral, são as que apresentam lesões físicas (traumas genitais ou extragenitais) que, de algum modo, facilitam a busca por serviços nesta área, mas que são a minoria das situações (Drezett, 2000).

Os casos onde a violência sexual é cronificada não chegam às emergências e seriam mais bem atendidos nas unidades primárias de saúde, pois exigem uma abordagem com características peculiares, capaz de orientar o profissional de saúde a descobrir e a seguir pistas da violência para chegar a um diagnóstico (Oliveira, 1999). Portanto, as unidades básicas de saúde, lócus privilegiado do nível primário de prevenção, devem ser de fato a "porta de entrada" das situações de violência sexual, como nas demais situações de saúde (Cavalcanti, 2004). A atenção primária, que consiste no nível do sistema de saúde que oferece a entrada no sistema para todas as novas necessidades e problemas, fornece a atenção sobre a saúde e não sobre a enfermidade, desenvolvendo as ações preventivas que podem evitar que os fatos ocorram ou se agravem suas consequências.

É nessa perspectiva que as características do PSF vêm favorecendo a incorporação das ações voltadas para a saúde da mulher. Todavia, Portella (2005) aponta a invisibilidade da violência enquanto tema da assistência que, associado à inexistência de protocolos de atenção e de uma rede de referência, dificulta ou mesmo impossibilita o atendimento dos casos. Esse modelo, que é uma inovação no modelo de assistência à saúde no país, ao mesmo tempo que amplia o acesso e melhora os indicadores de saúde, favorece a reprodução de valores e relações sociais conservadores que contribuem para o agravo das condições de saúde das mulheres, produzindo violência institucional e violação de direitos.

As ações de prevenção da violência, como a política da SMS/RJ, foram iniciadas no âmbito do Paism em 1999 e cor-

204 ESTADO E CIDADANIA

respondem a um processo bem mais amplo e anterior a esta referência, estando também vinculado a iniciativas do Ministério da Saúde. O Paism, impulsionado pelo Movimento Feminista, que reivindicou os direitos das mulheres no âmbito da saúde reprodutiva, vem gradativamente incorporando a prevenção à violência sexual.

O modelo recomendado pelo Ministério da Saúde, e adotado pela SMS/RJ, privilegiou as ações de caráter emergencial, que acabam por favorecer a identificação de violências sexuais cometidas por estranhos, com ampliação gradativa das discussões em torno do tema da violência sexual de modo a abranger ações mais amplas de prevenção.

No município do Rio de Janeiro, como em demais localidades, inexiste uma avaliação acerca das ações de prevenção à violência sexual. Esse fato está associado à recente implementação dessas ações, à expressão do desenvolvimento democrático do país e à cultura avaliativa ainda frágil na área das políticas públicas (Cavalcanti, 2007).

No Brasil, são poucas as publicações que relacionam a atenção primária com a violência contra a mulher, aí incluída a violência sexual, e menos ainda as que abordam a percepção dos profissionais de saúde neste nível de atenção.

1. Método

Tendo em vista a natureza do objeto de estudo, adotou-se a pesquisa avaliativa entendida como o processo sistemático para determinar até que ponto um programa ou intervenção atingiu os objetivos pretendidos (Sessions, 2001).

Prevenção da violência sexual

205

É importante destacar que as abordagens mais novas para avaliação da atenção primária, conforme Starfield (2002), são voltadas para uma abordagem que considera o que a atenção primária deveria estar fornecendo no contexto dos sistemas de saúde.

A natureza do objeto da avaliação conduziu à escolha da abordagem qualitativa, centrada nos esquemas interpretativos de compreensão de dinâmicas. Essa modalidade possibilita aproximações teórico-metodológicas mais abrangentes no campo da saúde e é capaz de "incorporar a questão do significado e da intencionalidade como inerentes aos atos, às relações, e às estruturas sociais" (Minayo, 1994:10).

Foram selecionados como campo de estudo três Centros Municipais de Saúde (CMS) da SMS/RJ de Áreas Programáticas (AP) distintas e 7 equipes do PSF na AP 3.3. O CMS é considerado o tipo de unidade da atenção primária que oferece ações variadas do Paism no nível primário. O PSF vincula a população a uma equipe básica de saúde, composta por um médico generalista, um enfermeiro, um auxiliar de enfermagem e de quatro a seis agentes comunitários de saúde.

O instrumento adotado na coleta foi entrevista do tipo semiestruturada com consentimento livre e esclarecido, uma vez que a fala dos atores sociais é uma via importantíssima para se chegar ao conhecimento do cotidiano. As 93 entrevistas, baseadas em roteiro, foram realizadas com o grupo social da investigação, os profissionais de saúde, com terceiro grau, envolvidos na atenção primária do Paism, no caso dos CMS (40), e com todos os profissionais de saúde das equipes do PSF (53).

Tais entrevistas abordaram informações acerca dos profissionais, acerca das percepções dos profissionais de saúde sobre a violência sexual e acerca do atendimento prestado diante das situações de violência sexual. O roteiro utilizado nas entrevistas teve uma função orientadora, de modo a garantir maior flexibilidade e liberdade no discurso e também assegurar a abordagem de todos os temas considerados essenciais, possibilitando comparação entre os grupos de profissionais.

Tomando como referência Starfield (2002) e Conass (2004), foram adotados os seguintes indicadores de avaliação: primeiro contato, longitudinalidade, integralidade, coordenação da atenção, abrangência e dificuldades.

Na análise dos dados adotou-se a análise de conteúdo, na modalidade temática, que permite identificar a presença de determinados temas denotando os valores de referência e os modelos de comportamento presentes no discurso (Bardin, 1977; Minayo, 1994). Com esta técnica, pode-se caminhar, também, na direção da "descoberta do que está por trás dos conteúdos manifestos, indo além das aparências do que está sendo comunicado" (Minayo, 1994:74).

O primeiro passo foi a leitura flutuante do material, em que já foram apontadas as grandes categorias de análise, bem como as unidades de significado que emergiram a partir delas. Os dados foram ordenados e foi realizada exaustiva leitura do material para, então, construir um mapa que serviu para organizar os aspectos relevantes. Foi feita uma leitura transversal relacionando os diferentes elementos colhidos.

Foi formado um conjunto de dados obtidos através das entrevistas semiestruturadas, portanto, referentes às percepções identificadas nas falas dos entrevistados sobre os temas abordados de modo a permitir a comparação entre as unidades de saúde.

As aproximações sucessivas possibilitaram a descoberta das ideias centrais (núcleos de sentido) que compõem a comunicação sobre as percepções dos profissionais de saúde envolvidos na atenção primária no Paism acerca da prevenção da violência

PREVENÇÃO DA VIOLÊNCIA SEXUAL

sexual, entendidas como resultado de um processo social e de um processo de conhecimento. Ambos são frutos de múltiplas determinações e têm significado específico em determinado contexto histórico.

A presente pesquisa foi submetida à apreciação das instituições envolvidas e aprovada pelo Comitê de Ética em Pesquisa do Instituto Fernandes Figueira da Fundação Oswaldo Cruz, cumprindo os princípios éticos constantes da Declaração de Helsinki e atendendo ao previsto nas Resoluções n°s 196/1996 e 251/1997 do Conselho Nacional de Saúde.

2. Resultados

Informações acerca dos profissionais

Comparando a composição das equipes das três maternidades, verificou-se que nos dois subgrupos há uma concentração de profissionais do sexo feminino, que representam 92,5% nos CMS e 73,6% nas equipes do PSF. Essa concentração também aparece no interior de cada categoria profissional.

Em relação à concentração de faixas etárias dos profissionais de saúde das unidades estudadas, observam-se diferenças. Mesmo considerando a predominância nos dois subgrupos no intervalo entre 30 e 49 anos, tanto para os CMS, cujo percentual é de 55,5%, quanto para as equipes do PSF, cujo percentual é de 50,9%, observa-se que os profissionais de saúde das equipes do PSF são mais jovens que os profissionais dos CMS.

Quanto à orientação religiosa dos entrevistados, a maioria dos profissionais dos CMS se declarou católica (50%), enquanto nas equipes do PSF a maioria se declarou protestante (52,8%).

208　　　　　　　　　　　　　ESTADO E CIDADANIA

Comparando a composição das equipes dos CMS, verifica-se que há uma predominância de médicos (42,5%), seguidos dos enfermeiros (20%), o que pode ser explicado pela centralidade que a consulta médica e de enfermagem assumem na atenção primária no Paism. Entretanto, nas equipes do PSF, o maior percentual refere-se aos agentes comunitários de saúde (69,8%), seguidos dos médicos (13,2%).

Chamou a atenção o tempo de conclusão do curso de graduação do conjunto de profissionais dos CMS que possuem o 3º grau que, na maioria, é superior a 21 anos. Esse quadro demonstra que os profissionais conformam um grupo com vasta experiência consolidada ao longo do tempo, especialmente quando se constata que o tempo de formado corresponde ao tempo de exercício profissional na unidade e no Paism e, portanto, a mais oportunidades de capacitação em serviço.

Os profissionais que possuem 3º grau e que atuam tanto nos CMS como nas equipes do PSF, em sua maioria, estudaram em universidades públicas, 80% e 69,2%, respectivamente.

Por outro lado, observou-se uma predominância de profissionais com cursos de pós-graduação, indicando que nos dois subgrupos há uma formação que vai além do curso de graduação. Destaca-se que 17% possuem dois cursos de pós-graduação.

Para abordar as atividades realizadas pelos profissionais de saúde optou-se por classificá-las a partir da definição dos próprios profissionais. A maioria dos profissionais de saúde de ambos os subgrupos encontra-se inserida em atividades individuais, mesmo considerando que parte dos profissionais realiza atividades individuais e atividades em grupo. Nos CMS predomina a realização das consultas, o que está relacionado com o grande percentual de médicos, já nas equipes do PSF predomina a realização de visitas domiciliares, decorrente do grande percentual de agentes comunitários de saúde.

Observa-se uma maior diversidade nas atividades realizadas pelos profissionais das equipes do PSF. Diferentemente da integralidade preconizada nas práticas do Paism, as ações desenvolvidas nos CMS fragmentam-se em diferentes atendimentos individuais em ambulatórios, seguindo a lógica do sistema de classificação das especialidades por doença e por idade. Do ponto de vista da prevenção da violência sexual, as práticas educativas em grupo constituem-se num espaço de reforço da autoestima, de socialização e democratização das informações.

Foi perguntado aos entrevistados se haviam participado de algum curso ou treinamento na área da violência contra a mulher, uma vez que, em relação ao tema, as capacitações da SMS/RJ vêm sendo dirigidas aos profissionais das maternidades de referência para atendimento às mulheres vítimas de violência sexual.

A maioria dos profissionais dos CMS não realizou curso (65%) nem treinamento (65%) na área da violência contra a mulher. Esses percentuais sobem para 86,8% e 88,7% nos profissionais das equipes do PSF. Isso aponta para a necessidade de investimento nas capacitações e acompanhamento continuado dos profissionais treinados. Aponta também que, além do enfoque no preparo técnico, é importante discutir o envolvimento pessoal, a disponibilidade interna a ouvir e orientar, e a função social dos profissionais e das unidades da atenção primária.

Contraditoriamente, os profissionais das equipes do PSF se consideram menos despreparados para atuar nas situações de violência contra a mulher (53%) se comparados aos profissionais dos CMS (90%). Isso pode indicar uma preocupação mais ampliada desses profissionais com a temática da violência contra a mulher, tanto pela demanda de atendimento, que tem aumentado, como pelo aprofundamento da consciência social por intervenção dos movimentos de mulheres, do Estatuto da Criança e do Adolescente (ECA) e da própria política do setor saúde.

A falta de capacitação dos profissionais de saúde se reflete, segundo Schraiber e D'Oliveira (1999), num receio dos profissionais em abordar o assunto, muitas vezes expresso em um julgamento moral próprio, quando o necessário é que a mulher seja acolhida e tratada com respeito e sigilo.

Por outro lado, os profissionais das equipes do PSF reconhecem a importância do tema. O reconhecimento da violência intrafamiliar como um dos maiores problemas por eles encontrados decorre de o trabalho do PSF envolver um olhar diferenciado acerca da dinâmica familiar (Batista, 2005).

A capacitação dos profissionais de saúde da atenção primária é fundamental, visto que os serviços básicos de saúde são importantes na detecção do problema, porque têm, em tese, uma grande cobertura e contato com as mulheres, podendo reconhecer e acolher o caso antes de incidentes mais graves (Schraiber et al., 2002). É fundamental que os profissionais que irão acolher as mulheres vítimas de violência sexual estejam capacitados para atender a essa demanda.

Em síntese, apesar das diferenciações entre as unidades de saúde estudadas e da diversidade na caracterização dos profissionais de saúde, incluídos aí os limites encontrados no próprio processo de formação profissional, essas unidades apresentam um alto potencial na ampliação das ações de prevenção da violência sexual contra a mulher.

Percepções dos profissionais de saúde sobre a violência sexual

A análise das *ideias associadas à violência sexual* presentes nas entrevistas permitiu identificar diferentes núcleos de sentido. O sentido da violência sexual como um ato sexual não

PREVENÇÃO DA VIOLÊNCIA SEXUAL

211

consentido, presente nos dois subgrupos, diz respeito à relação sexual forçada, em que a percepção sobre o consentimento assume uma dimensão significativa nas falas dos profissionais de saúde, por ser um dos elementos que estrutura a definição de violência sexual no campo dos direitos sexuais e reprodutivos, isto é, o ato praticado contra a vontade ou consentimento. Esta importância do não consentimento e da perda de autonomia aparece nas falas dos profissionais de saúde referida à não permissão do ato sexual pela mulher.

Essa definição pode ser encontrada no Relatório Mundial sobre Violência e Saúde, de 2002, da World Health Organization (WHO), que aponta que a violência sexual compreende uma variedade de atos ou de tentativas de relação sexual sob coação ou fisicamente forçada, no casamento ou em outros relacionamentos.

O sentido da violência sexual como agressão física ou psicológica, também presente nos dois subgrupos, ancora-se nos efeitos mais visíveis do fenômeno, capazes de produzir na mulher sequelas físicas e psicológicas. As mulheres atingidas ficam mais vulneráveis a outros tipos de violência, à prostituição, ao uso de drogas, à gravidez indesejada, às doenças ginecológicas, aos distúrbios sexuais, à depressão, ao suicídio e às doenças sexualmente transmissíveis. De certo modo, esse sentido faz parte de uma leitura biomédica que reconhece a violência sexual como uma experiência corporal feminina, podendo ser compreendida através de signos e sintomas passíveis de diagnóstico e tratamento.

O sentido da violência sexual como estupro, presente nos profissionais das equipes do PSF, em parte influenciado pelo discurso jurídico, opera uma redução no conceito de violência sexual uma vez que não considera sua ocorrência no espaço privado. Diferentes pesquisas demonstram que, na maioria das vezes, a violência sexual é cometida por autores conhecidos das mulheres

212　　Estado e cidadania

(esposo, companheiro, familiares), ainda que haja certa imprecisão quanto à sua quantificação. Esta mesma imprecisão ocorre quanto à violência sexual dentro do casamento, que é uma das ocorrências menos denunciadas no Brasil. A crença generalizada de que no casamento esse tipo de comportamento não é crime cria uma capa de legitimidade para esse tipo de violência sexual e desestimula as denúncias e as investigações.

O sentido da violência sexual como um distúrbio do comportamento, também presente nos profissionais das equipes do PSF, reafirma a concepção da sexualidade masculina como único lugar de iniciativa e da naturalização do apoderamento sexual e social do corpo feminino.

Muitos profissionais concebem a sexualidade masculina como um imperativo biológico, tal como no senso comum. E também acrescentam circunstâncias em que esse imperativo se torna peremptório para os homens, cuja insatisfação acarretaria consequências nefastas como irritação e nervosismo. Na fala dos entrevistados, este sentido é atribuído ao agressor.

Outro sentido presente nos discursos dos profissionais das equipes do PSF consiste na violência sexual como uma expressão da violência urbana. Esse sentido reforça a noção do senso comum de que a violência sexual contra a mulher está tipificada criminalmente, é cometida por estranhos e ocorre em via pública. Neste núcleo de sentido, a violência sexual seria uma decorrência da violência em geral ocorrida na sociedade ou, em outras palavras, a violência sexual seria uma decorrência do clima violento que impera no espaço urbano.

Neste núcleo de sentido, ocorre um deslocamento da violência sexual do espaço privado para o espaço público, num contexto urbano de desigualdade social (Chesnais, 1999), que confere uma maior legitimidade às vítimas, uma vez que a violação aparece como inevitável.

Atendimento prestado diante das situações de violência sexual

O *primeiro contato* remete à capacidade de acessibilidade, considerando a estrutura disponível, no sentido da existência de barreiras, sejam na própria unidade prestadora ou sejam até mesmo aquelas de natureza cultural ou linguística. A proximidade dos serviços da residência dos usuários, preconizada pelo PSF, é uma tentativa de facilitar esse primeiro contato (Conass, 2004). Conforme Travassos e Martins (2004), o acesso é compreendido como um dos elementos dos sistemas de saúde, entre aqueles ligados à organização dos serviços, que se refere à entrada no serviço de saúde e à continuidade do tratamento.

Embora haja o reconhecimento acerca da dificuldade de acesso, especialmente no que se refere à insuficiência de insumos e de recursos humanos, nos profissionais dos dois subgrupos predomina a percepção da consulta como o espaço capaz de absorver a demanda espontânea e cuja escuta é diferenciada.

Os grupos de discussão, para os profissionais dos CMS, e a visita domiciliar, para os profissionais das equipes do PSF, também são considerados espaços que viabilizam a entrada das mulheres em situação de violência sexual no sistema de saúde. Todavia, ao indicar as organizações não governamentais e as instituições da segurança pública em substituição à unidade primária de saúde, os profissionais retiram a função preventiva da unidade primária de saúde.

214 ESTADO E CIDADANIA

A *longitudinalidade* pode ser traduzida como vínculo, ou seja, a relação entre o usuário e o profissional de saúde e a continuidade enquanto oferta regular dos serviços. No sentido de identificar como vem sendo construído esse vínculo, foram feitas perguntas relativas às *ações de prevenção da violência sexual*, acerca do *conhecimento sobre as mulheres atendidas* e sobre a *extensão e força do vínculo*.

Ações de prevenção da violência sexual

As ações educativas são percebidas pelos profissionais dos CMS como um espaço para construção do vínculo capaz de prevenir a violência sexual, seja percebendo a ação educativa como capaz de construir uma visão crítica e uma informação qualificada, seja como normatizadora de comportamentos na adolescência. Apesar do predomínio das ações de prevenção e de promoção da saúde, preconizado na alteração do modelo assistencial (Bodstein, 2002), as ações curativas aparecem fazendo parte da atenção primária.

Os profissionais das equipes do PSF apresentam uma relativa dificuldade no reconhecimento das ações de prevenção da violência sexual, o que pode ser explicado pelo despreparo para atender às situações de violência sexual e por não identificarem a violência sexual contra a mulher como um problema de saúde.

Conhecimento sobre as mulheres atendidas

O conhecimento sobre as mulheres e seu meio social, um dos elementos da longitudinalidade, baseia-se, por um lado, na possibi-

PREVENÇÃO DA VIOLÊNCIA SEXUAL

215

lidade de ocorrência da violência sexual em qualquer classe social e em qualquer fase da vida, e, por outro, numa visão baseada no senso comum, que caracteriza a violência sexual como problema de natureza socioeconômica. Chama a atenção o contexto urbano violento no qual o PSF vem atuando e que, associado à falta de capacitação para atuar, acaba obscurecendo o fenômeno da violência sexual contra a mulher. Foi observada nos dois subgrupos a precariedade de informações sobre as mulheres adscritas às unidades que permitissem construir um perfil mais ampliado capaz de sugerir estratégias de atuação mais eficazes.

Extensão e força do vínculo

Com relação à extensão e à força do vínculo, os profissionais dos dois subgrupos destacam o acolhimento como indispensável à detecção dos casos de violência sexual e ao encaminhamento adequado. Em algumas ocorrências os profissionais encaminham as mulheres em situação de violência para outros profissionais em função de se sentirem despreparados em sua formação profissional para atender a essa demanda. O atendimento multidisciplinar, com destaque para o atendimento médico, também é valorizado na construção do vínculo.

Segundo Schimith e Lima (2004), acolhimento e vínculo dependem do modo de produção do trabalho em saúde. O acolhimento possibilita regular o acesso por meio da oferta de ações e serviços mais adequados, contribuindo para a satisfação do usuário. O vínculo entre profissional e usuário estimula a autonomia e a cidadania, promovendo sua participação durante a prestação de serviço. Conforme Campos (1997), o vínculo com os usuários do serviço de saúde também amplia a eficácia das

216 ESTADO E CIDADANIA

ações de saúde. Por outro lado, o acolhimento busca garantir o acesso aos usuários com o objetivo de promover uma escuta qualificada, resolver os problemas mais simples e/ ou encaminhar os usuários, se necessário.

A *integralidade* refere-se à integração de serviços por meio de redes assistenciais, reconhecendo a interdependência dos atores e das organizações diante dos limites dos recursos e das competências para a solução dos problemas de saúde de uma população nos diferentes ciclos de vida. Essa noção pressupõe a interação entre os atores dos diferentes níveis de atenção no cotidiano das práticas na oferta do cuidado de saúde.

O atendimento integral às mulheres vítimas de violência sexual, na percepção dos profissionais de ambos os subgrupos, está centrado no encaminhamento para as ações educativas na própria unidade, para os serviços de referência, para as Delegacias Especializadas de Atendimento à Mulher (Deam), para o Instituto Médico Legal (IML), em orientação sobre o risco e em realização de campanhas.

Percebe-se, por um lado, a dificuldade em definir as ações que competem à atenção primária na prevenção da violência sexual contra a mulher como integrante de uma rede intersetorial com diferentes níveis de atenção e, por outro, os profissionais apontam as ações educativas como espaço de prevenção dessa violência. Essa contradição está relacionada à falta de capacitação dirigida a esse tipo de prevenção, que envolve uma informação qualificada sobre saúde sexual (WHO, 2002). É importante que os trabalhadores da área de saúde e outros provedores de serviço recebam treinamento integrado sobre gênero e saúde reprodutiva.

Segundo Batista (2005), a violência é um problema que diz respeito aos técnicos, aos estudiosos ou prestadores de assistência à saúde, que não é tarefa fácil, nem está claro para todos e

PREVENÇÃO DA VIOLÊNCIA SEXUAL

217

ocorre dependendo da disponibilidade pessoal de cada profissional que se depara com a questão. A proximidade que o PSF cria entre profissionais e usuários pode produzir o vínculo necessário à abordagem sistemática do tema da violência sexual.

A *coordenação da atenção* relaciona-se à capacidade do serviço em proporcionar o seguimento do usuário no sistema, garantindo a referência a outros níveis de atenção quando necessário, ou seja, articulação entre os níveis de atenção para garantia da continuidade da assistência na rede de serviços. Para tal, foi solicitado aos profissionais que identificassem quais os *mecanismos da coordenação da atenção* e como ocorre o *atendimento prévio na coordenação da atenção*.

Mecanismos da coordenação da atenção

A coordenação da atenção, para os profissionais dos CMS, envolve outros serviços e outros profissionais, abrange o atendimento à mulher que procura a unidade de saúde e o atendimento ao agressor. Já os profissionais das equipes do PSF mencionam apenas o acompanhamento à mulher.

Recentemente, tem sido enfatizada a abordagem junto ao agressor, na perspectiva de torná-lo um sujeito envolvido na prevenção.

O acompanhamento da mulher em situação de violência sexual é essencial para o rompimento com o ciclo da violência; no entanto, nem todas as necessidades podem ser atendidas no nível primário, implicando a consultoria ou o encaminhamento para outras unidades.

A maioria dos profissionais de saúde dos dois subgrupos não relata as situações de violência sexual no prontuário médico.

218　　　　　　　　　　　　　　　　Estado e cidadania

Segundo Batista (2005), mesmo quando os profissionais entendem a violência sexual como um problema de saúde, nem sempre dão a devida importância, o que se pode observar pelo fato de não registrarem essa queixa, mesmo que espontaneamente proposta pela mulher, em prontuário médico.

Para Schraiber e D'Oliveira (1999), mulheres que sofrem violência física e sexual parecem utilizar mais os serviços de saúde. Por outro lado, os profissionais de saúde não identificam ou pelo menos não registram a violência em prontuário como parte do atendimento. Certamente, a falta de tal procedimento impede que a mulher vítima de violência sexual receba acompanhamento e tratamento adequados.

Atendimento prévio na coordenação da atenção

Apesar da dificuldade no reconhecimento de informações relativas a atendimentos prévios, os profissionais dos CMS destacam o relato da Deam, as prescrições médicas e as informações dos outros profissionais da própria unidade como elementos que possibilitam a coordenação da atenção. Os profissionais das equipes do PSF destacam a informação dos vizinhos, o que pode estar relacionado com a inserção do programa na comunidade e com o fato de os agentes comunitários de saúde, em muitos casos, residirem na comunidade em que trabalham.

A *abrangência* envolve a capacidade dos serviços em oferecer o que está planejado. Diz respeito às ações programadas para aquele serviço, à sua adequação às necessidades da população e à sua resposta a essas demandas, enquanto capacidade resolutiva, equilibrando a clínica individual e as ações coletivas de caráter preventivo e promocional. Nesse caso, os profissionais foram

PREVENÇÃO DA VIOLÊNCIA SEXUAL

perguntados sobre o *planejamento na oferta das ações* e sobre a *capacidade resolutiva das ações*.

Planejamento na oferta das ações

A oferta das ações às usuárias da unidade de saúde é percebida como resultante de um planejamento sistemático pela minoria dos profissionais, que o faz como uma preparação para a realização das atividades futuras em equipe de acordo com a demanda apresentada e como execução do fluxo da unidade de saúde.

Capacidade resolutiva das ações

Mesmo partindo de um planejamento insuficiente das ações de saúde, que não incorpora nenhum procedimento de avaliação, a maioria dos profissionais as percebe como adequadas às necessidades da população. As ações educativas, os atendimentos individuais e os encaminhamentos são percebidos como respostas satisfatórias às demandas da população.

Considerações finais

As relações estabelecidas no atendimento à população usuária dos serviços de saúde são marcadas por uma linguagem simplificadora, normativa, e refletem uma consciência precária dos direitos de cidadania. A assimilação da prevenção da violência sexual, como tema da saúde reprodutiva, pode construir referência para as mudanças no trabalho cotidiano na direção da integralidade através de práticas favorecedoras de uma postura preventiva da violência sexual.

O modelo da atenção primária, centrado numa demanda por consulta médica, faz com que os profissionais tenham dificuldade em reconhecer a responsabilidade por buscar ativamente situações de violência sexual através de espaços de escuta nas unidades de saúde, como prevê a Norma Técnica, que enfatiza a oportunidade de revelação de uma situação de violência no contexto das unidades de saúde. Nesse sentido, a atenção primária deve ser percebida como o nível de atenção que oferece a entrada no sistema, ainda que o uso efetivo dos serviços de saúde resulte de uma multiplicidade de fatores.

A valorização das ações educativas como espaço de construção de vínculo converge com o preconizado na origem das ações do Paism. Todavia, é necessário um projeto de intervenção com abrangência, para além dos grupos, cujo vínculo seja duradouro entre os sujeitos, numa relação de direito e favorecedor do acolhimento humanizado nas ações de caráter individual e coletivo.

A relativa percepção dos profissionais sobre a importância da articulação entre os níveis de atenção na saúde e da integração dos serviços vinculados às diferentes políticas públicas aponta para a necessidade de investimento na construção de uma rede de proteção intersetorial com atenção coordenada e compartilhamento de informações para o atendimento qualificado das situações de violência sexual no município do Rio de Janeiro. Integrar os serviços em redes locais, regionais e nacionais e instituir redes de atendimento às mulheres em situação de violência em todos os estados brasileiros faz parte das metas do Plano Nacional de Políticas para as Mulheres.

A articulação entre unidades de saúde, Deam, institutos médico-legais, centros de referências, casas-abrigo, atendimento

PREVENÇÃO DA VIOLÊNCIA SEXUAL

telefônico (disque), escolas, entre outros, é fundamental para a prevenção e para o atendimento às mulheres em situação de violência sexual. Essa articulação deve superar o mero encaminhamento de usuárias para a consolidação de um fluxo resolutivo, de realização de ações integradas, de sistema de registro eficaz, de capacitações compartilhadas, entre outras possibilidades de construção da integralidade.

Os resultados do presente estudo indicam a necessidade de qualificação dos profissionais de saúde das unidades primárias inseridos no Paism, não só dirigidos à prevenção da violência sexual, mas à contribuição estratégica da atenção primária. Mais do que propiciar informação/divulgação acerca dos serviços de saúde e da rede social, a atuação nesse nível pode representar o rompimento com o ciclo da violência e a reorientação das ações de saúde no âmbito do SUS, através da garantia de um atendimento integral, humanizado e de qualidade às mulheres.

Na direção de uma resposta mais efetiva na atenção às mulheres em situação de violência sexual, colocam-se os seguintes desafios: inclusão permanente do tema nas diferentes capacitações; criação de mecanismos de supervisão periódica; atualização constante dos profissionais; produção de materiais instrucionais e educativos (em diferentes formatos) dirigidos à instrumentalização dos profissionais; inclusão do tema na formação profissional; estímulo ao desenvolvimento de pesquisas no âmbito dos serviços; estímulo ao desenvolvimento de projetos de extensão em parceria com as universidades.

Atualmente, no âmbito da SMS/RJ, as unidades primárias de saúde são consideradas unidades de captação. Acredita-se que, de fato, as unidades primárias de saúde possam ser consideradas "portas de entrada", uma vez que devem ser capazes de oferecer a entrada das mulheres em situação de violência sexual ao sistema

222 ESTADO E CIDADANIA

de saúde, fornecendo atenção à pessoa. A redefinição dos objetivos das unidades primárias de saúde na organização da rede de serviços de atendimentos às mulheres em situação de violência sexual é também um importante desafio.

Apesar da consolidação das diretrizes do Paism, o tema da violência sexual contra a mulher é ainda recente nas práticas e nos discursos dos profissionais de saúde dos CMS e das equipes do PSF. A incorporação do tema da violência sexual contra a mulher na atenção primária de saúde, cuja resolutividade alcança 80% das demandas, pode favorecer a construção e/ou (re)construção de alternativas de prevenção capazes de articular diferentes políticas públicas.

Referências

BARDIN, L. *Análise de conteúdo*. Lisboa: Edições 70, 1977.

BATISTA, K.B.C. Violência contra mulher e programa saúde da família: a emergência da demanda na visão dos profissionais. In: VILLELA, W.; MONTEIRO, S. (Org.). *Gênero e Saúde*: Programa da família em questão. São Paulo: Abrasco, 2005. p. 119-137.

BODSTEIN, R. Atenção básica na agenda da saúde. *Ciência & Saúde Coletiva*, Rio de Janeiro, v. 7, n. 3, p. 401-412, 2002.

CAMPOS, G.W.S. Considerações sobre a arte e a ciência da mudança: revolução das coisas e reforma das pessoas. O caso da saúde. In: CECÍLIO, L.C.O. (Org.). *Inventando a mudança na saúde*. São Paulo: Hucitec, 1997. p. 29-87.

CAVALCANTI, L.F. *Ações da assistência pré-natal voltadas para a prevenção da violência sexual*: representação e práticas dos profissionais de saúde. Tese (doutorado) — Instituto Fernandes Figueira, Fundação Oswaldo Cruz, Rio de Janeiro, 2004.

Prevenção da violência sexual **223**

_____. Prevenção da violência sexual e avaliação dos programas de saúde: tendências atuais. In: ALMEIDA, S. (Org.). *Violência de gênero e políticas públicas*. Rio de Janeiro: UFRJ, 2007. p. 139-155.

CHESNAIS, J.C. A violência no Brasil. Causas e recomendações políticas para a sua prevenção. *Ciência & Saúde Coletiva*, Rio de Janeiro, v. 4, n. 1, p. 53-68, 1999.

CONASS. *Acompanhamento e avaliação da atenção primária*. Brasília: Conass, 2004.

DREZETT, J. *Estudo de fatores relacionados com a violência sexual contra crianças, adolescentes e mulheres adultas*. Tese (doutorado). São Paulo: Centro de Referência da Saúde da Mulher e de Nutrição, Alimentação e Desenvolvimento Infantil, 2000.

MINAYO, M.C.S. *O desafio do conhecimento*: pesquisa qualitativa em saúde. São Paulo: Hucitec/Abrasco, 1994.

OLIVEIRA, F. A violência contra a mulher é uma questão de saúde pública. *Jornal da Redesaúde*, São Paulo, v. 19, p. 10-12, 1999.

PORTELLA, A.P. O Programa de Saúde da Família e a Saúde da Mulher. *Jornal da Rede Feminista de Saúde*, Belo Horizonte, v. 27, p. 14-17, 2005.

SAFFIOTI, H.I.B. Violência de gênero no Brasil contemporâneo. In: SAFFIOTI, H.I.B.; VARGAS, M.M. (Org.). *Mulher brasileira é assim*. Rio de Janeiro: Rosa dos Ventos, 1995. p. 151-185.

SCHIMITH, M.D.; LIMA, M.A.D.S. Acolhimento e vínculo em uma equipe do Programa da Família. *Cadernos de Saúde Pública*, Rio de Janeiro, v. 20, n. 6, p. 1487-1494, 2004.

SCHRAIBER, L.B.; D'OLIVEIRA, A.F.L.P. Violência contra mulheres: interfaces com a saúde. *Interface — Comunicação, Saúde, Educação*, São Paulo, v. 3, n. 5, p. 11-26, 1999.

SCHRAIBER, L.B. et al. Violência contra a mulher: estudo em uma unidade de atenção primária à saúde. *Revista de Saúde Pública*, São Paulo, v. 36, n. 4, p. 470-477, 2002.

224 ESTADO E CIDADANIA

SESSIONS, G. *Avaliação em HIV/AIDS*: uma perspectiva internacional. Rio de Janeiro: Abia, 2001. (Coleção Fundamentos de Avaliação n. 2).

SPM. *Plano nacional de políticas para as mulheres*. Brasília: Secretaria Especial de Políticas para as Mulheres, 2004.

SPM. *Programa de prevenção, assistência e combate à violência contra a mulher — Plano nacional: diálogos sobre violência doméstica e de gênero: construindo políticas públicas*. Brasília: Secretaria Especial de Políticas para as Mulheres, 2003.

STARFIELD, B. *Atenção primária*: equilíbrio entre necessidades de saúde, serviços e tecnologia. Brasília: Esco, Ministério da Saúde, 2002.

TRAVASSOS, C.; MARTINS, M. Uma revisão sobre os conceitos de acesso e utilização de serviços de saúde. *Cadernos de Saúde Pública*, Rio de Janeiro, v. 20, supl. 2, p. S190-S198, 2004.

WHO. *World report on violence and health*. Geneva: World Health Organization, 2002.

Capítulo 9

Sexualidade no campo da saúde sexual e reprodutiva: um estudo sobre os discursos das revistas femininas[1]

Luciana Patrícia Zucco

1. Introdução ao objeto de estudo

A sexualidade é aqui situada a partir de seu processo de desnaturalização e de reconstrução, desenvolvido por alguns autores (Bozon, 2004; Foucault, 1999; Giddens, 1993), que a ampliam para além dos comportamentos ou das práticas sexuais. Esses autores abordam os aspectos culturais e as dimensões política e social que envolvem a sexualidade, desvinculando-a da reprodução biológica da espécie e distanciando-se do paradigma das ciências biomédicas. Para Bozon, a visão não *naturalista* "sublinha ao mesmo tempo a flexibilidade, a expressividade e a mobilidade da es-

---

[1] Os dados aqui apresentados fazem parte da tese de doutorado intitulada *Mulher Maravilha: sexualidade feminina em discursos nas revistas Claudia e Mulher dia a dia*, defendida em fevereiro de 2007 no Programa de Pós-Graduação em Saúde da Criança e da Mulher, do Instituto Fernandes Figueira da Fundação Oswaldo Cruz.

226　　　　　　　　　　　Estado e cidadania

fera sexual na época contemporânea e sua inevitável dependência dos processos sociais que a constroem" (Bozon, 2004:15).

Heilborn, ao demarcar a sexualidade como construção social, observa a importância de se relativizar seu sentido, uma vez que "não existe sexualidade em si, apenas pode-se recorrer a tal explicação quando o contexto cultural assim o autorizar" (Heilborn, 1996:106). Outrossim, ressalta-se que não há um padrão estabelecido de expressão e de vivência da sexualidade, pois ela está impregnada de convenções culturais. E é a partir dessas considerações que se entende a sexualidade, ou seja, como forma peculiar que cada indivíduo desenvolve e estabelece para viver suas relações subjetivas e sociais, uma vez que está intimamente ligada ao desenvolvimento integral da pessoa e à sua personalidade (Heilborn, 1996:106). Como qualquer outro domínio da vida social, tem relação estreita com o processo de socialização e com a aprendizagem das normas estabelecidas pelas sociedades.

Segundo esta perspectiva, afirma-se que os discursos sobre a sexualidade nas revistas *Claudia* e *Mulher dia a dia* foram analisados e são aqui apresentados segundo uma leitura construtivista. A intenção é discutir se esses periódicos, ao trazer em suas chamadas o tema da sexualidade, o relacionam com questões da saúde sexual e reprodutiva.

É, pois, no contexto das Conferências Internacionais — Conferência Internacional de População e Desenvolvimento (CIPD) e IV Conferência Mundial sobre a Mulher — que a saúde reprodutiva ganha centralidade e se consolida como um dos direitos humanos. Isso implica o reconhecimento de as pessoas terem vida sexual satisfatória e segura, com capacidade de reproduzir-se e liberdade de decidir fazê-lo se, quando e com que frequência desejarem. Para tanto, homens e mulheres devem ter o direito de ser informados e de ter acesso a métodos de planeja-

SEXUALIDADE NO CAMPO DA SAÚDE SEXUAL E REPRODUTIVA   **227**

mento familiar seguros, eficazes e acessíveis (United Nations International Conference on Population and Development, 1994; The United Nations Beijing Declaration and Platform for Action, 1995). O avanço na conceituação do termo dá visibilidade à condição de sujeitos sociais a homens e mulheres nas decisões sobre suas vidas sexual e reprodutiva, e à posição de destaque à figura feminina na definição da saúde reprodutiva. Ao fim e ao cabo, é por considerar a sexualidade como catalisadora da veiculação das questões da saúde sexual e reprodutiva nas revistas femininas que a prática discursiva sobre tais temas e sua forma assumem importância capital no cenário da comunicação de massa.

Parte-se do pressuposto de que a comunicação tem atuação preponderante na sociedade contemporânea, com repercussões não apenas na vida social, mas, sobremodo, na subjetividade dos indivíduos (Thompson, 1998). Para que ocorra, é preciso que haja a identificação de códigos e símbolos por parte dos sujeitos implicados e, principalmente, que aqueles façam sentido para seu universo cultural. Desse modo, os meios de comunicação de massa são caracterizados como "espaços-chave de condensação e intersecção de múltiplas redes de poder e de produção cultural" (Martín-Barbero, 2003:20). Eles têm grande responsabilidade na configuração de valores e símbolos para o público usuário de seus serviços, além de alimentarem o mercado publicitário, definirem imagens, ditarem padrões e venderem produtos, compondo um mosaico que acaba por integrar a maneira como as pessoas se percebem e se situam no mundo. Se, por um lado, sua importância na vida diária é preponderante, por outro, os meios de comunicação se valem do cotidiano, retirando dele a matéria necessária para criar identificação com o público-leitor, gerar demanda e se manter em um universo de concorrência: logo, re-

228 ESTADO E CIDADANIA

constroem a dinâmica cotidiana a seu modo, fazendo dela, quase sempre, um grande espetáculo.

Estudos (Caldas-Coulthard, 2005; Fujisawa, 2006; Medrado, 1997; Mira, 2003; Monteiro, 2000) sobre meios de comunicação de massa específicos, como televisão e revistas, evidenciam quão paradoxais são as mensagens divulgadas à sociedade por esses veículos. Simultaneamente, difundem discursos emblemáticos de novos tempos e outros reificadores de concepções e crenças estabelecidas, assim como discursos educativos e erotizados. Podem, então, tanto informar como formar visões e comportamentos, nos quais se fazem presentes representações de mulheres, homens, saúde, sexualidade, prazer, sexo, entre outras. Em função deste potencial, a Plataforma de Ação da Conferência Mundial sobre a Mulher (CMM), realizada em Pequim, em 1995, alerta para a necessidade da promoção de uma imagem feminina equilibrada e não estereotipada nos meios de comunicação.

Pesquisas realizadas em diferentes décadas, países e segundo diferentes recortes teóricos (Bassanezi, 1996, 2001; Caldas-Coulthard, 2005; Friedan, 1971; Gauntlett, 2002; Sarti e Moraes, 1980; Widholzer, 2005) confirmam um movimento contraditório sobre a visão da mulher promovida pelas revistas. Nestas análises se identificaram novas imagens e conteúdos sobre o gênero feminino, assim como a manutenção de velhas representações. Convivem, portanto, nos magazines, a figura da *verdadeira mulher — dona de casa heroína e feliz* — criticada por Friedan (1971), e a ideia da mulher profissional, social e economicamente independente. Corroborando a presença nas revistas de discursos inovadores sobre as questões *ditas* femininas, Bicalho (1999), Borges (1999) e Buitoni (1986) destacaram as contribuições sociais, políticas e individuais que esses veículos prestaram às mulheres, para além das frivolidades pelas quais são comumente represen-

Sexualidade no campo da saúde sexual e reprodutiva **229**

tadas. Melo (2000), por sua vez, constatou mudança editorial no Brasil dos anos 1990, promovida pela grande imprensa. Jornais e revistas de circulação nacional ampliaram os espaços destinados à participação de leitores e leitoras, e aos temas relacionados a comportamento, sexualidade, saúde e saúde reprodutiva.

Ademais, assinala-se que a atuação das revistas femininas não se restringe à exposição de momentos úteis, agradáveis e de prazer às leitoras, uma vez que também trazem questões circunscritas à vida privada de homens e mulheres, e incitam sua discussão. A importância desse meio de comunicação está igualmente registrada nos números que evidenciam a participação das mulheres na composição da audiência. Segundo pesquisa realizada pelo Instituto de Pesquisa Ipsos-Marplan (2003), as revistas femininas se encontravam em segundo lugar no *ranking* de consumo (57%), perdendo apenas para as de interesse geral (71%), e seguidas das masculinas (23%). Em função disso, tais magazines compõem um lócus especial da análise do discurso. Parafraseando Bakhtin (2004), o mundo midiático tem como insumo privilegiado a palavra, sendo no domínio da comunicação que a conversação e suas formas discursivas se situam. Por meio delas é possível evidenciar quais são os discursos veiculados pelas revistas femininas ao tratar da sexualidade na atualidade. Para tanto, a construção dos dados foi realizada com base na análise de discurso.

O método da análise de discurso se volta para a apreensão da percepção sutil, da valorização do dito e do não dito, da entrelinha e do detalhe, que estão presentes na prática discursiva. Sua atenção não está centrada na comprovação de questões falsas ou verdadeiras, pois não se trata de explicar os fatos, mas de expor por quais perspectivas podem ser vistos, uma vez que os discursos desenham um campo de efeitos de sentidos, e não apenas um efeito. A leitura utilizada foi aquela proposta por Fairclough

230 ESTADO E CIDADANIA

(2001), que compreende o método a partir de uma perspectiva tridimensional. Neste, o evento discursivo é considerado, concomitantemente, um texto, exemplo de prática discursiva e de prática social.

O *corpus* da pesquisa envolveu 12 exemplares da revista *Claudia* (Editora Abril, R$ 8,60) e 12 exemplares da revista *Mulher dia a dia* (Editora Alto Astral, R$ 4,90), ambas mensais e referentes aos anos de 2005 e 2006. Partiu-se das capas como referência, uma vez que atuam como grandes letreiros de divulgação daquilo que a leitora encontrará no corpo do texto. De acordo com Caldas-Coulthard (2005), as manchetes são verdadeiras sínteses dos assuntos abordados, além de se caracterizarem como persuasivas e autopromocionais. O *corpus* se justifica a partir da argumentação de Orlandi (2001a; 2001b), ao assegurar que não é intenção da análise de discurso a exaustividade, ou seja, a análise horizontal, tampouco a completude ou exaustividade em relação ao objeto empírico, pois este é inesgotável.

A escolha de *Claudia* ocorreu por sua longa permanência no mercado e por ter sido pioneira no âmbito da imprensa feminina, ao inaugurar, em 1961, data de sua criação, um novo estilo de editar moda, beleza, culinária e decoração (Buitoni, 1986). Seu público compreende mulheres (86%) de classe social B (44%), na faixa etária de 18 a 39 anos (52%) (Editora Abril, 2003). Diferentemente de *Claudia*, a revista *Mulher dia a dia* estava no primeiro ano de circulação, tendo sido lançada em março de 2005. Seu público compreendia mulheres (79%) de classe social C (42%), na faixa etária de 20 a 29 anos (22%) e com 50 anos em diante (19%) (Editora Alto Astral, 2003). Por ser publicação nova no mercado, *Mulher dia a dia* fazia contraponto com *Claudia* em vários aspectos, por exemplo: era encontrada apenas em bancas de jornais, o que valorizava ainda mais a importância de sua capa,

Sexualidade no campo da saúde sexual e reprodutiva **231**

e apresentava preço inferior. No mercado nacional, não foi identificada à época nenhuma outra revista de periodicidade mensal com perfil e preço similares, classe social diferenciada, menor número de páginas.

2. Desenvolvimento do tema: em cena, *Claudia* e *Mulher dia a dia*

Considerando a perspectiva tridimensional do método de análise adotado, optou-se por não se ater aos momentos da análise textual e linguística, pelo nível de detalhamento que essa etapa exigiu. Isso tornaria o texto fragmentado e muito particularizado, dificultando uma compreensão abrangente dos dados. De modo geral, privilegiou-se tratar aspectos como a formação discursiva e o contexto social de produção dos discursos. Além disso, foi possível mostrar como os efeitos dos fatores sociais incidem sobre os discursos da sexualidade. Logo, deu-se visibilidade às relações ideológicas e de poder em vigor nos discursos das revistas. Os resultados foram subsidiados por níveis micro e macro de análise e pela interação entre ambos, retratando o que se passa fora do universo de *Claudia* e *Mulher dia a dia* e, até mesmo, dos meios de comunicação de massa. Ou seja, as representações, os valores e as noções sobre sexualidade, saúde sexual e reprodutiva e atribuições femininas identificados nos discursos das revistas são também produções originárias dos processos institucionais e societais.

Claudia e *Mulher dia a dia* não mostram homogeneidade em suas práticas discursivas; há, no entanto, tendências diferentes de discursos, apesar da similitude em relação ao conteúdo abordado. Isso implica observar que um mesmo conteúdo pode ser

232　　　　　　　　　　　　　　ESTADO E CIDADANIA

apresentado distintamente, dependendo da forma como é enquadrado no texto. Nota-se que o tipo de discurso que mais se destaca designa o espaço social tanto do magazine como da leitora, bem como os valores sociais pertinentes ao discurso da revista e da sociedade, ou seja, o lugar social da produção do texto. Fato é que, apesar de *Claudia* e *Mulher dia a dia* cobrirem temas comuns e convergirem em alguns momentos para semelhantes tipos de prática discursiva, a primeira enfatiza um discurso de cumplicidade, enquanto a segunda, um discurso pedagógico. Os tipos de discurso estabelecem modos próprios de comunicação com a leitora, sendo a observação de Orlandi (2001b:57) alusiva às propriedades dos discursos para um texto, dada a dominância de um dos traços em determinadas condições de produção. "Todas essas características da publicação compõem o sentido do texto. Assim como o lugar que o leitor ocupa socialmente determina a leitura que faz dele."

O discurso de cumplicidade de *Claudia* constitui uma enunciação atribuída tanto à revista como à leitora. A esta é concedida a possibilidade de se expressar, e à revista a posição de informante e comentadora. É desse modo que a publicação transmite valores e uma forma de *ser mulher* e de *viver*, persuadindo a leitora subliminarmente. Sua posição é oferecer possibilidades, dispensando "dicas", conselhos e receitas. Cria, da mesma forma, uma representação de modernidade e de "descolamento" em seus discursos, para se fazer entender pela mulher moderna, que sugere ser a leitora de *Claudia*.

Mulher dia a dia tem características oriundas de um discurso pedagógico que visa à utilização sistemática de fórmulas no imperativo por parte do magazine, tendo como recurso comum o conselho e a quantificação. Segundo Orlandi (2001b), o uso do imperativo é peculiar a qualquer discurso em que haja

Sexualidade no campo da saúde sexual e reprodutiva   **233**

doutrinação, muito presente nos textos religiosos e, também, no publicitário. *Mulher dia a dia* fornece "dicas", sugere, informa, propõe e previne, ocupando a posição de quem sabe e ensina, colocando a leitora no lugar de quem não sabe, como destinatária receptiva e, de certo modo, passiva. Constata-se, neste caso, a permanência, nos eventos discursivos, de um traço hierárquico entre revista e leitora.

Tratando-se dos conteúdos, estes são materializados por *Claudia* e *Mulher dia a dia* nos seguintes temas: amor, beleza, cabelos, dieta, filhos, moda, profissão, saúde, sexo e subjetividade. Se, por um lado, os conteúdos respondem às demandas e aspirações das leitoras, por outro, evidenciam temas comuns em um mesmo segmento de concorrência, ainda que as leitoras pertençam a classes sociais distintas. Disso decorrem duas reflexões. A primeira, as revistas delineiam um *universo* que consideram *feminino*, extensamente problematizado por várias estudiosas em diferentes décadas (Bassanezi, 1996; Caldas-Coulthard, 2005; Friedan, 1971; Sarti e Moraes, 1980; Widholzer, 2005). O questionamento diz respeito à leitura essencialista presente na noção de *universo feminino*, que naturaliza, reproduz e mantém a hierarquia social entre homens e mulheres. A segunda, a construção do *mundo feminino*, é realizada em oposição ao *mundo masculino*, e vice-versa. Esta oposição demarca signos distintos e, até mesmo, antagônicos, para homens e mulheres, reportando à construção binária do gênero (Heilborn, 1999).

Destaca-se, contudo, que os magazines abordaram distintamente a sexualidade, em virtude do tipo de discursividade e do relacionamento estabelecido com a leitora. Esta esteve estritamente relacionada, mais em *Mulher dia a dia* do que em *Claudia*, à atividade sexual, ao erotismo e à sensualidade, isto é, ao sexo. Aquela revista incorreu, em alguns momentos, na redução da

234 Estado e cidadania

realização pessoal à liberdade sexual e à possibilidade de ter e, sobretudo, dar prazer. *Claudia*, no entanto, sinalizou, de forma incipiente, a associação entre sexualidade e condição feminina, bem como os sentimentos decorrentes do lugar ocupado pela mulher e de suas atribuições na sociedade. Enquanto *Claudia* se ateve a relacionamentos afetivos, amor e orientação sexual não hegemônica, *Mulher dia a dia* priorizou os enunciados sobre sexo. O amor carnal e espiritual foi, então, celebrado pelas revistas:

> Aventura espiritual do sexo tântrico. Será que vai ser bom para vocês? (*Claudia*, maio 2005);
>
> Sexo. Acerte o ritmo com seu amor e aproveite (*Mulher dia a dia*, maio 2005);
>
> Mais amor. Histórias improváveis com final feliz mostram a força da paixão (*Claudia*, jun. 2005);
>
> Sexo. Descubra por que ele não quer mais (*Mulher dia a dia*, ago. 2005);
>
> A hora certa de pular fora de uma relação. Mulheres espertas sabem (*Claudia*, set. 2005);
>
> Sim, existe amor após a separação. Nossa repórter pesquisa e comprova (*Claudia*, dez. 2005);
>
> E mais: Sexo: acerte o ritmo com seu par. Abuse dos afrodisíacos (*Mulher dia a dia*, fev. 2006).
>
> Adolescentes gays. O dilema das famílias diante dessa definição cada vez mais precoce (*Claudia*, jan. 2006).

Não obstante, os discursos das manchetes sinalizaram estágios diferentes de relacionamento afetivo e sexual, e convergiram para a apologia de um sentimento predominante na cultura de massa, que é o *amor sintético*. Esse termo, cunhado por Morin (1997), designa laços afetivos oriundos da atração sexual e da afinidade das almas na figura do casal. Nessa conformação, o encontro do homem e da mulher simboliza um sentimento total e nuclear. O *amor sintético*, decantado implicitamente nas chamadas de ambos os magazines, apresenta natureza profundamente mitológica e realista. Mitológica porque é a representação idealizada do relacionamento a dois, em que todos os conflitos são superados; realista porque retrata a realidade do amor moderno.

Observa-se, desse modo, que a promoção do *amor sintético* é a do relacionamento heterossexual, baseado na afeição e consagrado no casamento. Pressupõe-se, com isso, um cenário de aceitação social no qual o sexo é liberado, mas, sobretudo, estimulado. Os discursos sugerem: sexo é bom, dá prazer e deve ser feito com o companheiro. Explicita-se, portanto, a reprodução das normas interiorizadas nos discursos de *Claudia* e *Mulher dia a dia* que, associados a outros discursos em vigor na sociedade, dão suporte às estratégias de controle das condutas sexuais e amorosas das mulheres. Contraditoriamente, *Claudia*, ao mesmo tempo que anunciou os valores tradicionais, impulsionou a exposição daqueles considerados progressistas e de vanguarda, que se contrapõem à lógica heterossexual e nuclear. Assim, a homossexualidade se fez presente e ganhou espaço no magazine: "Ainda existem tabus sexuais em pleno século 21? 12 ótimas respostas. Mais: Por que não podemos ver a sexualidade de Alexandre, o Grande, com os olhos de hoje" (*Claudia*, mar. 2005).

Ao questionar sobre os tabus sexuais, a revista indagou à leitora, implicando-a na mensagem e reconhecendo-a como alguém em condições de partilhar discussões. O uso do advérbio *ainda*, na construção do texto, sinalizou com surpresa a vigência de uma moral sexual preconceituosa e deixou subentendidas indicações de sua posição. Na sequência, o advérbio "Mais:" ligou o enunciado "Ainda existem tabus sexuais em pleno século 21? 12

236   ESTADO E CIDADANIA

ótimas respostas" ao "Por que não podemos ver a sexualidade de Alexandre, o Grande, com os olhos de hoje". Reafirmando a associação entre as manchetes, o sinal gráfico (dois pontos) permitiu que a última chamada desenvolvesse o que fora referido, dando continuidade ao assunto, como sendo um único texto, e explicitando um dos tabus sexuais da atualidade: o da homossexualidade masculina. Essa construção é corroborada ao se reorganizar o texto de acordo com os destaques (tipo de letra, cor e negrito): "tabus sexuais (...) Alexandre, o Grande".

O pronome interrogativo *Por que* questionou novamente a leitora sobre o tema da sexualidade e seu interdito, ao mesmo tempo que lhe indicou uma resposta. Essa, intertextualmente, acenou para a homossexualidade masculina, ao aludir que, para ser compreendida, a sexualidade do rei da Macedônia devesse ser contextualizada.[2] Em outra edição, a polêmica foi reapresentada, ampliada e intensificada, uma vez que a homossexualidade foi associada à adolescência, fase popularmente aceita como de conflitos e de construção da identidade. Ficaram evidentes em *Claudia* discursos que deram visibilidade ao tema da homossexualidade, praticamente oculto nas revistas para mulheres, e que se revelaram tácitos, sutis e eventuais. Independentemente dos paradoxos assinalados, instituíram intervenções na esfera pública e pautaram a homossexualidade, apesar de restrita à masculina, como manifestação do sexo e da sexualidade a ser considerada pelo *universo feminino*.

---

[2] Na Grécia antiga, a pederastia era prática usual. Considerada rito de iniciação masculina, a relação entre tutor e mancebo era valorizada por suas razões afetivas e sociais, pois cumpria função civil de inserção do rapaz no *status* de cidadão e de ensinamento de suas responsabilidades na cidade. Para maior aprofundamento sobre pederastia grega, ver Catonné (2001:32-39).

SEXUALIDADE NO CAMPO DA SAÚDE SEXUAL E REPRODUTIVA 237

Em *Mulher dia a dia*, no entanto, o sexo foi alçado a informação imprescindível e útil para a mulher viver o prazer. De posse desse conhecimento, ela poderia descortinar um universo parcialmente familiar, teria condições de fazer escolhas e, assim, ajustar ou restabelecer os desejos sexuais indispensáveis aos prazeres da carne, tornando sua vida sexual mais estimulante, como indicado nos enunciados:

Sexo. 15 perguntas íntimas. 15 respostas tentadoras (*Mulher dia a dia*, mar. 2005);

Sexo. Os afrodisíacos esquentam suas noites (*Mulher dia a dia*, jun. 2005);

Guia do prazer. Sexo tântrico. Fetiche (*Mulher dia a dia*, jul. 2005);

Especial. Sexo a 100° C. Um guia para desvendar os segredos do orgasmo, do desejo e dos tabus (*Mulher dia a dia*, out. 2005);

Sexo. Você sabe inovar na transa? (*Mulher dia a dia*, nov. 2005).

A polissemia atravessou o conjunto das orações e mobilizou sentidos advindos das palavras, do texto e do que foi dito em outras situações e em outros momentos na sociedade, ou seja, referentes às condições de sua produção em *Mulher dia a dia* e à exterioridade da revista. De fato, as manchetes explicitaram as representações transmitidas pelo periódico, situando o lugar que o sexo ocupou nas relações sociais e na vida das mulheres, a imagem feminina associada a ele e a posição da mulher na relação sexual. Disso decorrem algumas afirmações.

A primeira delas é a intenção de *Mulher dia a dia* tirar o sexo do obscurantismo e romper com o interdito, tornando-o público e transparente à sua leitora. Contraditoriamente, tratou o prazer da excitação sexual como algo sigiloso, estendendo a mesma qua-

238 Estado e cidadania

lificação ao ato sexual e, por extensão, ao sexo. Ao decantá-lo, os adjetivos utilizados reforçaram esse sentido e revelaram que o sexo ainda é assunto das falas secretas e de tabu, restrito ao espaço privado, ao proibido e a determinadas pessoas.

A segunda diz respeito à divulgação do conhecimento. O tom de prescrição assinalou a carência das mulheres quanto a informações atinentes a essa esfera de suas vidas e apresentou o sexo como requisição mínima à condição feminina. Sobre a mulher recaiu o desconhecimento dos meandros do prazer sexual, a necessidade de maturação de seu potencial sexual e a exigência de ter de sentir prazer, não bastassem as demais atribuições a ela destinadas. Somada a isso, a metáfora *Guia* recuperou, simbolicamente, a ideia de funcionalidade, ações autoaplicadas e caminho infalível. Prosseguindo nessa reflexão, a atenção esteve centrada em lições individuais a serem postas em prática pelas mulheres, que figuraram como aprendizes. Estas passariam do lugar do *não saber* à posição de sujeito e de merecedora do deleite, com a aquisição de "dicas" e sugestões. É interessante observar que a mudança viria de fora, causada pela implantação das orientações oferecidas por *Mulher dia a dia*, levando à banalização do conhecimento, dos processos de subjetivação e do sexo.

Parte-se, então, para a última afirmação: conhecimento e *prazer* foram transformados em mercadorias, similares a qualquer outro produto comprado no mercado. Nota-se, com isso, o vigor da sociedade de consumo, que preza pela promoção do bem-estar e da lógica hedonista, na qual *sexo*, por ser a representação emblemática do prazer, torna-se recurso publicitário lucrativo. Não obstante, tal constatação foi apontada por vários autores (Buitoni, 1986; Caldas-Couthard, 2005; Morin, 1997) que situaram a associação entre sexo e consumo.

Do exposto sobre sexo, considera-se que os discursos de *Claudia* e *Mulher dia a dia* praticamente circunscreveram o debate à presença ou à ausência do prazer — sexual ou afetivo. Se, por um lado, esse enfoque limita a discussão, por outro, deixa explícito que o prazer é importante para a vida das mulheres e um dos elementos da sexualidade feminina. De todo modo, os magazines perpetuaram o clássico enquadramento *amor e sexo*, identificado em revistas femininas e em estudos sobre esse meio de comunicação de massa. O binômio *amor e sexo* configurou-se como uma das seções do índice de *Claudia* e *Mulher dia a dia* e demarcou os subtemas que as compuseram, segundo sua natureza. Ou seja, a categorização, além de classificar o que faz parte da seção, estabelece a relação entre os subtemas, integrando-os. Por extensão, termina integrando as dimensões da vida às quais se refere. Em virtude disso, *aborto, homossexualidade na adolescência, doenças sexualmente transmissíveis* (DST) e *tensão pré-menstrual* (TPM) foram tratados isoladamente dos demais temas, desfazendo-se as articulações e, até mesmo, as interações causais que pudessem existir entre *amor* e *sexo*.

Partindo dessa reflexão, torna-se compreensível a omissão nos discursos de *Claudia* e *Mulher dia a dia* em assinalar o sexo e suas questões como elementos da saúde sexual e reprodutiva. Questiona-se, portanto: quais as implicações dessa discursividade na veiculação das mensagens? Uma delas é a manutenção da fragmentação dos temas, como se não fizessem parte de um todo que se refere ao exercício da atividade sexual feminina. Outra é a total dissociação entre o exercício da sexualidade, particularmente, do sexo, e as disfunções sexuais, o aborto, a violência sexual, a gravidez, o sexo seguro, as DSTs e os demais aspectos da vivência sexual e reprodutiva. Destaca-se, igualmente, a conservação do *elã* que envolve o sexo e de sua imagem idealizada, promovida pelas publicações. Por último, a lógica dessa discursividade respeita a normatividade que sustenta as condutas amorosas e sexuais presentes na sociedade e reproduzidas nas manchetes. É por esse funcionamento que os sujeitos e os sentidos se movimentam e se significam.

Conclusões

Os discursos privilegiados por *Claudia* e *Mulher dia a dia* foram aqueles que enalteceram a posição de sujeito da mulher na relação com o outro, quer estejam associados a vinculações amorosas, familiares, profissionais ou sociais, e que, por isso, lhe permitiriam vivenciar sua sexualidade de maneira livre, autônoma, satisfatória e prazerosa. Ambos os periódicos sustentaram a importância do protagonismo feminino, notadamente o sexual. Claramente ficou manifestado que o direito de governar a si mesma passa, inclusive, pela manipulação do próprio corpo feminino e por seu autoconhecimento, em nome dos ideais sexuais. Impensável na primeira metade do século XX, a legitimidade da escuta da mulher em relação a seu corpo a situa na condição de grande responsável por sua aparência, pelas possibilidades de conquistas amorosas, pela liberdade de decidir sobre suas experiências sexuais e, principalmente, por sua felicidade. O que antes era refrão de luta do Movimento Feminista da década de 1960 — *Nosso corpo nos pertence* —, na atualidade, os magazines sugerem ser uma realidade.

Nesse sentido, o tratamento dado por *Claudia* e *Mulher dia a dia* exibiu um discurso no qual o corpo transformou-se em fonte e ponto de convergência de sensações, permeado pela assertiva do *direito*. A libido foi engrandecida como atributo da mulher

Sexualidade no campo da saúde sexual e reprodutiva

moderna, sendo a leitora encorajada a descobri-la, expressá-la e vivê-la em sua relação com o companheiro. A liberdade sexual e o gozo feminino foram reconhecidos como importantes para as mulheres e promovidos nas páginas das revistas, que em nada lembraram as manchetes de 30 anos atrás (Bassanezi, 1996; Buitoni, 1986). Desse ponto de vista, o sexo se tornou, nas reportagens, representativo das transformações femininas na sociedade e, sobretudo, responsável por produzir bem-estar e felicidade.

Embora tenham evidenciado mensagens inovadoras, as revistas veicularam, igualmente, noções e valores que recaem em um moralismo supostamente superado e na assimetria entre os gêneros. Ademais, as convenções discursivas presentes nas reportagens materializam posições duais sobre a dinâmica sexual contemporânea e ocidental, como: adoção de práticas sexuais simétricas × vigência de práticas sexuais assimétricas; autonomia sexual feminina × dependência sexual feminina; atividade × passividade; prazer feminino × prazer masculino; lícito × ilícito; proteção × exposição; moral sexual progressista × moral sexual conservadora; espontaneidade × prescrição. Na verdade, *Claudia* e *Mulher dia a dia* manifestaram um processo mais amplo de mudança e de permanência, que não deriva nem termina na comunicação de massa, mas do qual se torna porta-voz. Próprio da dinâmica histórica da sociedade, esse processo reedita *novas* normatizações dirigidas ao exercício da sexualidade, contribuindo, assim, para *novas* formas de subjetivação e estética. Contudo, o *novo* traz em seu interior resquícios de uma realidade que lhe deu procedência e que se mantém na representação, que difunde, da mulher, de seu lugar na sociedade e de sua identidade sexual.

Destaca-se, igualmente, que a sexualidade foi tratada, de forma subliminar, nos discursos das revistas como máquina de produção de prazer, circunscrita a receitas de eficiência e pro-

242 ESTADO E CIDADANIA

dutividade. Curioso é identificar que, em um mesmo discurso, esse prazer figurou na qualidade de conquista, outrora exposto como reivindicação, e na qualidade de dever das mulheres. Se, por um lado, as revistas transmitiram uma sexualidade *sem restrições e liberada*, por outro, a veicularam submetida à estrutura da sociedade moderna e, consequentemente, à lógica do consumo de massa, como intensamente foi decantado por Friedan (1971) nos anos 1960.

Do exposto, afirma-se que a sexualidade permanece duplamente informada por padrões hegemônicos vigentes na sociedade. Primeiro, às relações hierárquicas de gênero, que não foram totalmente superadas e se mostraram de diferentes maneiras atuais nos discursos dos periódicos. E, segundo, aos discursos da mídia e da publicidade, ao sugerir um desempenho sexual a ser conquistado pelas mulheres, que lhes garantiria *status* de mulher moderna. Logo, a relação entre sexualidade e saúde sexual e reprodutiva trouxe uma leitura que esteve distante de ser veiculada como um dos direitos humanos. Registra-se, também, que o tratamento dado à saúde sexual e reprodutiva tampouco teve associação com as diretrizes indicadas pelas conferências internacionais dos anos 1990. Se assim o fizessem, *Claudia* e *Mulher dia a dia* ingressariam em um campo pouco explorado por esse meio de comunicação, qual seja: o da inclusão de um discurso educativo e de estímulo à ampliação do potencial individual dos sujeitos.

Referências

BAKHTIN, Mikhail. *Marxismo e filosofia da linguagem*. São Paulo: Hucitec, 2004.

SEXUALIDADE NO CAMPO DA SAÚDE SEXUAL E REPRODUTIVA **243**

BASSANEZI, Carla. *Virando as páginas, revendo as mulheres*: revistas femininas e relações homem-mulher 1945-1964. Rio de Janeiro: Civilização Brasileira, 1996.

_____. Mulheres dos anos dourados. In: DEL PRIORE, Mary (Org.). *História das mulheres no Brasil*. São Paulo: Contexto, 2001. p. 607-639.

BICALHO, Maria Fernanda. A imprensa feminina e a campanha sufragista no início da República. *Caderno Espaço Feminino*, Uberlândia, ano VI, v. 6, n. 6, p. 7-19, 1999.

BORGES, Dulcina Tereza. A sedução da psicanálise nas revistas femininas Cláudia e Nova. *Caderno Espaço Feminino*, Uberlândia, ano VI, v. 6, n. 6, p. 21-42, 1999.

BOZON, Michel. *Sociologia da sexualidade*. Rio de Janeiro: Editora FGV, 2004.

BUITONI, Dulcília Schroeder. *Imprensa feminina*. São Paulo: Ática, 1986.

CALDAS-COULTHARD, Carmen Rosa. O picante sabor do proibido: narrativas pessoais e transgressão. In: FUNCK, Susana Bornéo; WIDHOLZER, Nara (Org.). *Gênero em discurso da mídia*. Florianópolis: Ed. Mulheres; Santa Cruz do Sul: Edunisc, 2005. p. 121-146.

CATONNÉ, Jean-Philippe. *A sexualidade, ontem e hoje*. São Paulo: Cortez, 2001.

EDITORA ABRIL. Disponível em: <www.abril.com.br>. Acesso em: 19 ago. 2003.

EDITORA ALTO ASTRAL. Disponível em: <www.editoraaltoastral.com.br>. Acesso em: 2 jun. 2006.

FAIRCLOUGH, Norman. *Discurso e mudança social*. Brasília: Editora da UnB, 2001.

FOUCAULT, Michel. *História da sexualidade I*: a vontade de saber. Rio de Janeiro: Graal, 1999.

244 ESTADO E CIDADANIA

FRIEDAN, Betty. *Mística feminina*. Petrópolis: Vozes, 1971.

FUJISAWA, Marie Suzuki. *Das Amélias às mulheres multifuncionais*: a emancipação feminina e os comerciais de televisão. São Paulo: Summus, 2006.

GAUNTLETT, David. *Media, gender and identity*: an introduction. London/New York: Routledge, 2002.

GIDDENS, Anthony. *A transformação da intimidade*: sexualidade, amor e erotismo nas sociedades modernas. São Paulo: Editora da Unesp, 1993.

HEILBORN, Maria Luiza. Gênero, sexualidade e saúde. In: SILVA, D.P.M. (Org.). *Saúde, sexualidade e reprodução*: compartilhando responsabilidades. Rio de Janeiro: Uerj, 1996. p. 101-110.

_____. Construção de si, gênero e sexualidade. In: _____ (Org.). *Sexualidade*: o olhar das ciências sociais. Rio de Janeiro: Jorge Zahar, 1999. p. 40-58.

INSTITUTO DE PESQUISA IPSOS-MARPLAN. Disponível em: <www.ipsos-marplan.com.br>. Acesso em: 19 ago. 2003.

MARTÍN-BARBERO, Jesús. *Dos meios às mediações*: comunicação, cultura e hegemonia. Rio de Janeiro: Editora da UFRJ, 2003.

MEDRADO, Benedito. Discursos sobre o masculino: um panorama da masculinidade nos comerciais de TV. *Lugar Comum*: Estudos de mídia, cultura e democracia, Rio de Janeiro, n. 2-3, p. 161-178, jul./nov. 1997.

MELO, Jacira. Relatório sobre o capítulo J — A mulher e os meios de comunicação. Plataforma de ação de Pequim. In: CONFERÊNCIA MUNDIAL SOBRE A MULHER, IV, 2000. Disponível em: <www.patriciagalvao.org.br/>. Acesso em: 12 fev. 2006.

MIRA, Maria Celeste. O masculino e o feminino nas narrativas da cultura de massas ou o deslocamento do olhar. *Cadernos Pagu*, Campinas, n. 21, p. 13-38, 2003.

MONTEIRO, Marko. Revistas masculinas e pluralização da masculinidade entre os anos 1960 e 1990. *Lugar Comum*: Estudos de mídia, cultura e democracia, Rio de Janeiro, n. 12, p. 87-103, set./dez. 2000.

MORIN, Edgar. *Cultura de massas no século XX*: neurose. Rio de Janeiro: Forense Universitária, 1997.

ORLANDI, Eni Puccinelli. *Análise de discurso*: princípios e procedimentos. Campinas: Pontes, 2001a.

_____. *A linguagem e seu funcionamento*: as formas do discurso. Campinas: Pontes, 2001b.

SARTI, Cynthia; MORAES, Maria Quartim. Aí a porca torce o rabo. In: BRUSCHINI, Maria Cristina; ROSEMBERG, Fúlvia (Org.). *Vivência, história, sexualidade e imagens femininas*. São Paulo: Brasiliense, 1980. p. 19-57.

THE UNITED NATIONS BEIJING DECLARATION AND PLATFORM FOR ACTION. FWCW Platform for Action Women and health, 1995. Disponível em: <www.un.org/womenwatch/daw/beijing/platform/health.htm>. Acesso em: 21 set. 2004.

THOMPSON, John B. *A mídia e a modernidade*: uma teoria social da mídia. Petrópolis: Vozes, 1998.

UNITED NATIONS INTERNATIONAL CONFERENCE ON POPULATION AND DEVELOPMENT (ICPD). Programme of action of the United Nations International Conference on Population & Development, 1994. Disponível em: <www.iisd.ca/cairo.html>. Acesso em: 10 set. 2004.

WIDHOLZER, Nara. A publicidade como pedagogia cultural e tecnologia de gênero: abordagem linguístico-discursiva. In: FUNCK, Susana Bornéo; WIDHOLZER, Nara (Org.). *Gênero em discurso da mídia*. Florianópolis: Ed. Mulheres; Santa Cruz do Sul: Edunisc, 2005. p. 17-52.

Capítulo 10

Da intervenção à pesquisa: a construção de um objeto de estudo através do "olhar" antropológico[1]

Paula Poncioni

Introdução

Este artigo tem como objetivo principal apresentar uma reflexão sobre a contribuição que o diálogo entre o serviço social e a antropologia pode dar para a produção de conhecimento sobre o campo em que o assistente social atua. Para tanto, foi enfocada a pesquisa realizada no mestrado pela autora, cujo objeto de estudo teve origem na experiência profissional desenvolvida, como assistente social, em duas delegacias de polícia do município do Rio de Janeiro — uma na zona norte, 21ª DP (Bonsucesso), e

---

[1] Originalmente preparado para apresentação na mesa-redonda "Os sentidos da intervenção: antropologia e serviço social", coordenada pela professora Myriam Moraes Lins de Barros (ESS/UFRJ), realizada na II Semana de Integração Acadêmica — CFCH/UFRJ, em 7 de agosto de 2008. Agradeço à professora Myriam Moraes Lins de Barros, minha orientadora no curso de mestrado, pela generosidade no compartilhamento do conhecimento e do "olhar" sobre meu objeto de estudo. Não poderia também deixar de mencionar aqui a importância da professora Suely de Souza Almeida como importante colaboradora na construção de uma rica discussão teórica sobre o universo policial.

248 Estado e cidadania

outra na zona sul, 10ª DP (Botafogo) — no âmbito do Projeto de Implantação de Serviço Social em Delegacias de Polícia no Rio de Janeiro (1981-90).[2] Fundamentalmente, trata-se de apresentar a trajetória da pesquisa, destacando a contribuição teórico-metodológica da antropologia e suas implicações na constituição de um "olhar" a partir do qual se pôde apreender a dinâmica de funcionamento da organização policial e a postura dos atores institucionais na relação estabelecida com a sociedade, através de seus usuários.

A análise proposta na dissertação de mestrado procurou abordar a prática institucional desenvolvida nas delegacias de polícia e analisar as representações dominantes entre diferentes gerações de policiais, em vários níveis hierárquicos da organização policial, sobre as funções que o policial desempenha em sua atividade profissional cotidiana, particularmente aquela desenvolvida com relação a um conjunto de situações — os "casos sociais".[3] Procurou, ainda, apreender a visão que o policial tem de sua profissão e as imagens que tem de seu público usuário e da sociedade de um modo geral.

No entanto, ressalta-se que a possibilidade de construção de conhecimento sobre o campo se deveu igualmente a alguns importantes fatores que antecederam ao ingresso no curso de mestrado: o primeiro deles refere-se ao fato de que foi assegurada

---

[2] Este projeto foi fruto de um convênio firmado entre a Secretaria de Segurança Pública (RJ) e a Secretaria de Ensino Superior do Ministério da Educação, que indicou a Escola de Serviço Social da UFRJ para implantar a experiência, tendo por objetivo realizar a prestação de serviços, o ensino e a produção de pesquisas. Posteriormente, o convênio entre a então Secretaria de Estado de Polícia Civil (RJ) e a Escola de Serviço Social foi intermediado pela Fundação Universitária José Bonifácio, da UFRJ.

[3] De maneira geral, os chamados "casos sociais" podem ser caracterizados como aquelas situações que não contêm especificamente componentes criminológicos.

Da intervenção à pesquisa

pela coordenação deste projeto de extensão a discussão sistemática acerca das questões que emergiam no cotidiano do trabalho desenvolvido pelo Serviço Social nas delegacias de polícia. Ao longo da existência do projeto, foram realizadas, semanalmente, reuniões técnicas com os profissionais do campo, sob a coordenação de um professor da Escola de Serviço Social, que fomentava a discussão de temas que permeavam o cotidiano das delegacias de polícia, buscando articulá-los ao contexto sócio-histórico da realidade brasileira. Neste sentido, foi propiciada a aproximação com alguns temas que ocupavam recorrentemente as Ciências Sociais naquele contexto sócio-histórico, como: o processo de democratização do Brasil, a violência urbana, a violência contra a mulher, a violência policial, a cidadania, a pobreza que emergia no cenário das grandes cidades, os movimentos sociais, entre os mais importantes. Acrescente-se a isso, a criação, na segunda metade dos anos 1980, do Núcleo de Pesquisa Gênero, Etnia e Classe: Estudos Multidisciplinares (Gecem) na Escola de Serviço Social da UFRJ, que introduziu na dinâmica de trabalho das assistentes sociais alguns instrumentos da pesquisa em ciências sociais para a coleta de dados sobre os casos de violência contra a mulher atendidos no âmbito do projeto. Além disso, ao término da experiência, foram formados três subgrupos na equipe de profissionais que, sob a coordenação de professores da Escola de Serviço Social, sistematizaram os 10 anos da prática profissional no Projeto de Implantação de Serviço Social em Delegacias de Polícia no Rio de Janeiro, enfocando um tema relacionado à realidade cotidiana do trabalho desenvolvido pelo Serviço Social.[4] Por fim, destaca-se a inserção no Programa de Pós-Graduação em Serviço

---

[4] Os temas trabalhados foram: a "instituição policial", os "movimentos sociais" e a "violência contra a mulher".

250 ESTADO E CIDADANIA

Social da Escola de Serviço Social da UFRJ, que contribuiu para o aprofundamento e refinamento teórico de algumas questões que emergiam naquele universo organizacional, sendo crucial para isto a interlocução com a antropologia.

O presente texto busca refletir, fundamentalmente, o diálogo entre a antropologia e o serviço social, como possibilidade de forjar no exercício profissional do assistente social o que Quiroga (1998:27) chamou de uma "impregnação da perspectiva investigativa como componente fundamental de sua intervenção".

1. A contribuição da interlocução entre o serviço social e a antropologia

No decorrer de minha experiência profissional no Projeto de Implantação de Serviço Social em Delegacias de Polícia (1984-90), chamou a atenção a grande afluência de situações, em sua maioria desvinculadas do que se constitui um problema legal e/ou penal,[5] que chegavam às delegacias de polícia, levadas espontaneamente pela população, bem como seu atendimento — através da conciliação ou da violência — neste universo organizacional.

Neste sentido, a observação das atividades desenvolvidas cotidianamente nas delegacias de polícia revelou que o dia a dia do trabalho policial consistia em intervir em problemas ou dificuldades diversas, que não se reduziam apenas à solução de problemas estritamente criminais. Assim, ao contrário das ideias sobre o que a polícia faz, frequentemente, difundidas em diversos meios — na televisão, no cinema, no teatro, na literatura, na

---

[5] De maneira geral, os chamados "casos sociais" podem ser caracterizados como aquelas situações que não contêm especificamente componentes criminológicos.

DA INTERVENÇÃO À PESQUISA

política, no senso comum — através de imagens que dispõem policiais combatendo o crime em sua rotina diária, a intervenção policial dizia respeito também a numerosas e diversificadas atividades desempenhadas para a manutenção da ordem na sociedade.[6] Além disso, ressalta-se que, embora as delegacias de polícia fossem procuradas por todas as camadas sociais, sua maior demanda advinha do segmento mais pobre da população, sugerindo que, não tendo onde resolver seus problemas cotidianos, este segmento procurava a instituição policial na expectativa de mediação dos conflitos, sejam de ordem jurídica ou social. Não é demais salientar, ainda, que era esse segmento da população que vivenciava com mais dramaticidade a ausência de seus direitos e garantias no cotidiano de uma delegacia de polícia.

Não obstante, no Brasil, a partir da deflagração do processo de democratização nos anos 1980, se observe a crescente tematização da questão da cidadania, dos direitos humanos, da complexa situação social da realidade brasileira e, em especial, das diferentes expressões da violência, inclusive da violência policial, como algumas das principais questões que passam a fazer parte do debate público envolvendo intelectuais, estudantes, políticos, jornalistas e formuladores de políticas, chama a atenção, no interior do debate, a quase total ausência de discussões que viessem a nortear o papel e as funções atribuídos à instituição policial no contexto de consolidação da nova ordem democrática.

Na verdade, constata-se que apesar das preocupações esboçadas, no período enfocado, principalmente com a violência, não

---

[6] Essas atividades dirigem-se, muito frequentemente, para uma série de problemas que surgem no cotidiano da polícia, traduzidos usualmente nos múltiplos conflitos interpessoais, tais como os conflitos conjugais (com ou sem violência), conflitos entre familiares (com ou sem violência), conflitos entre vizinhos (com ou sem violência), os problemas referentes a jovens etc.

252

houve em igual medida o interesse pela instituição policial como objeto de análise por parte daqueles envolvidos com a problemática da violência, da segurança e da criminalidade.

Naquele contexto, a polícia aparece nas discussões sob uma forte avaliação negativa, destacando-se seus desmandos e arbitrariedades. Sem a pretensão de resgatar aqui a totalidade do debate e, sim, suas linhas básicas, distinguem-se duas principais perspectivas que norteiam esta avaliação: de um lado, a instituição policial é criticada do ponto de vista estritamente técnico, o qual atribui o mau funcionamento da instituição à falta de preparo técnico, de recursos humanos e materiais eficazes para o cumprimento de suas funções;[7] de outro lado, sustenta-se uma crítica que atribui a violência e os desmandos da polícia não ao despreparo técnico ou à má educação da mesma, mas, sim, a uma lógica de manutenção do *status quo*; a polícia é visualizada como instrumento privilegiado das classes dominantes contra as classes populares para a preservação de sua hegemonia e, portanto, com uma função eminentemente política e ideológica.[8]

Tanto uma perspectiva quanto a outra concebiam a polícia por aversão, não levando em conta a importância de seu "papel social". Tal papel, observado no cotidiano das delegacias de polícia, se caracterizava fundamentalmente pelo exercício contínuo da mediação e negociação (via a conciliação ou através da violên-

---

[7] Sob este enfoque, a crítica feita à instituição policial vincula-se, na maioria dos casos, à doutrina jurídica; seu foco de atenção é o descompasso entre o que está normatizado sobre o papel e as funções a serem desempenhadas pela polícia e as práticas concretas desenvolvidas pela instituição.

[8] Nesta perspectiva, a crítica à instituição policial é feita nos marcos da literatura das ciências sociais, apoiando-se, fundamentalmente, em uma perspectiva teórica totalizante, cujo "olhar" focalizava a polícia como um mero aparelho do Estado a serviço da dominação de classes, desempenhando as funções essencialmente repressivas na sociedade.

DA INTERVENÇÃO À PESQUISA

cia, conforme a situação e segmento da população atendido) dos conflitos sociais levados pela população à polícia.

Deste modo, de meu ponto de vista, a polícia permanecia desconhecida e excluída do debate da construção da experiência democrática, não sendo repensada a fim de tornar-se um serviço público condizente com a concepção de uma sociedade democrática.

Em face dos limites interpretativos característicos da época, uma questão fundamental se delineou para a realização do estudo: como desenvolver uma reflexão que abrangesse a discussão teórica sobre a instituição policial e as complexas e heterogêneas práticas produzidas por seus integrantes naquele universo organizacional? Como conduzir o estudo, no sentido de compreender aquela realidade empírica, isto é, os modos de pensar e as ações daquele grupo ocupacional específico na sociedade brasileira contemporânea, para além das manifestações fenomênicas, ou mesmo das perspectivas teóricas totalizantes sobre a polícia, articulando-a a um contexto sócio-histórico mais amplo?

Para a realização do estudo ora analisado foi imprescindível a abertura para a produção teórica da antropologia que, incorporando a discussão teórica a partir da realidade empírica, possibilitou o diálogo entre o que foi observado na prática profissional desenvolvida nas delegacias de polícia e a prática da pesquisa, fornecendo a chave para outra leitura que incorporasse também o que a polícia é de fato, seu modo de atuar, seus valores, seus hábitos e costumes na sociedade brasileira contemporânea.

Neste sentido pode-se inferir que foi, fundamentalmente, pela postura epistemológica propiciada por esta disciplina que o cotidiano da organização policial foi descortinado na pesquisa, revelando-se a complexidade do "mundo policial".

Certamente, esta opção não eliminou a necessidade de abordar a vinculação da polícia com o Estado, isto é, o lugar que ocupa e as funções que desempenha no seio do aparelho estatal, mas exigiu também a abordagem de sua relação com a sociedade, sua proximidade e contato com esta, no cotidiano da prática policial. Foi necessário, ainda, que a análise das relações estabelecidas entre a organização policial e seu público usuário incorporasse a origem social dessa relação, isto é, como reprodução das relações sociais produzidas em uma determinada sociedade. Nesta perspectiva, o indivíduo é concebido como agente historicamente situado, amoldado e orientado pelo mundo objetivo de uma dada sociedade, que dá a direção tanto de suas representações quanto de suas práticas, e estas, por sua vez, tendem a assegurar a reprodução das estruturas vigentes. Desse modo, os indivíduos são visualizados como produtores e reprodutores da ordem social.

Assim, o comportamento e as atitudes dos agentes policiais na relação com seus usuários adquiriram sentido quando "lidos" a partir da compreensão da construção social da realidade, buscando-se a lógica de articulação das representações sociais e as práticas sociais concretas.

Deste modo, compartilho com Velho (1981) o olhar segundo o qual o universo pesquisado pode, muitas vezes, nos parecer familiar, sem que isso implique que tenhamos conhecimento sobre ele. Nesta perspectiva, o fato de nos familiarizarmos com determinadas situações e cenários não significa que conheçamos os diferentes atores em uma situação social e nem as regras que regem suas interações, uma vez que estas são definidas e construídas cultural e historicamente.

Segundo Velho (1981:126, grifos do autor),

O que sempre *vemos* e *encontramos* pode ser familiar mas não é necessariamente *conhecido* e o que não *vemos* e *encontramos* pode

Da intervenção à pesquisa

ser exótico mas, até certo ponto, *conhecido*. No entanto, estamos sempre pressupondo familiaridades e exotismos como fontes de conhecimento ou desconhecimento, respectivamente.

Igualmente, para o autor, a realidade, seja familiar ou exótica, é sempre percebida de acordo com o ponto de vista de cada observador, sendo uma interpretação sobre o tema que se propõe analisar; "é mais uma versão que concorrerá com outras artísticas, políticas, em termos de aceitação perante um público relativamente heterogêneo" (Velho, 1981:131).

Visando, portanto, compreender o cotidiano do "mundo policial", a investigação considerou pesquisa bibliográfica e trabalho de campo. Buscou-se por meio da literatura examinar historicamente o papel desempenhado pela polícia ao longo de diferentes períodos da sociedade brasileira, enfocando fundamentalmente a relação da polícia com o segmento pobre da população. O material empírico constituiu-se basicamente da observação direta do desempenho policial, dos relatórios de atendimento do serviço social e de entrevistas semiestruturadas, realizadas com policiais do quadro de pessoal da Secretaria de Estado de Polícia Civil (RJ). Para a realização das entrevistas, levou-se em conta a geração à qual pertence o policial, bem como sua ocupação nas delegacias de polícia. Procurou-se abordar a prática institucional desenvolvida nas delegacias de polícia e analisar as representações dominantes entre diferentes gerações de policiais, em diversos níveis hierárquicos, sobre as funções que o policial desempenha em sua atividade profissional cotidiana, particularmente aquela desenvolvida com relação a um conjunto de situações — os "casos sociais". Buscou-se, ainda, apreender a visão que o policial possui de sua profissão e as imagens que constrói de seu público usuário e da sociedade de um modo geral.

256 ESTADO E CIDADANIA

No trabalho de campo foi utilizada a técnica de entrevista semiestruturada. Além dos temas enfocados por mim, foi dada liberdade ao entrevistado para falar sobre temas de seu interesse imediato. Desse modo, foi possibilitado o aparecimento de outras questões que, por sua recorrência entre os entrevistados, foram incorporadas ao estudo.

O material recolhido nas entrevistas serviu fundamentalmente para referenciar, através da ótica dos próprios policiais, as representações sociais presentes na organização policial sobre as práticas desenvolvidas cotidianamente em uma delegacia de polícia, enfocando especificamente aquelas associadas ao desempenho da "função societal".[9]

Como resultado dessa pesquisa, entendeu-se que a instituição policial deve ser "olhada" como parte da totalidade constituída pela formação social (no caso, a brasileira), onde se articulam múltiplos processos sociais, entre os quais, aqueles em que se dão a produção e reprodução das representações sociais da realidade, que alimenta o imaginário social, ao mesmo tempo que consome esse mesmo imaginário.

Nesta perspectiva, a instituição policial é concebida como um aparelho do Estado onde se reproduzem formas de representação da sociedade gestadas dentro e fora desse aparelho. A instituição, portanto, não apenas produz algumas representações específicas da sociedade, como absorve as representações produzidas no seio dessa sociedade consumindo seus valores, seus preconceitos e crenças e seus sistemas de representação presentes em um dado momento histórico. Assim, o aparelho policial, enquanto espaço de realização de determinadas funções socialmente definidas — sobretudo aquelas que direta e concretamente

---

[9] Ver, a respeito, Mota (1995).

DA INTERVENÇÃO À PESQUISA

exprimem o exercício do monopólio da violência legítima detido pelo Estado —, produz/reproduz o conjunto de representações presentes na organização social, muitas vezes de forma exacerbada, em decorrência da sua própria função.

Passados mais de 10 anos da defesa de minha dissertação de mestrado, pude verificar, por intermédio de meus estudos subsequentes sobre a organização policial,[10] que muitas vezes as reformulações propostas para a melhoria da instituição policial limitaram-se, no nível da ação, ao provimento de recursos materiais no que diz respeito ao reaparelhamento da polícia — viaturas, sistema de telefonia, informática etc. — e humanos, relacionados ao aumento do efetivo de policiais no quadro de pessoal da Secretaria de Segurança Pública. Nesses estudos, pude constatar que não houve um investimento efetivo na área de uma política de recursos humanos, no sentido de formar e capacitar profissionais da polícia com uma filosofia de trabalho que viesse a configurar uma nova maneira de conceber e implementar o exercício da ação policial. As propostas de uma "nova" polícia não passaram do enfoque estritamente técnico; negligenciaram-se o questionamento dos valores, das crenças, dos preconceitos e dos estereótipos do policial, sua visão de mundo, isto é, sua concepção acerca da realidade, de si mesmo, da natureza e de suas atitudes em relação ao "mundo social" e ao próprio "mundo policial".

No Brasil, onde a pobreza e a inoperância das instituições de "bem-estar" e de justiça são parte significativa da vida social da sociedade, o trabalho diário da polícia volta-se, frequentemente,

---

[10] Poncioni (2004); Projeto de Pesquisa: "Um olhar sobre as políticas de segurança pública através da formação profissional de policiais", desenvolvido no âmbito da Escola de Serviço Social da UFRJ, com apoio da Faperj.

para suprir as carências existentes nos demais serviços públicos. A polícia é o único serviço ao qual qualquer pessoa pode recorrer em caso de necessidade urgente, em particular, o segmento mais pobre da população. Ela é um serviço público, ou seja, é um serviço gratuito e é ininterrupto, funcionando 24 horas por dia. Tais condições tornam a polícia, em relação a outros órgãos governamentais, o serviço mais próximo e acessível a todas as camadas da sociedade.

Deste modo, considerar o exame dos valores, crenças, preconceitos e estereótipos do policial, sua visão do "mundo social e "mundo policial" na realidade social brasileira é de suma importância para as intervenções que visem a efetividade do trabalho policial, dos modelos policiais profissionais existentes, suas premissas para a conduta policial, os objetivos visados, os meios utilizados para alcançá-los e as consequências para o exercício da atividade policial na contemporaneidade.

Assim, acredito que o "olhar" antropológico sobre o campo é de fundamental relevância para seu conhecimento, bem como a efetividade das intervenções na vida social. A polícia, pelo lugar que ocupa entre o Estado e a sociedade, precisa ser conhecida como órgão importante da administração pública, não só pelas funções estratégicas que desempenha na sociedade como parte do Estado, mas também por sua proximidade e contato com a sociedade no dia a dia de seu exercício profissional.

Seguramente, a incorporação da perspectiva antropológica à minha trajetória profissional — como assistente social, pesquisadora e docente — vem possibilitando um adensamento da perspectiva investigativa para o conhecimento do "mundo policial" e do "mundo social", que, hoje, é posto a serviço da construção de uma política pública, que garanta a condução da segurança pública de forma efetivamente democrática.

Referências

LINS DE BARROS, Myriam Moraes. Até onde vai o olhar antropológico? *Revista Ilha*, v. 6, n. 1-2, p. 145-163, jul. 2004.

MOTA, Paula Poncioni. *A polícia e os pobres*: representações e práticas em delegacias de polícia do Rio de Janeiro. Dissertação (mestrado) — Escola de Serviço Social, Universidade Federal do Rio de Janeiro, Rio de Janeiro, 1995.

PONCIONI, Paula. *Tornar-se policial: A construção da identidade profissional do policial no estado do Rio de Janeiro*. Tese (doutorado) — Departamento de Sociologia, Faculdade de Filosofia, Letras e Ciências Humanas, Universidade de São Paulo, São Paulo, 2004.

QUIROGA, Ana Maria. Produção científica e formação profissional: os paradigmas do conhecimento e seu rebatimento no cotidiano do ensino, da pesquisa e do exercício profissional. *Cadernos Abess*, n. 6, p. 20-28, 1998.

VELHO, Gilberto. *Individualismo e cultura*: notas para uma antropologia da sociedade complexa. Rio de Janeiro: Zahar, 1981.

Capítulo 11
Antropologia, relações raciais e política de ação afirmativa

Patrícia Farias

Introdução

O presente trabalho desenha algumas análises sobre as conexões entre o estudo das relações raciais, o estado da arte das políticas de ação afirmativa no Brasil e a atuação dos antropólogos neste contexto. Parte-se do pressuposto de que este tipo de política pública recentemente tem conseguido maior destaque no cenário da gestão estatal e também junto à sociedade civil.[1] Detendo-se mais especificamente nas questões de cor/raça, assim como nas iniciativas governamentais feitas nestas direções, o presente trabalho tenta desenhar um quadro geral das problemáticas suscitadas por esse tipo de intervenção.

Para isso, é necessário, em primeiro lugar, traçar um histórico do campo de estudos raciais no Brasil para, em seguida, definir o que seja uma política de ação afirmativa e seu desenvolvimento recente em terras brasileiras. Após isto, me detenho nos

---

[1] Devo agradecimento especial a Myriam Lins de Barros, pelas observações argutas à versão inicial deste trabalho, que possibilitaram o desenvolvimento da seção que relaciona poder, autoridade e antropologia.

262   Estado e cidadania

debates sobre dois programas relativos à cor/raça: a regularização
fundiária das propriedades dos remanescentes dos quilombos,
proposta pelo governo federal, e os programas de cotas para afrodescendentes no ensino superior, iniciativas a cargo de uma miríade de agentes sociais, que vai desde conselhos universitários a
deputados estaduais.

Por último, analiso em rápidas linhas qual o sentido da
participação dos antropólogos neste quadro. Pretendo com isso
lançar mais algumas luzes tanto sobre os novos desafios das políticas públicas hoje no Brasil quanto sobre o papel dos cientistas
sociais, e em particular da antropologia, neste contexto.

1. Identidades e "raça" no Brasil

Os estudos sobre raça e cor no Brasil ganham importância a partir
da abolição da escravidão, no final do século XIX, sob o eixo de
ideias como o determinismo racial, a degenerescência que adviria
da mestiçagem e a noção de raças inferiores e superiores, vistas
como essencialmente diferentes e desiguais. O trabalho de Nina
Rodrigues (2006), com sua ênfase na origem africana dos ex-escravos, serve como exemplo maior deste tipo de abordagem.

A partir de 1930, por sua vez, cresce a ideia de que a miscigenação podia ser manipulada positivamente (cf. os trabalhos
do grande mentor dessa ideia, Gilberto Freyre). No entanto, essa
nova maneira de lidar com a questão resvalava em duas vertentes
quase que antagônicas: uma, que via a mestiçagem como uma
forma de "apagar" a cor negra — era a tese do branqueamento.
Outra, que defendia a experiência única da mestiçagem como
característica específica do Brasil (para a análise destas duas noções acerca da "mistura racial", cf. Hasenbalg, 1992, e Echazábal,

ANTROPOLOGIA, RELAÇÕES RACIAIS E POLÍTICA DE AÇÃO AFIRMATIVA **263**

1996, que tratam particularmente da exaltação do mestiço como figura essencialmente nacional no contexto latino-americano; sobre o branqueamento assumido como política de Estado no que se refere à imigração, cf. Seyferth, 1991).

Os anos 1950 marcam em nosso país um novo momento, em que as questões de classe ganham relevância, enquanto imbricadas nas relações raciais. Essa outra visão foi impulsionada pela Unesco, a partir da necessidade sentida após a Segunda Guerra Mundial de se repensar a dinâmica da discriminação racial (cf. a obra de dois partícipes do megaprojeto da Unesco, Florestan Fernandes e Oracy Nogueira, de que Fernandes, 1978, e Nogueira, 1985, são exemplos nítidos).

A partir dos anos 1960, a análise desta questão passa a levar em conta a cultura como fator central. Assim, influenciados por uma abordagem antropológica vinculada ao estudo de povos não europeus, teóricos se debruçaram sobre a área de estudos raciais a partir de outra noção, a de etnicidade, que pudesse dar conta das distintas formas de ver o mundo encampadas por diferentes grupos.

Uma contribuição relevante nesse sentido foi introduzida por Fredric Barth (apud Vermeulen e Govers, 1997), que passa a teorizar etnicidade a partir das linhas divisórias que distinguem os grupos sociais em contato. Nesse sentido, a ênfase aqui é na interação, pois a identidade que emerge dessa dinâmica é por definição contrastiva, isto é, se constrói a partir da relação com o outro, diferente.

Após um hiato forçado, inclusive pela situação política instável do Brasil, no final dos anos 1970 e durante todos os 1980, a discussão proposta nos anos 1950 é retomada. Surgem novos trabalhos, como os de Hasenbalg, que enfatizam a pesquisa quantitativa para demonstrar a persistência do racismo entre nós. Para

264 Estado e cidadania

estes novos autores, longe de ser, como afirmava Fernandes, um "resíduo" de uma situação histórica anterior — a escravidão —, a desigualdade racial no Brasil já seguia uma dinâmica de reprodução social própria. Em outra linha, os estudos sobre classificação de cor e interação social entre pessoas de "raça" diferente, já elaborados por Nogueira, também se desenvolvem com pesquisas antropológicas de autores como Maggie (1992), Pacheco (1986) e Fry (1982).

Outra fase se desenhará nos anos 1990, a partir da discussão sobre as diferenças e seu cruzamento. Assim, identidades sexuais, de classe, religiosas, de gênero, de faixa etária e de territorialidade vêm agitar o período, dando origem a trabalhos como os de Sansone (2007), Giacomini (1994) e, mais recentemente, Figueiredo (2002) e Farias (2006).

A esta altura, o debate sobre a questão racial no Brasil muda de tom, incorporando a dimensão política como eixo estruturador. Assim, começam a despontar iniciativas e programas, tanto por parte de organizações não governamentais quanto pelo Estado, destinados especificamente aos afrodescendentes. É o que veremos com mais detalhes a seguir.

2. A política de ação afirmativa: conceito e (breve) histórico

Se tivermos em mente a definição tradicional de política social, ou seja, aquele conjunto de ações coordenado pelo governo, visando a implementação da justiça social e o combate à pobreza, o que terá de específico, e novo, então, uma política de ação afirmativa? É que esta trata justamente, de maneira focalizada, de grupos determinados. Nesta direção, pode-se dizer que as políticas de ação afirmativa são um conjunto de ações voltadas para a

ANTROPOLOGIA, RELAÇÕES RACIAIS E POLÍTICA DE AÇÃO AFIRMATIVA **265**

correção de desigualdades sociais relacionadas a um grupo que é socialmente considerado histórica e culturalmente discriminado. Assim, elas teriam, como características principais:

— O cunho compensatório/reparador;

— São ações *focalizadas*, mas cuja meta é *universalizante* (trata-se de corrigir a médio prazo uma desigualdade, visando universalizar direitos);

— Têm seu período de aplicação estipulado previamente (normalmente, fala-se de um prazo de uma ou duas gerações).

Como mito de origem, temos os Estados Unidos, nos anos 1960, quando há a implementação, por parte do governo de John Kennedy, de ações que corrigissem as desigualdades raciais em relação aos afrodescendentes. No Brasil, existe já tradição de certa forma de políticas afirmativas em relação às mulheres e a portadores de necessidades especiais; historicamente, pode-se dizer que mesmo as ações implementadas nos anos 1920-30 visando incentivar a vinda e a permanência de imigrantes europeus, ou aquelas que estimularam a fixação de imigrantes de outras regiões na Amazônia, nos anos 1970, são próximas a uma política de ação afirmativa.

A história recente deste conceito e desta prática política, porém, ao menos no que diz respeito aos afrodescedentes, remete a 1988, quando a então nova Constituição Federal reconhece o direito sobre a terra dos remanescentes de quilombos, devendo o Estado providenciar sua regularização fundiária. É no bojo desta discussão que surge o primeiro órgão do governo brasileiro vinculado diretamente ao tratamento da questão racial, a Fundação Cultural Palmares, que tinha como objetivo inicial a valorização de iniciativas culturais ligadas à tradição africana no país e, posteriormente, foi encarregada de identificar e titular as terras pertencentes a remanescentes de quilombos.

266 ESTADO E CIDADANIA

Em 1993, mais um passo é dado: na Conferência Mundial de Direitos Humanos, em Viena, a Organização das Nações Unidas insta todos os países-membros a elaborarem Planos Nacionais de Direitos Humanos. Cumprindo essa diretriz, em 1996 é lançado o Plano Nacional de Direitos Humanos do Brasil, que:

a) reconhece formalmente a existência e persistência do racismo na sociedade brasileira;
b) recomenda a incrementação de "ações afirmativas" na área da educação profissional e superior;
c) apoia a criação, pelo Executivo, de dois grupos de trabalho: um Grupo de Trabalho Interministerial (GTI) para ações de valorização da população negra e outro para Eliminação da Discriminação no Emprego e na Ocupação (GTDEO).

Na mesma direção, realiza-se, também em 1996, o Seminário Internacional "Multiculturalismo e racismo: o papel da ação afirmativa nos Estados modernos e democráticos contemporâneos", organizado pelo Ministério da Justiça. Movimentos sociais, acadêmicos e gestores se reúnem para debater alternativas e caminhos futuros desse tipo de política pública no Brasil.

Em 2001, em Durban, África do Sul, é realizada a III Conferência Mundial contra o Racismo, Discriminação Racial, Xenofobia e Formas Correlatas de Intolerância, e dois anos depois, em 2003, é criada a Secretaria Especial de Políticas de Promoção da Igualdade Racial (Seppir). É também em 2003 que se inicia a Política Nacional de Promoção de Igualdade Racial, cujo propósito é reduzir as desigualdades raciais no Brasil, através da recomendação da adoção de programas como: adoção de critérios de diversidade racial nas empresas, formulação de cotas para afrodescendentes no ensino superior e iniciativas na área da saúde da população negra. No mesmo ano, um decreto declara que

ANTROPOLOGIA, RELAÇÕES RACIAIS E POLÍTICA DE AÇÃO AFIRMATIVA **267**

o critério de autoatribuição regerá o reconhecimento das terras quilombolas, e é criado o Programa Brasil Quilombola, de assistência a estas comunidades.

Em suma, nas últimas duas décadas acompanhou-se o crescimento da inserção da temática racial na agenda pública do governo, a partir de iniciativas que até agora giraram em torno de dois eixos, quais sejam, a educação e a posse da terra. Neste sentido, pode-se dizer que a discussão pública tem se dado em torno não mais apenas de manifestações de racismo, preconceito e discriminação individualizadas ou mesmo coletivas, ou da denúncia de sua existência, mas sim do tratamento dos mecanismos a partir dos quais se reproduz esse tipo de desigualdade, reconhecendo um grau de autonomia da questão racial diante da questão mais geral da classe (cf., por exemplo, Paixão, 2008; Ipea, 2009).

3. Sobre quilombos e quilombolas

Terra no Brasil não é uma discussão recente; nem mesmo o debate sobre sua posse tem sido ausente da pauta de inúmeros governos ao longo da República. O que pode ser apontado como desenvolvimento mais contemporâneo dessa questão diz respeito à vinculação desse debate no âmbito de outros grupos para além dos movimentos dos trabalhadores do campo. Assim, a questão da terra é fulcral para a compreensão do papel dos grupos indígenas na sociedade brasileira e também, como vimos anteriormente, faz parte do escopo da desigualdade racial no Brasil, através das lutas travadas pelos remanescentes de quilombos em todo o país. Arruti (2005), entre outros, já apontou a confluência de correntes e movimentos que compõem a temática quilombola.

268　　　　　　　　　　　Estado e cidadania

Para fins de melhor compreensão, cabe resumir os debates em três eixos principais:

a) A corrente de movimentos e estudos rurais: nesta direção, as terras de quilombos e seus habitantes, tal como suas reivindicações, são entendidas como parte da questão mais geral da desigualdade na distribuição da terra no país e, portanto, os quilombolas são considerados partícipes de uma luta mais ampla e com uma trajetória política específica. Efetivamente, muitas das áreas reivindicadas pelos remanescentes de quilombos são áreas rurais, e esses remanescentes, ao lidarem com a terra para sustento próprio, podem ser considerados com justeza trabalhadores do campo.

Entretanto, ao mesmo tempo, muitas das comunidades quilombolas tradicionalmente tratam a terra a partir da perspectiva da posse coletiva, ou seja, sua área de circunscrição pertenceria por direito de uso a toda a comunidade, e não a famílias ou indivíduos membros da comunidade. Desta forma, em termos legais, a luta pela posse da terra, no caso quilombola, estaria mais próxima à causa indígena — e eis aí outro eixo temático que subsidiará as discussões.

b) O movimento indigenista: posto que a posse coletiva da terra segue sendo princípio organizador tanto das reivindicações indígenas quanto das políticas públicas direcionadas a este grupo, alguns estudiosos, assim como gestores e parcelas da população indígena, enquadram a questão quilombola como um derivativo da questão da demarcação de terras para comunidades tradicionais, e a partir desse prisma se aproximam dessas comunidades.

Um complicador para esta matriz de entendimento — e também, diga-se, da corrente antes delineada — é a existência de um forte movimento quilombola também em áreas urbanas, assim como a tendência de alguns grupos de encarar a posse da terra não como algo individual, mas também não como uma pertença coletiva comunitária, e sim a partir do viés familiar — ou seja, a ideia de que aquela comunidade é dividida em unidades familiares, todas com direito a uma parte da área tradicionalmente habitada por elas. Além disso, em vez da focalização no espaço físico, alguns estudiosos e movimentos sociais, assim como os gestores já estão fazendo, encaram a questão quilombola a partir de sua inserção na dinâmica mais ampla da desigualdade racial — portanto, tendo mais a ver com a trajetória sócio-histórica do tratamento dispensado aos grupos negros no Brasil do que com a questão indígena ou camponesa —, e assim se delineia o terceiro eixo temático.

c) Movimentos negros e estudos étnico-raciais: nesta visão, o remanescente de quilombo faz parte de uma história mais ampla, a da diáspora (dispersão) dos povos africanos pelo mundo, no caso, em sua dimensão brasileira. Mais ainda, se insere como um desdobramento da discriminação coletiva sofrida pelos afrodescendentes na contemporaneidade e como tal deve ser tratada por parte do Estado.

Enfim, o que se quer apontar é que o campo de forças que ampara tais discussões também é movediço. Assim, temos movimentos sociais rurais, bem como seus estudiosos, considerando os "quilombolas" como parte de um circuito mais amplo da luta pela posse da terra no Brasil e também pela reforma agrária. Também temos etnólogos, indigenistas e quejandos frisando a proximidade de algumas comunidades com a questão indígena, tanto em termos identitários (particularmente no Norte do país) como culturais (a noção de posse coletiva da terra, por exemplo).

270

ESTADO E CIDADANIA

Noutro polo estão os movimentos negros organizados, muitos, de origem urbana, insistindo na questão da valorização histórica dos personagens de resistência à escravidão, e abraçando a causa quilombola como um elo a mais na luta antirracista e reparatória no país.

Em termos práticos, e voltando à ideia inicial do presente texto, ou seja, pensar a inserção do antropólogo na política pública de cunho afirmativo, este tem sido chamado a "resolver o problema", indicando qual o *status* de determinada comunidade, se efetivamente é ou não remanescente, num processo que passa pela emissão de um certificado até chegar à titulação da terra. Quanto aos quilombolas, até março de 2010, foram emitidas 1.193 certidões, certificando 1.408 comunidades.[2] Voltaremos a este ponto mais adiante.

4. As cotas e os afrodescendentes no ensino superior

Atualmente, sem dúvida, a discussão com maior visibilidade diz respeito à introdução de cotas para afrodescendentes nas universidades públicas. Ao mesmo tempo, é grande a elasticidade semântica que essa iniciativa vem adquirindo em seu uso no Brasil. No senso comum, por exemplo, e mesmo entre estudiosos de outros campos de conhecimento, inclusive a própria ação afirmativa é entendida como sinônimo de "programas de cotas". Entretanto, como ficou nítido acima, são duas discussões que se mesclam, mas que têm identidade própria; só assim se pode entender que

---

[2] Em algumas certidões mais de uma comunidade são certificadas, daí a disparidade de números. Fonte: Site da Fundação Cultural Palmares. Acesso: 2 abr. 2010.

Antropologia, relações raciais e política de ação afirmativa

a política em relação aos quilombolas é ação afirmativa, mas nada tem a ver com cotas.

De toda forma, é importante sinalizar também que os programas de cotas não são assumidos ainda como uma iniciativa do Estado. Segundo Machado (2007), havia, até o final daquele ano, 38 universidades estaduais e federais no Brasil inteiro com algum tipo de programa de cotas. Como características gerais dos programas, segundo este estudo, temos:

a) São implementados por instâncias internas e/ou estaduais, e não por iniciativa federal;
b) Têm diversas formas de classificação dos estudantes; cada vez mais, no entanto, vem-se optando pela constituição de comissões que analisem os casos e decidam pela pertinência ou não da solicitação do aluno em ser incluído nas cotas.

5. Os antropólogos e a ação afirmativa

Este último item nos leva a pensar novamente na inserção dos antropólogos, em dois níveis. Numa primeira dimensão, assistimos ao engajamento caloroso de alguns acadêmicos, no debate propriamente dito, sobre a pertinência deste tipo de política e sua adequação ao cenário brasileiro, sobre os pressupostos que o alicerçam e os resultados que alcançaram em outros contextos nacionais. Há os que se posicionam contra, há aqueles que são a favor, há listas correndo de quando em vez, cartas aos jornais e movimentos no âmbito profissional.

No nível da implementação das políticas, os antropólogos são chamados a formar — ou se apresentam para tanto — as tais comissões julgadoras dos pedidos de entrada por cotas. Serão

272 ESTADO E CIDADANIA

eles que deferirão ou não os pedidos, com base na ideia de que têm maior experiência e *expertise* para considerarem estes casos.

Nos dois níveis, a mesma pergunta agita o campo: quem é o usuário deste programa? Mais: quem "deve ser" seu usuário/público-alvo? Se no nível do debate o que mais se discute é se é possível definir de forma simples quem é e quem não é afrodescendente no Brasil, e quais seriam critérios próprios para essa definição, ou se uma definição baseada no critério de raça não significaria uma aposta num conceito, o de raça, que já se comprovou nefasto historicamente. Além disso, há dúvidas, mesmo entre aqueles que endossam iniciativas como das cotas, sobre o alcance desse instrumento, indicando que um recorte de classe poderia fazer mais pela democratização do ensino superior. Ou seja, quem sabe, "cotas para pobres" seriam mais pertinentes e ainda por cima trariam a reboque uma maior quantidade de negros para as universidades? (cf., por exemplo, Ação Educativa, 2007; ou Fry, 2005). Outro conjunto de ações, mais recentemente, tem se desenvolvido no sentido de garantir não apenas a entrada dos estudantes por cotas, mas de promover sua permanência, através de incentivos vários como bolsas, acompanhamento especial (tutorias) e cursos paralelos de português, informática e línguas, por exemplo.

Não se pensa aqui em fazer extenso debate sobre o assunto, apenas sinalizar que as duas questões de fundo continuam presentes em todos estes questionamentos, quer dizer, quem é o usuário deste programa e quem deve ser? Em outras palavras, trata-se de uma tensa conversa entre a necessidade de políticas sociais universais ou focalizadas.

No segundo nível de inserção, ou seja, aquele que diz respeito à intervenção do antropólogo, ou do antropólogo na intervenção, a pergunta acima é desenvolvida numa direção mais

ANTROPOLOGIA, RELAÇÕES RACIAIS E POLÍTICA DE AÇÃO AFIRMATIVA **273**

diretamente política: quem tem o direito de definir quem é o usuário? A autoridade que é conferida às comissões que recomendam ou não a admissão dos candidatos a cotistas levanta pontos de reflexão interessantes para se pensar justamente no papel do antropólogo na contemporaneidade, particularmente do ângulo de sua inserção em estruturas de poder e de participação na gestão pública (sobre a discussão da autoridade do antropólogo, cf. os já clássicos estudos de Clifford, 2002).

Do mesmo modo, quando se fala da inserção de antropólogos na difícil e árdua tarefa de decidir sobre a pertinência de se considerar ou não determinada comunidade uma *autêntica* remanescente de quilombos, e qual deve ser o tipo de titulação de terra a ser considerada ali, o que está em jogo é a pertinência de quem julga e, por conseguinte, a legitimidade de seus critérios. Sabe-se, por vários estudos feitos e em andamento (cf, por exemplo, MDA/Nead, 2007), que inúmeras questões têm acompanhado a demarcação deste tipo especial de "assentamento" que é a posse coletiva da terra pelos chamados "quilombolas".

Estas questões, como no ponto anterior, também dizem respeito à própria definição do público-alvo desta política, em diversos níveis. De um lado, complementando o que já foi dito, a noção de quilombo vem sendo revisada histórica e socialmente, e se considera hoje que, bem além daquele quilombo tradicionalmente rural, isolado das cidades, onde se reuniam escravos rebeldes em resistência ativa aos senhores de terra, havia uma miríade de organizações de negros livres, e comunidades por eles formadas, que foram desde agrupamentos urbanos, com maior ou menor participação na vida citadina (por exemplo, o quilombo do Leblon, estudado por Silva, 2003), a reuniões de ex-escravos em torno de fazendas abandonadas (como a Fazenda Machadinha, em Quissamã, Rio de Janeiro, onde hoje a prefeitura restaura a

274 ESTADO E CIDADANIA

antiga senzala, ocupada pelos descendentes destes ex-escravos — cf. Farias, 2007).

Neste sentido, a definição de quilombo e de quilombola tem passado por intensa transformação, para significar não só o "negro na resistência ativa", mas também aqueles que simplesmente conseguiram sobreviver e preservar seus locais de moradia, e também pleiteiam posse definitiva da terra.

Além disso, há ainda uma discussão mais próxima à antropologia, que aponta para a autodefinição existente nestas comunidades. Nesta direção, o estudo de Moura (2008) sobre quilombos em Rondônia, por exemplo, sugere que o próprio termo "quilombola" é ignorado pela população-alvo das políticas, causando estranheza, assim como a proposta do governo federal tem sido aceita com muitas reservas e suscitado acalorados debates. Alguns pontos mais candentes nesta discussão têm sido: reivindicar terra através da categoria quilombola leva mais tempo do que através de um movimento simplesmente camponês como o dos sem-terra, por exemplo, posto que se tem de ter "atestado de autenticidade" e uma série de burocracias legais que dificultam e alongam o percurso até a posse de um território; a conquista da terra, no caso de remanescentes de quilombos, é relativa à posse *coletiva* da terra — e como ficam pretensões de venda, compra, questões de herança individual, entre outras?

De novo vem à mente a pergunta: quem legitima estes pleitos, de quem são os critérios sobre os quais esta legitimidade se alicerça? Como, enfim, encarar a questão da intervenção como uma questão de poder, necessariamente imbricada na autoridade conferida à ciência e, em específico, às ciências sociais e à antropologia neste contexto das novas políticas focalizadas? Eis o desafio, ainda mais considerando o papel que os movimentos sociais têm jogado ao endossarem determinados programas, ins-

Antropologia, relações raciais e política de ação afirmativa   **275**

tando posicionamentos do tipo "de que lado você está?", e disputando a legitimidade do que vem "da academia", contrapondo-a à legitimidade da "experiência".

São questões expostas de forma rápida, mas que têm suscitado muitas reflexões por parte dos envolvidos no processo, e que têm sido acompanhadas de iniciativas públicas de diversos matizes. O que gostaria de lembrar, à guisa de conclusão breve, é que, para além do papel de autoridade que lhes está sendo conferido, os antropólogos vêm caminhando em múltiplas direções, não para embaralhar o jogo da política pública ainda mais, levantando mais questões, pontos difusos e confusos, obstáculos, contrapontos e reticências, mas para tentar aprofundar o debate. A ideia não é complicar, mas conhecer para agir melhor. Infelizmente, muitas vezes isto simplesmente significa alongar o percurso, "demorar a fazer", ainda mais se levando em conta a urgência das demanda de segmentos de diversos movimentos sociais e de gestores em implementarem medidas que agradem a estes movimentos e/ou à sociedade mais ampla.

Referências

AÇÃO EDUCATIVA. Entrevista: Peter Fry e Antonio Sergio Guimarães falam sobre ação afirmativa. Disponível em: <www.acaoeducativa.org.br>. acesso em: 8 ago. 2007.

ARRUTI, José Maurício. *Mocambo*: antropologia e história do processo de formação quilombola. Caxambu: Anpocs/Edusc, 2005.

CLIFFORD, James. *A experiência etnográfica*: antropologia e literatura no século XX. Rio de Janeiro, EdUFRJ, 2002.

ECHAZÁBAL, Lourdes Martinez. O culturalismo dos anos 30 no Brasil e na América Latina: deslocamento retórico ou mudança conceitual? In:

MAIO, Marcos Chor; SANTOS, Ricardo Ventura (Org.). *Raça, ciência e sociedade*. Rio de Janeiro: Fiocruz/CCBB, 1996. p. 107-124.

FARIAS, Patrícia. *Pegando uma cor na praia*: relações raciais e classificação de cor na cidade do Rio de Janeiro. Rio de Janeiro: Prefeitura do Rio de Janeiro, 2006.

_____. Construção de "territórios étnicos" e marketing de cidades: o caso de Quissamã, RJ. In: CONGRESSO BRASILEIRO DE SOCIOLOGIA, XIII, Recife, 2007.

FERNANDES, Florestan. *A integração do negro na sociedade de classes*. São Paulo: Ática, 1978.

FIGUEIREDO, Ângela. *Novas elites de cor*. São Paulo: Annablume, 2002.

FRY, Peter. *Para inglês ver*: identidade e política na cultura brasileira. Rio de Janeiro: Zahar, 1982.

_____. *A persistência da raça*. Rio de Janeiro: Civilização Brasileira, 2005.

GIACOMINI, Sônia. Beleza mulata e beleza negra. *Estudos Feministas*, n. esp. p. 217-227, 2. sem. 1994.

HASENBALG, Carlos. *Discriminação e desigualdade racial no Brasil*. Rio de Janeiro: Graal, 1979.

_____. Notas sobre relações raciais no Brasil e na América Latina. In: HOLLANDA, Heloisa Buarque de (Org.). *Y nosotras latinoamericanas?* Estudos sobre gênero e raça. São Paulo: Fundação Memorial da América Latina, 1992.

IPEA. Políticas sociais. Acompanhamento e análise (1995-2005). 1. reimpr. Brasília: Governo Federal/Secretaria de Assuntos Estratégicos/ Ipea, 2009.

MACHADO, Elielma Ayres. Acompanhamento e monitoramento das políticas de ações afirmativas nas universidades brasileiras. *Desigualdade e Diversidade*, Rio de Janeiro, v. 1, p. 139-147, 2007.

MAGGIE, Yvonne. Aqueles a quem foi negada a cor do dia: análise das categorias de raça e cor na cultura brasileira. *Boletim do Laboratório de Pesquisa Social*, Rio de Janeiro, n. 7, maio 1992.

MDA/NEAD. VVAA. *Prêmio Territórios Quilombolas*. Brasília, 2007.

MOURA, Antônio Eustáquio de. "Ser ou não ser" quilombola, o que ganhamos com isso? In: FÓRUM DE PESQUISA CULTURAS DAS DE-SIGUALDADES, ENCONTRO DA ASSOCIAÇÃO BRASILEIRA DE AN-TROPOLOGIA, 26º, Porto Seguro, 2008.

NINA RODRIGUES, Raimundo. *O animismo fetichista dos negros baianos*. Rio de Janeiro: Editora UFRJ, 2006.

NOGUEIRA, Oracy. *Tanto preto quanto branco*: estudos de relações raciais. São Paulo: T.A. Queiroz, 1985.

PACHECO, Moema. *Família e identidade racial*: os limites da cor nas relações e representações de um grupo de baixa renda. Dissertação (mestrado) — Museu Nacional, Programa de Pós-Graduação em Antropologia Social, Universidade Federal do Rio de Janeiro, Rio de Janeiro, 1986.

PAIXÃO, Marcelo; CARVANO, Luiz M. *Relatório anual das desigualdades raciais no Brasil*: 2007-2008. Rio de Janeiro: Garamond/Laeser/Instituto de Economia-UFRJ, 2008.

SANSONE, Livio. *Negritude sem etnicidade*. Salvador: EdUFBa; Rio de Janeiro: Pallas, 2007.

SEYFERTH, Giralda. Os paradoxos da miscigenação: observações sobre o tema imigração e raça no Brasil. *Estudos Afro-Asiáticos*, Rio de Janeiro, n. 20, p. 165-186, jun. 1991.

SILVA, Eduardo. *As camélias do Leblon e a abolição da escravatura*: uma investigação de história cultural. São Paulo: Cia das Letras, 2003.

VERMEULEN, Hans; GOVERS, Cora (Ed.). *The politics of ethnic consciousness*. London: Houndmills/MacMillan, 1997.

Sobre os autores

Alejandra Pastorini

Doutora em serviço social pelo Programa de Pós-Graduação em Serviço Social da Universidade Federal do Rio de Janeiro (PPGSS/UFRJ), autora do livro *A categoria questão social em debate* (São Paulo: Cortez, 2004) e de diversos artigos sobre políticas sociais e proteção social. É professora adjunta do Departamento de Política Social da Escola de Serviço Social da UFRJ e pesquisadora do grupo de pesquisa "As mudanças no padrão de proteção social na América Latina". Realiza pesquisas nas áreas de políticas públicas, proteção social, assistência social e serviço social.

Andrea Moraes Alves

Doutora em antropologia pelo Museu Nacional da Universidade Federal do Rio de Janeiro (UFRJ), com pós-doutorado pelo Instituto de Medicina Social da Universidade do Estado do Rio de Janeiro (Uerj). É autora do livro *A dama e o cavalheiro: um estudo antropológico sobre envelhecimento, gênero e sociabilidade* (Rio de Janeiro: Editora FGV, 2004). É professora adjunta do Departamento de Política Social da Escola de Serviço Social da UFRJ e pesquisadora do Núcleo de Estudos sobre Cultura Urbana, Sociabilidade e Identidade Social (Nusis), onde realiza pesquisas sobre gênero, família, sexualidade e gerações.

Gabriela Lema Icasuriaga
Doutora em serviço social pelo Programa de Pós-Graduação em Serviço Social da Universidade Federal do Rio de Janeiro (UFRJ). Professora adjunta do Departamento de Política Social da Escola de Serviço Social da UFRJ. Pesquisadora e extensionista do Núcleo de Pesquisa e Extensão em Poder Local, Políticas Urbanas e Serviço Social (Locuss). Concentra suas atividades acadêmicas nas áreas de política urbana, segregação socioterritorial e habitação.

Kátia Sento Sé Mello
Doutora em antropologia pela Universidade Federal Fluminense (UFF). É autora do livro *Cidade e conflito: guardas municipais e camelôs* (Niterói: Eduff, 2011). É professora adjunta do Departamento de Política Social da Escola de Serviço Social da UFRJ e pesquisadora do Núcleo de Estudos sobre Cultura Urbana, Sociabilidade e Identidade Social (Nusis). É também pesquisadora associada do Instituto Nacional de Ciência e Tecnologia do Instituto de Estudos Comparados em Administração Institucional de Conflitos (INCT-InEAC) e do Núcleo de Estudos da Cidadania, Conflito e Violência Urbana da Universidade Federal do Rio de Janeiro (NECVU-UFRJ). Realiza pesquisas nas áreas de antropologia do direito, administração institucional de conflitos, políticas públicas de segurança, análise criminal e prevenção da violência e relações raciais e mercado de trabalho.

SOBRE OS AUTORES

Luciana Patrícia Zucco

Doutora em ciências da saúde pelo Instituto Fernandes Figueira da Fundação Oswaldo Cruz (Fiocruz). Foi professora adjunta do Departamento de Política Social da Escola de Serviço Social da Universidade Federal do Rio de Janeiro (ESS-UFRJ) e coordenadora do Núcleo de Estudos e Ações em Saúde Reprodutiva e Trabalho Feminino. Atualmente, é professora adjunta do Departamento de Serviço Social do Centro Socioeconômico da Universidade Federal de Santa Catarina (UFSC).

Ludmila Fontenele Cavalcanti

Doutora em ciências pelo Instituto Fernandes Figueira da Fundação Oswaldo Cruz (Fiocruz). Coorganizadora do livro *Serviço social e políticas sociais* (Rio de Janeiro: Editora UFRJ, 2006). Professora adjunta do Departamento de Política Social da Escola de Serviço Social da Universidade Federal do Rio de Janeiro (ESS-UFRJ), coordenadora do Núcleo de Estudos e Ações em Saúde Reprodutiva e Trabalho Feminino e membro do Conselho Deliberativo do Conselho Estadual dos Direitos da Mulher (Cedim). Consultora na área de políticas sociais e pesquisadora na área da saúde reprodutiva e da prevenção da violência sexual.

Maria Magdala Vasconcelos de Araújo Silva

Doutora em serviço social pela Escola de Serviço Social da Universidade Federal do Rio de Janeiro (ESS-UFRJ). É professora adjunta do Departamento de Política Social da ESS da UFRJ e pesquisadora do Núcleo de Estudos e Ações em Saúde Reprodutiva e Trabalho Feminino, onde realiza investigações nas áreas de saúde reprodutiva, política de saúde e trabalho.

Mauro Luis Iasi

Doutor em sociologia pela Universidade de São Paulo (USP); professor adjunto do Departamento de Política Social da Escola de Serviço Social da Universidade Federal do Rio de Janeiro (ESS-UFRJ). Pesquisador do Núcleo de Estudos e Pesquisas Marxistas (Nepem/ESS-UFRJ), autor de *O dilema de Hamlet, o ser e o não ser da consciência* (São Paulo: Viramundo, 2002), *Metamorfoses da consciência de classe: o PT entre a negação e o consentimento* (São Paulo: Expressão Popular, 2006), *Ensaios sobre consciência e emancipação* (São Paulo: Expressão Popular, 2007), entre outros.

Myriam Moraes Lins de Barros

Doutora em antropologia pelo Museu Nacional da Universidade Federal do Rio de Janeiro (UFRJ), com pós-doutorado pelo Instituto de Filosofia e Ciências Sociais (IFCS) da UFRJ. Professora titular do Departamento de Política Social da Escola de Serviço Social da UFRJ (ESS-UFRJ). É autora de *Autoridade e afeto* (Rio de Janeiro: Jorge Zahar, 1987), organizadora de *Velhice ou terceira idade? Estudos antropológicos sobre identidade, memória e política* (Rio de Janeiro: Editora FGV, 1998), *Família e gerações* (Rio de Janeiro: Editora FGV, 2006) e coordenadora das séries "Família, geração e cultura" e "Análises sociais contemporâneas" (FGV). É coordenadora do Núcleo de Estudos em Cultura Urbana, Sociabilidade e Identidade Social (Nusis), onde realiza pesquisas nas áreas de família, velhice, juventude, gênero e antropologia urbana.

Patrícia Farias

Doutora em antropologia cultural pela Universidade Federal do Rio de Janeiro (UFRJ) e autora do livro *Pegando uma cor na praia:*

SOBRE OS AUTORES

relações raciais e classificação de cor na cidade do Rio de Janeiro (Rio de Janeiro: Prefeitura do Rio de Janeiro, 2006), agraciado com o Prêmio Carioca de Pesquisa da Prefeitura do Rio de Janeiro. Atualmente é professora adjunta do Departamento de Política Social da Escola de Serviço Social da UFRJ (ESS-UFRJ) e pesquisadora do Núcleo de Estudos e Ações em Saúde Reprodutiva e Trabalho Feminino. Tem experiência nas áreas de comunicação e de antropologia, atuando principalmente nos seguintes temas: estudos urbanos, cultura de massa, relações raciais, gênero e juventude.

Paula Poncioni

Doutora em sociologia pelo Departamento de Sociologia da Universidade de São Paulo (USP), com estágio no exterior pelo Programa de Doutorado no País com Estágio no Exterior (PDEE-Capes) no Centro de Criminologia da Universidade de Toronto, Canadá. Realizou pós-doutorado no Núcleo de Estudos sobre Violência e Segurança (Nevis) da Universidade de Brasília (UnB). É membro do Fórum Brasileiro de Segurança Pública desde 2009. É professora adjunta do Departamento de Política Social da Escola de Serviço Social da UFRJ (ESS-UFRJ) e pesquisadora do Núcleo de Estudos em Cultura Urbana, Sociabilidade e Identidade Social (Nusis).

Silvina V. Galizia

Doutora em serviço social pelo Programa de pós-Graduação da Escola de Serviço Social da Universidade Federal do Rio de Janeiro (ESS-UFRJ). Professora adjunta do Departamento de Política Social da ESS da UFRJ. Pesquisadora do grupo de pesquisa "As mudanças no padrão de proteção social na América Latina" e au-

284   Estado e cidadania

tora de artigos na área de políticas sociais e sistemas de proteção social no Brasil e em países da América do Sul.

Verônica Cruz

É doutora em ciência política pelo Instituto Universitário de Pesquisas do Rio de Janeiro (Iuperj), com extensão na Universidade Paris I Sorbonne. Teve a tese de doutorado premiada como Melhor Tese de Doutorado em Ciência Política pela Associação Latino-americana de Ciência Política (Alacip) em 2007. Professora adjunta do Departamento de Política Social da Escola de Serviço Social da Universidade Federal do Rio de Janeiro (ESS-UFRJ). É pesquisadora do Laboratório de Estudos Latino-americanos (Leal) e do Núcleo de Estudos e Ações em Políticas Públicas, Indicadores e Identidades (Nuppii), onde realiza pesquisas com ênfase em *accountability*, regulação, Estado e governo.

Zuleica Lopes C. de Oliveira

Doutora em ciências humanas pelo Instituto Universitário de Pesquisas do Rio de Janeiro (Iuperj). Pesquisadora aposentada do Instituto Brasileiro de Geografia e Estatística (IBGE). Professora adjunta do Departamento de Política Social da Escola de Serviço Social da Universidade Federal do Rio de Janeiro (ESS-UFRJ) e pesquisadora do Núcleo de Estudos e Ações em Saúde Reprodutiva e Trabalho Feminino. Realiza pesquisas nas áreas de trabalho feminino, gênero, gênero e novas tecnologias de informação e indicadores sociais.